드라이빙 유럽

폴란드에서 떠나는 유럽 여행

드라이빙 유럽

폴란드에서 떠나는 유럽 여행

초판 1쇄 인쇄 2024년 1월 20일
초판 1쇄 발행 2024년 1월 30일

지은이 윤현중
펴낸이 주혜숙
펴낸곳 역사공간
등록 2003년 7월 22일 제6-510호
주소 04000 서울특별시 마포구 동교로 19길 52-7 PS빌딩 4층
전화 02-725-8806
팩스 02-725-8801
이메일 jhs8807@hanmail.net

ISBN 979-11-5707-610-9 03810

드라이빙 유럽

폴란드에서 떠나는 유럽 여행

윤현중

역사공간

책머리에

폴란드에서 떠나는 유럽 여행

이번에 쓴 책은 이웃 사람들과 유럽을 여행하고 온 이야기다.

> "시간 많고 힘이 있을 때 해외여행을 더 가야 하는데, 자녀들이 훌쩍 커서 아직 결혼하지 않은 이때가 여행 하기 가장 좋은 시기가 아닌가요. 여행 나가요."

이렇게 던진 말에 같은 교회에 다니는 집사님들을 데리고 여행에 나섰다. 만년설의 알프스, 깎아지른 절벽에 바다 같은 호수가 펼쳐져 있고 여러 갈래 트레일 코스가 있는 자연, 하늘 높이 솟아 있는 성과 궁전, 성당, 마을과 집, 다리가 예쁘고 거리가 이국적인 장소, 선진 문물과 문화예술공연 감상, 박물관과 미술관 관람, 예술인의 생가, 유명한 인물의 역사적 현장, 전적지 방문 등 책으로만 접해온 서양사를 직접 체험하기에 더할 나위 없이 좋았다. 이러한 곳에 자유여행을 만끽하고 귀국한 분들이 "첫 유럽 여행이 너무 좋았다, 라인강 주변은 산 위에도 농지가 있고 집이 있더라. 집들이 하나 같이 예쁘고 농가마다 생산한 서양자두와 감자를 무인 판매대에서 팔고 있더라. 포도밭이 펼쳐진 모젤강 숙소에 도착하자 시원한 화이트 와인부터 한 잔씩 주었고 길을 물었더니 직접 안내하겠다는 아주머니까지 너무 친절하고 좋았어."하고 친구들에게 여행담을 했다가 그 말을 들은 친구가 지인들을 불러 또 유럽여행을 가자고 하여 이번에는 또 다른 코스로 여행했다.

새로운 사람들과 어울리는 것은 언제나 즐겁다. 머리를 맞대고 다녀보지 않은 코스를 개발하고 체험하다 보면 재미있는 에피소드가 많다. 자유여행 코스는 독창적이다. 개인 렌터카로 여행하는 것이라 여행사에 흔히 있는 투어 프로그램과 같지 않다. 스스로 여행계획을 만드는 재미가 있고 비행기와 숙소를 예약하고 현지에 가서 차를 빌리는 스릴이 있다. 시간이 지나면 희미한 기억만큼이나 평범하게 느껴지겠지만, 당시에는 여행 출발 직전까지도 코스 고민을 많이 했다. 가보고 싶은 곳을 선택하고 포함시켰다가 시간과 비용을 생각해 변경하는 등 유럽에서는 버릴 곳이 없어 더 고심했던 기억이 난다.

그렇게 해서 만든 여행 일정과 겪은 이야기를 책에 담았다.

책의 내용은 목차를 보면 알 수 있지만, 유럽 여러 나라를 도는 것과 폴란드 한 나라를 일주하는 것 두 부분으로 되어 있다. 왜 그렇게 했냐 하면, 폴란드는 개인적으로 그향 같은 곳이라 그 나라만의 여행을 별도로 하고 싶었기 때문이다. 과거 폴란드에 2년간 있었고 책까지 쓴 사람으로서 그 나라에 대해 속속들이 체험해 보고자 한 것이다. 그런 의미에서 폴란드 일주도 나름 흥미가 있었다. 폴란드는 매우 넓다. 그래서인지 과거에 폴란드를 많이 다녔지만, 지금 다시 지도를 펼쳐놓고 보니 가본 곳이라고 해봐야

극히 일부였음을 알 수 있었다.

그래서 다시 폴란드 전국 일주를 계획했다.

여름철 바르샤바에 단기 체류하면서 역사적인 현장, 문화유산이 있는 곳, 자연공원, 안 가본 도시, 호반도시, 해변도시, 고산지대를 찾았다. 러시아와 가까운 곳, 히틀러가 제2차 세계대전 때 총통부를 둔 곳, 말로만 듣던 폴란드 정교 교회들, 코페르니쿠스가 천체 연구를 하며 일생을 보낸 곳, 제2차 세계대전 전에는 독일도시였다는 변경 도시, 산악의 이색적인 전통 가옥들. 폴란드의 구석구석 체험담과 사진을 책에 담았다. 그렇게 다녀온 유럽 여행은 결과적으로 가기를 참 잘했다. 왜냐하면 여행을 다녀오자마자 코로나 펜데믹이 터졌기 때문이다. 조금만 여행을 더 늦게 계획했어도 유럽 여행은 3~4년간 못가고 연기되었을 것이란 생각이 들었다. 세상일은 알 수 없다. 독자 여러분도 해외여행은 생각나는 즉시 다녀오는 게 좋을 것 같다.

"다리 떨리기 전에 가슴 떨리면 떠나자"

방송인 이숙영씨의 말이다. 또,

"여행은 언제나 돈의 문제가 아니고 용기의 문제다"

브라질의 소설가 파울로 코엘료의 말이다.

코로나 펜데믹은 끝났지만, 그 사태가 미친 영향은 적지 않다. 전세계적으로 여행 방법이나 여행하는 인식이 많이 바뀌었으니까. 이제는 여행사의 패키지 여행을 하기보다 질병예방에 바람직해 보이는 개인여행, 자유여행, 자동차여행에 대한 선호가 많아졌다. 대규모 그룹보다는 소규모, 차 한 대에 동승할 정도의 규모로 해서 큰 도시보다는 아기자기 작은 도시를 도는 것이 유행이다. 그런 의미에서 자유여행은 이제 대세다. 용기만 있으면 출발할 수 있다.

이번에 내놓는 여행기의 특징으로 강조할 수 있는 것은 아무래도 동유럽 여러 나라를 돌아본 경험담, 에피소드를 담고 있는 것이 아닐까 생각한다. 동유럽을 가보라는 추천, 권고의 가이드북이 여럿 나와 있지만, 실제 그곳에 가보고 부딪혀보고 쓴 여행기는 거의 없다. 그런 사정이 이번에 여행 중에서 동유럽을 더 많이 포함시켜 가보게 된 요인이 아닐까 한다. 동유럽의 장점은 서유럽에서 찾을 수 없는 것을 볼 수 있고 체험할 수 있는 데 있다. 옛날 건물, 고풍스런 거리, 엔티크한 소품 등 유럽의 마지막 남은 중세적인 풍경과 분위기가 남아 있어 그것을 만끽할 수 있는 장점이 있다. 동유럽은 요즘 한국 붐이다. 우리나라에 대한 관심이 높고 한류를 좋아하는 젊은이가 많다. 그래서 한국인은 환영받는다.

폴란드, 체코, 슬로바키아, 헝가리, 크로아티아, 슬로베니아, 벨라루스, 우크라이나, 러시아까지다. 여기에 오스트리아를 넣으면 범위는 더 넓어진다. 유럽은 우리에게 친숙하면서도 줄 것이 많은 곳이다. 물론 지리적으로 거리는 멀다. 그렇지만, 아름답고 편리하고 많은 문화유산에 의해 마음이 풍성해지는 곳이다.

너무 바빠서 혹은 생업과 가사에 얽매여 유럽 여행을 숙제로 미뤄놓고 있는 분들, 그리고 폴란드관광을 생각하면서도 아직은 생소해하는 분들이 많겠지만, 그런 분들을 위해 우선 이 여행기가 길잡이 역할을 할 수 있기를 기대한다.

2024년 1월

윤현중

차례

Part II

폴란드 전국 일주

INTRO

여행 준비

아는 만큼 보인다

여행한다는 것은 포르투갈의 작가 페르난두 페소아의 말처럼 다른 나라를 다니는 것이고 끊임없이 다른 사람이 됨을 의미한다. 그런 마음에서 여행한다면 궁금한 것이 가는 곳의 역사다. 물론 역사가 없는 장엄한 풍경이 있는 그랜드캐니언 같은 곳도 있으나 대개는 길고 짧은 차이는 있지만 역사가 있다.

다음으로는 어떤 명소, 즉 궁궐이나 성당, 저택, 거대 구조물, 기념탑, 올드타운, 전적지, 정원을 볼 때 이런 것들이 어느 시대에 속하는지 알고 싶다. 또 명소에 얽힌 이야기도 듣고 싶다. 장소에는 사연이 있기 때문이다. 이를 위해 우리는 역사와 여행에 관한 책이나 체험 영상, 또 여행을 다녀온 사람으로부터 이야기를 들으며 미리 생각하고 준비할 필요가 있다.

예전에 동네 지인들과 유럽여행을 가기로 했을 때, 외국에 처음 나가는 분이 '이지유럽'을 내게 빌려주었다. 음. 가이드를 한다고 하니 보내준 듯했다. 고맙다는 인사를 하고서 책을 펼쳐보니, 정독할 것은 아니고 그때그때 참고할 만 했다. 그 이후 폴란드에서 지내며 유럽의 다른 곳에 여행할 때면 어디에 뭐가 있는지 그 책을 보곤 했다.

이처럼 여행하는 사람은 자신이 가고자 하는 역사적 명소나 고성, 도시의 유래 같은 지식을 가지고 여행지를 봐야 다른 사람의 설명 없이도 흥미롭게 혼자 관광이 가능하다.

영국의 시인이자 평론가 새뮤얼 존슨이 한 말을 상기하자.

"여행에서 지식을 얻어 돌아오고 싶다면 떠날 때 지식을 몸에 지니고 떠나야 한다."

그런 점에서 유럽여행을 하기 전에 가는 곳을 공부할 필요가 있다. 시간이 없다면 책을 들고 다니며 중간중간 읽거나 찾아보면 된다.

여행 전 준비

먼저 보험에 들어야 한다. 예전에 장기 여행을 할 때는 여행자보험으로 의료보험 성격의 어느 회사의 보험에 가입한 적이 있었다.

다음으로 휴대폰을 현지에서 쓸 수 있도록 유심칩을 사서 가거나 현지 공항 등지에서 사서 갈아 끼운다. 데이터 무제한이면 부담이 없다.

환전도 해야 한다. 주로 거래하는 은행에서 우대환율로 환전하면 다소 괜찮은 대우를 받게 된다. 유로화를 쓰지 않는 폴란드, 헝가리, 체코에 갈 때는 그 나라의 돈으로 바꾸어 가야 한다. KEB 하나은행에 가서 바꿀 수 있을 것이다.

여행 가면 우리 음식이 필요하다. 아무리 서양식을 잘 먹어도 완전히 서양식만으로는 즐거운 여행이 될 수 없다. 이를 감안하여 전기밥솥과 밑반찬 혹은 음식재료를 가져가야 한다. 쌀은 현지에서 구할 수 있으므로 국내에서는 마트에 가서 김과 라면 등 즉석요리, 마른반찬을 산다. 조금은 집에서 밑반찬을 장만한다. 기타 외국인에게 줄 선물로 홍삼 캔디나 젤리를 사고, 예전 나의 경우에는 오이비누, 인삼비누 등을 구입해 갔다.

마지막으로 외국에 나가기 전에 미용실에서 머리를 손질한다. 외국에 나가면 한국보다 불편하니까 한국에서 다 하고 가는 게 좋다. 여행 기간이 길수록 가급적 짧은 머리, 단정한 머리가 낫다.

마중 나올 사람과의 약속

외국에 도착했을 때 마중 나올 사람이 있으면 안심이 된다. 나의 경우 바르샤바공항은 과거 2년간 살던 곳이라 익숙한 곳인 데다 운 좋게도 현지 친구가 있어 마중 나와 주었다. 폴란드인 친구와는 국내에 있을 때 메신저를 주고받으며 공항에서 만났다. 미리 비행기 항공편명, 바르샤바 도착 날짜와 시간을 정확하게 알리고 서로 확인한 덕에 차질없이 상봉할 수 있었다.

폴란드인 친구는 혹시 엇갈릴까 봐 안전장치로 자신을 못 만나면 전화하라고 자기의 전화번호까지 알려줬다. 그런 폴란드인 친구에게 나는 나대로 한국에서 뭘 사가면 좋겠느냐고 물어봤다. 그녀는 고추장을 사오라고 말했다. 예전에 비빔밥을 좋아하더니 야채로 비빔밥을 만들어볼 생각인 듯했다. 술을 좋아하는지 물어봤더니, 부모님이 마신다며 한국의 술을 원했다.

출발에 앞서 인사하기

여행을 가기 전에는 몸살이 날 만큼 바빠진다. 비행기가 이륙하는 마지막 시간까지 신경 쓸 일이 머리를 짓눌렀던 기억이 난다. 그러다가도 비행기가 이륙하면 모든 것을 잊어버리고 딴 세상으로 가게 된다. 예전 나와 아내는 유럽 여행을 가기 전에 무슨 업무가 있었던 것도 아닌데 출발을 앞두고 무척 바빴다. 긴 여행 동안 먹을 반찬과 재료, 그리고 선물용 술을 사느라 돌아다녔다. 집에 와서도 바빴다. 우리가 집에 없는 동안 아이들이 먹을 반찬까지 만들어놓아야 한다며 멸치와 각종 반찬을 지지고 볶았기 때문이다.

이때 조심할 것은 몸이 지치도록 하면 안 된다는 것이다. 여행 가기 전에 감기나 몸살에 걸리면 최악이다. 컨디션이 안 좋아지는 일이 없도록 몸조심 잘해야 하는 시기이다.

떠나기 하루 전

짐을 쌌다. 이때 조심할 것은 무게다. 가져갈 옷을 꺼내 무게를 고려해 대체적으로 정하고, 식품류 잊은 거 없나 하나씩 챙겼다. 된장, 고추장, 밑반찬, 전기밥솥, 김 등.

수하물로 보낼 짐은 23kg이 안 되게 부부 각각 한 개씩 두 개를 싸고, 노트북과 8kg이 안 되는 핸드캐리 짐 한 개를 쌌다. 수하물 짐 속에 술병, 참기름 등이 깨지지 않도록 여러 겹의 완충재로 단단하게 쌌다. 예전 유학갈 때 짐을 담았던 이민용 가방을 요긴하게 사용했다. 그 속에 식품류와 밥솥, 온갖 잡동사니를 넣었다. 물론 당시는 3개월 이상 장기였기 때문에 챙길 짐이 많았다.

떠나기 전에 곧 유럽에서 만날 지인들을 만나서 최종적으로 주의사항을 전달하고 비행기를 타고 오는 것에 대해 안내했다. 출발 당일 집에서 리무진 버스를 타는 것부터 공항에서 할 일, 비행기 탑승 이동, 유럽 여행에 관해 이야기를 주고받았다. 들뜨는 마음을 가라앉히고 지나친 기대를 하지 않도록 해서 무사히 바르샤바공항까지 오라고 했다.

온라인 체크인

보통은 공항에 가서 짐을 부침과 동시에 체크인한다. 항공사 직원은 여권과 예매 내역(프린트나 온라인)을 보여주면 체크인해준다. 그런데 수년 전 인천국제공항에 와보고 안 사실은 온라인 체크인을 마치고 온 사람의 줄이 그냥 온 사람들보다 짧았다. 이제라면 당연히 사전 온라인 체크인을 하고 가는 것이 유리하다.

사전 체크인은 예약한 비행기 사이트에서 여권이나 비자 정보를 입력한 뒤 보딩 패스를 발급받는 것을 말한다. 어플이나 웹의 홈페이지에서 할 수 있다. 하루나 이틀 전에 하게 되어 있다. 미리 해놓으면 공항에서는 수하물만 따로 보내면 된다. 공항에서 셀프 체크인도 가능하다. 장치 앞에서 여권을 인식시키고, 이름과 여권번호, 국적 확인, 항공편명과 출발지, 목적지, 출발시간, 좌석번호 확인한 뒤 체크인하는 것을 말한다. 위탁 수하물이 있을 경우 수하물 태그를 발급받아 가방에 붙인다. 탑승권을 받아서 탑승시간과 탑승구, 출발 시간을 확인한 후 완료 버튼을 누르면 끝난다.

자동 수하물 위탁 카운터에서 셀프 백 드랍도 있다. 직접 자기 수하물을 목적지까지 발송한다. 먼저 탑승권을 인식시키고 영문이름, 항공편, 목적지를 확인하고 수하물의 개수와 무게를 확인, 수하물을 바퀴의 방향이 안쪽으로 향하게 벨트 위에 놓는다. 위탁금지물품을 확인하면 수하물표가 인쇄되어 나온다. 수하물표를 짐에 붙이면서 아래 맨 위의 바코드를 분리해 별도로 짐에 붙인다. 확인증을 받은 후 5분 정도 대기하다가 출국장으로 나가면 된다.

요즘은 출국시 자동 출입국 심사한다. 먼저 여권을 인식시키고 판독 결과 아무런 문제가 없으면 자동으로 문이 열린다. 검지의 지문을 인식시키고. 얼굴을 정면의 화면을 바라보면 얼굴 인식이 될 경우 심사가 완료되었다는 메시지가 뜬다.

직항로 이용

폴란드에 갈 때는 직항로의 로트(LOT)항공을 이용하는 것이 편하다. 과거에는 대한항공을 타고 프랑크푸르트에 내려서 바르샤바로 들어가다보니 도착시간이 밤 11시로 늦어서 불편했다. 그러나 지금은 폴란드 비행기를 타면, 서울에서 오전 10시 55분에 출발, 바르샤바에 오후 2시 반에 도착한다. 서울에서나 바르샤바에서나 모두 대낮이므로 기분이 좋다.

경험에 의하면, 로트 비행기는 크지는 않았다. 독일 루프트한자에 비하면 작았다. 그렇지만 손님은 만석이었다. 9시간 반이 걸린다고 했지만, 거의 10시간이 걸린 듯했다. 가는 동안 식사가 두 번 나왔다. 식사하는 즐거움, 와인과 커피를 마시며 영화를 보다가 한숨을 자다 보면 어느새 유럽으로 들어온다.

한국에서 유럽으로 가는 항공편은 많다. 독일에 갈 때는 프랑크푸르트나 뮌헨공항으로 가고, 폴란드로 가면 바르샤바 쇼팽공항, 체코는 프라하공항, 프랑스에 갈 때는 파리 드골공항, 이탈리에 가면 로마, 영국은 런던공항이다.

외국 항공편

외국 비행기는 국적기에 비해 운행이 비교적 심플하다. 다만, 체크인할 때 수하물의 무게를 철저히 재고 중량 초과에는 단호하게 비용을 청구하는 만큼 주의해야 한다. 운항 규정을 엄격하게 지키므로 과적하지 않는다. 그래서인지 외국 비행기는 이륙시 가뿐한 인상을 준 반면, 국적기는 육중한

기체를 들어올리는 인상, 엔진 굉음이 커서 짐을 많이 실었다는 생각을 하게 했다. 외국 비행기는 준비되면 바로 뜨고 손님이 적든 많든 개의치 않고, 딱 줄 것만 주고, 기내 상품이 지나가도 호객이나 사려는 이가 거의 없어서 복도가 조용하고, 비행중에 벨트를 매라는 신호를 주는 것은 드물며, 흔들림도 거의 없었다. 벨트를 매라는 사인은 공항 도착 직전에야 떨어질 정도로 비행 내내 안정적인 운항을 했다. 착륙은 언제나 사뿐했다.

우대받는 바르샤바

폴란드 로트항공을 타면, 바르샤바 쇼팽공항에 도착한다. 공항은 새로 확장 오픈했지만, 그리 큰 것은 아니며 사람들 역시 붐비지 않았다. 인천공항의 부산한 발걸음에 비하면 조용하다고 할 수 있다. 입국서류를 만들지 않고 짐 검사도 거의 없었다. 로트 편은 이게 장점이다.

폴란드는 한국 손님을 자국민처럼 편하게 대우해준다. 한국에 우호적인 만큼 이곳에 자주 온 사람으로서 늘 대우받는 기분이 들었다.

Part. I

서유럽부터 동유럽까지

유럽은 역사 · 문화 · 지리 · 지정학적으로 나누어 부르곤 하는데, 서유럽, 동유럽은 그런 예로 대표적이다. 그렇게 나뉘게 된 요인은 로마제국의 영역, 르네상스, 계몽주의, 산업혁명의 영향이라고 할 수 있다.

서유럽은 유럽의 중심적 위치를 차지하는데, 대체로 선진국, 경제가 발달하고 민주주의가 정착된 나라들이 영국, 프랑스, 독일, 오스트리아, 벨기에, 아일랜드, 룩셈부르크, 네덜란드, 스위스가 대표적이고 북유럽 범주에 있는 덴마크, 핀란드, 아이슬란드, 노르웨이, 스웨덴, 남유럽 범주의 이탈리아, 스페인, 포르투갈을 포함한다. 서유럽에 대칭되는 개념인 동유럽이란 말은 확정된 용어가 아니므로 해당 지역이 어디인지 확실한 경계가 없다. 어디까지인지 알 수 없고 세계지도를 보면 동쪽에 있는 나라도 관점에 따라 소속이 달라진다.

그리스는 동쪽에 있어도 유럽이다. 서유럽에 속한다기도 하고 남유럽에 속한다고도 한다. 반면 러시아는 유럽국가가 아니라 그냥 러시아라고 부른다. 그 경우 유럽의 동쪽 경계선은 벨라루스, 우크라이나이며 이들 나라보다 더 동쪽에 있는 에스토니아, 라트비아, 리투아니아는 동유럽 국가로 불린다. 루마니아, 불가리아, 알바니아와 발칸반도의 세르비아, 크로아티아, 몬테네그로, 보스니아-헤르체고비나는 남동부 유럽이 된다.

그렇다면, 우리나라 사람이 많이 찾는 폴란드, 체코, 헝가리, 슬로바키아는 어떻게 되는가?

제2차 세계대전 후 공산권에 들어갔던 나라들로서 동유럽으로 부르는 것이 일반적이다. 다만, 동독은 독일에 들어갔으므로 해당되지 않는다. 폴란드, 헝가리, 체코, 슬로바키아, 발트3국, 루마니아, 불가리아, 몰도바, 크로아티아 등 유고연방에서 독립한 국가들이 동유럽에 속한다. 이 나라들은 자국이 동유럽에 속하고 동유럽 국가라고 말하는 것을 듣고 싶어 하지 않는다. 지리적으로 중부 유럽에 있으므로 중부 유럽 국가로 불리길 좋아한다. 폴란드도 마찬가지다. 폴란드는 전통적으로 서유럽을 지향하고 지금도 서유럽적이다. 그러므로 폴란드는 자국이 동유럽국이라는 말이 달갑지 않지만, 그렇다고 외부에서 보는 시각을 고려하지 않을 수 없다.

역사적으로 동유럽은 후진적인 국가, 권위주의적인 통치, 농노제도의 유지, 근대화가 늦은 나라, 봉건적인 유습이 남은 곳, 프로이센과 오스트리아제국, 러시아제국의 지배와 예속의 유산이 남은 곳 등 부정적인 이미지가 있다.

그러나 지금은 변했다. 동유럽이라는 나름의 매력을 자랑한다. 첫째로 동유럽은 볼거리가 많은 곳, 옛날 모습, 전통, 엔틱을 볼 수 있는 곳으로 관광객을 유혹한다. 과거에는 근대화, 산업화, 도시화가 덜 된 것이 약점이었지만, 지금은 오히려 옛날 건물, 고풍스런 거리, 엔틱한 소품이 장점이 되어 세계인의 관심을 끄는 것이다. 우리나라의 여행자들도 유럽의 마지막 남은 중세적인 풍경과 분위기를 보기 위해 동유럽을 찾곤 한다.

두 번째로 동유럽 나라들은 서유럽 국가들에 비해 물가가 저렴하고 소박하다. 관광이나 여행은 보고 먹는 것이 대부분인데, 여행 비용이 덜 든다면 장점이 크다고 할 수 있다. 물론 탈공산 직후 때와 비교하면 물가가 많이 올랐고, 유럽연합에 가입하면서 한 번 더 물가가 올랐지만, 그래도 서유럽에 비하면 여전히 가격이 착하다.

아마도 물가가 더 싼 곳은 유럽연합 가입을 갈망하면서도 가입하지 못한 우크라이나, 러시아에 붙어버린 벨라루스 같은 나라일 것이다. 그 나라에 가보면 몸으로 체감할 만큼 물가가 싸다. 여행의 즐거움이 쇼핑인데 물건값이 싸면 모든 걸 다 사고 싶을 만큼 돈을 쓰고 싶다. 그것이 여행하는 사람의 즐거움을 더하는 것이 아닐까…

세 번째 매력은 동유럽에는 서유럽의 국가들처럼 집시 같은 무리의 소매치기, 가방 훔치기 같은 범죄가 적다. 동유럽 나라들은 과거 제국주의 국가, 소비에트연방의 공안국가적인 특징이 있어 경찰의 권한이 강하고 경찰관의 위상이 높다. 이들이 여행객, 관광객을 보호하는 호위대 구실을 한다. 러시아나 벨라루스 같은 나라도 자국민에게 외국인을 귀찮게 하거나 관광하는 것을 방해하지 못하도록 지시할 정도다. 관광 수입의 비중이 클수록 외국인과 관광객에게 우호적이다.

한편 동유럽의 취약점으로는 서유럽과 달리 여행이나 관광의 기본 인프라가 좀 부실하다고 할 수 있다. 유럽연합에 속하지 않는 우크라이나 같은 나라로 자동차여행을 하려면 거꾸로 된 알파벳을 몰라 불편하고 고속도로가 없거나 부족하고 휴게소 등 쉬어가는 장소도 갖춰져 있지 않다.

그러나 유럽연합에 들어온 폴란드, 헝가리, 체코, 슬로바키아, 발트 3국은 거의 선진국 수준이고, 발칸반도의 슬로베니아, 크로아티아도 마찬가지고 루마니아가 아직은 조금 미치지 못하지만, 계속 개방하고 있다. 그 외 아쉬운 점은 동유럽이 철의 장막에서 나온지 23년, 그러다보니 동유럽을 다녀온 사람이 적어 정보가 부족하다. 처음 동유럽에 가려는 사람에게는 먼저 다녀온 사람의 여행기나 체험 수기가 많은 도움이 되는데, 그런 것이 적다 보니 그 점에서 아쉽다.

동네 이웃들과 독일, 프랑스, 체코 여행

직장에서 은퇴한 뒤 내가 가진 포트폴리오로 이웃 사람들에게 뭘 해줄 수 있을까를 생각하다가 어느 날 같은 교회에 다니는 분들에게 폴란드에 다시 갈 계획인데, 혹시 유럽에 여행을 가고 싶은 분이 있는지 물어봤다. 몇몇 분이 관심을 보였다. 대개는 아내와 친한 사람들이어서 서로 신뢰하는 사이라 안심하고 여행에 따라오고 싶어하는 듯했다. 사실 남편도 있고 자녀도 있고 심지어 직장까지 가지고 있는 주부라 외국에 오랫동안 나가기 어려웠지만, 그 분들은 집에 가서 이야기해보더니 아무 문제 없다는 반응이었다. 평생 외국여행을 생각해본 적 없이 생업에 종사하고 자녀양육에 생을 보냈던 분들이라 남편과 자녀는 아내 그리고 엄마의 유럽여행 이야기를 듣자마자 집 걱정하지 말라며 여행을 다녀오라고 말했다.

그렇게 유럽 여행이 시작됐다.

일단 나와 아내가 먼저 폴란드 바르샤바에 가서 집을 얻어 정착한 뒤 동네 지인 세 분에게 폴란드로 오라고 하고 그사이 나와 아내는 그들과 함께 할 여행계획을 짰다. 우선 폴란드 바르샤바를 구경하고 그 다음 날은 독일 베를린과 포츠담을 보고 대륙을 가로질러 프랑스 국경 근처 서쪽 라인강 주변의 포도밭을 보고 프랑스 스트라스부르까지 건너갔다가 독일 남부를 통과해 체코 프라하를 관광한 뒤 돌아오는 12일의 여행계획이었다.

난 가이드가 되기로 했다.

세 사람을 위한 숙소를 하나씩 마무리하는 가운데 가장 낭만적인 장소일 것으로 예상되는 프랑스 알사스 지역 숙소 찾기 및 예약에 시간을 끌다가 마침내 여행하기 10일 전에 여행의 종착지가 될 프라하 숙소 예약까지 마쳤다. 그렇지만, 체코 프라하에서 숙소를 잡는데 진을 많이 뺐다. 예약 사이트가 많은 것도 힘들게 하고 예쁜 숙소가 많아서 결정을 더 어렵게 했다. 유럽에 오는 사람에게 국내에서 가져왔더라면 하는 것들을 부탁했다. 대개는 밑반찬을 만드는데 들어가는 건어물 같은 가공식품류였다.

유럽에 처음인 지인들에게 우리와 다른 서양 문화에 잘 적응하고 서로 매너있게 즐겁게 지내며 소통, 협력할 수 있도록 필요한 사항을 알려주며 그들의 바르샤바 도착에 대비했다. 다음 글은 당시 여행 온 일행에게 비행기를 타기 전에 보라고 보냈던 유럽여행 투어 안내문이다.

안녕하세요.
함께 여행하게 돼서 반갑습니다. 비행기 도착 및 귀국 일정을 감안해 여행 기간 12일에 맞는 투어 일정을 짰습니다.
폴란드에 오시면 자동차로 유럽을 관광합니다. 바르샤바에서 독일을 향해 가다가 귀국 시간을 고려해서 프랑스를 잠깐 넘어갔다가 유턴하겠습니다. 돌아오는 길에 체코 프라하에 들르는 것으로 합니다. 여러분이 비행기로 폴란드에 오면 공항에서 픽업하겠습니다.

숙소는 별도 호텔을 잡을 수도 있지만, 비용 절감을 위해 우리 부부의 집에서 쉬도록 하겠습니다. 세부적인 일정으로 도착하는 날은 집에서 쉬거나 주위를 산책하겠습니다. 오후 2시에 바르샤바 쇼팽공항에 도착하니까 남은 시간으로 최대한 많이 볼 수 있도록 하겠습니다.

도착 둘째 날 하루는 바르샤바를 관광 체험토록 하겠습니다. 시내의 왕궁, 빌라누프궁전, 올드타운, 문화과학전당, 바르샤바대학교, 쇼팽 박물관, 비스와강을 구경하고 폴란드 음식을 먹겠습니다. 원한다면 쇼팽 생가도 가 볼 수 있지만 외곽에 있군요.

셋째 날은 아침 일찍 독일 베를린으로 떠납니다.

이후 폴란드를 제외한 8박 9일(7.10 ~ 7.18) 여행 일정은 별첨합니다.

자동차 여행을 위해서는 준비가 필요합니다. 차 안에 약간의 다과와 음료수를 준비해놓겠습니다. 아침, 점식 식사와 간식은 휴게소나 호텔, 시내 식당에서 하겠습니다. 저녁은 가급적 한식을 먹겠습니다. 개인적으로 필요한 짐이나 소지품은 직접 챙기시기 바랍니다. 준비사항은 별첨하겠습니다.

귀국하는 비행편이 오후니, 시간이 남는 오전에는 바르샤바를 조금이라도 더 본 다음 시간에 늦지 않게 공항까지 가도록 하겠습니다.

여행 일정을 첨부합니다.

독일 · 프랑스 · 체코(12박 13일)

7.8(일)　오후 2시 반 폴란드 바르샤바 도착, 휴식 혹은 관광(집 1박)

7.9(월)　바르샤바 관광(집, 2박)

7.1(화)　바르샤바 → 독일 베를린(3박)

7.11(수) 베를린, 포츠담 관광(4박)

7.12(목) 포츠담 → 쾰른(5박)

7.13(금) 쾰른, 라인강변 드라이브, 코블렌츠(6박)

7.14(토) 라인강변, 하이델베르크, 프랑스 스트라스부르(7박)

7.15(일) 프랑스 스트라스부르(8박)

7.16(월) 스트라스부르 → 체코 프라하(9박)

7.17(화) 프라하(10박)

7.18(수) 프라하 → 바르샤바(집, 11박)

7.19(목) 오전 휴식, 오후 4시 반 바르샤바 출발

준비할 것

- 여름 복장, 다만 차에 에어컨을 가동할 때를 대비하여 가디건 준비.
- 선글라스는 필수, 모자는 선택.
- 신발은 랜드로버나 운동화 등 편하고 공기순환이 잘 되는 것.
- 개인 건강을 위해 먹는 약이 있으면 가져올 것.
- 관광 중에 먹을 수 있도록 멸치 등 건어물과 절임, 조림 등 밑반찬을 나누어서 준비할 것. 라면류 환영.

숙소 선택과 비용(5명)

- 폴란드 2박, 독일 4박, 프랑스 2박, 체코 2박, 바르샤바 1박.
- 숙소는 아코르Accor 호텔 체인을 많이 이용했는데, 위치가 편리해서 좋았던 곳도 있었지만, 시설이 너무 간소하고 호텔 편의시설이나 예우Amenity가 조금 간소, 건조했던 기억이 난다.

날 짜	장 소	호텔명	조 건	요 금
7.8. 오후 3시 폴란드 도착	바르샤바	개인 원룸		
7.10. 여행 출발				
7.10. 체크인 7.11. 체크아웃	독일 베를린	ibis Berlin Neukölln	3인용, 2인용 각 방1	261,131원 (203유로)
7.11. 체크인 7.12. 체크아웃	독일 베를린	머큐어 호텔 베를린 젠트룸	3인용, 2인용 각 방1	351,176원 (273유로)
7.12. 체크인 7.13. 체크아웃	레버쿠젠 (쾰른 옆)	ibis Koeln Leverkusen	3인용, 2인용 각 방1	254,018원 (195유로)
7.13. 체크인 7.14. 체크아웃	Reil (모젤강변)	Weingut-Brennerei-Gastehaus Emil Dauns	3인용 아파트 1 2인용 방 1	182,716원 (141유로)
7.14. 체크인 7.15. 체크아웃	프랑스 스트라스부르	ibis styles Strasbourg Avenue du Rhin	3인용, 2인용 각 방1	205유로
7.15. 체크인 7.16. 체크아웃	프랑스 Marckolsheim (국경선 촌락, 리퀘위르 동쪽 라인강변)	Les' Logos du Ried	3인용 방1 2인용 방1	118유로 101유로
7.16. 체크인 7.17. 체크아웃	체코 프라하	펜지온 U 세이푸	3인용, 2인용 각 방1	114유로
7.17. 체크인 7.18. 체크아웃	체코 프라하	아파트먼츠 프라하6	8인실 방 1	126유로
7.18. 원룸 귀가 7.19. 오후 2시 반 귀국	바르샤바 쇼팽 공항	개인 원룸(개인 원룸 3박 제외)	총 8박	1,476유로 191~192만 원

여행 일정과 관광할 곳

날 짜	이동 도시	관광할 곳
1일차 7.10(화)	08:00 집에서 출발 바르샤바 → 우치 → 포즈난 → 베를린, S8, 약 7시간 오후 베를린 도착	독일 베를린 1박
2일차 7.11(수)	베를린 관광	브란덴부르크 문 등 베를린 1박
3일차 7.12(목)	베를린 → 포츠담, A115, 35분 오전 포츠담 관광, 정오경 쾰른으로 이동 포츠담 → 마그데부르크 → 하노버 → 빌레펠트 → 도르트문트 → 쾰른, A2, 6시간	상수시궁전 등 쾰른 옆 레버쿠젠 1박
4일차 7.13(금)	쾰른, 쾰른에서 코블렌츠, 로렐라이, 라인강과 모젤강 지역 관광	쾰른 성당, 라인강 다리 코블렌츠/트리어 모젤강 유역 Reil 1박
5일차 7.14(토)	Reil → 트리어(trier) → 룩상부르 → 스트라스부르, 4시간 알사스, 스트라스부르 관광	스트라스부르 1박
6일차 7.15(일)	스트라스부르와 콜마르, 리퀘위르, 에귀사임, 오 쾨니스부르그 성 등 관광	Marckolsheim 1박
7일차 7.16(월)	스트라스부르 → 바덴바덴 → 하이델부르그 → 하일브론 → 뷔르츠부르그 → 뉘른베르그 → 필센 → 프라하, 7시간 * 로맨틱 가도 타는 방안도 검토 스트라스부르 → 체코 프라하, A6, 6시간	체코 프라하 1박
8일차 7.17(화)	프라하 관광	프라하 1박
9일차 7.18(수)	08:00 프라하 → 바르샤바, S8, 7시간	집

첫째 날,
공항 픽업과 바르샤바 투어

공항에서 지인을 픽업했다. 서울에서 늘상 보던 분들도 먼 외국, 외국인들이 많은 곳에서 다시 상봉하니, 혈육을 만나는 것처럼 반갑고 기뻤다. 가져온 짐을 차 트렁크에 싣고 바로 쇼팽 야외 음악회가 열리는 바르샤바에서 가장 큰 공원인 와지엔키공원으로 갔다. 그곳 야외음악당에는 이미 많은 사람이 노천 객석을 채우고 쇼팽의 피아노 연주곡을 감상하고 있었다. 조용히 뒷좌석에 앉아 그들과 하나가 되어 음악을 감상했다.

아쉬운 것은 중간에 비를 만난 것이었다. 그렇지만 감상하는 사람들은 연주가 끝날 때까지 공연장 밖으로 나가지 않았다. 비가 오는데도 자리를 지키거나 혹은 나무 밑으로 옮겨 가서도 공연을 계속 감상했다. 연주자도 공연을 보러 온 사람의 매너에 화답하는지 갑작스런 비에 방해받았음에도 흔들림 없이 연주를 계속했고 무사히 끝났다.

공원 밑으로 내려가서 수상궁전, 즉 물 위의 궁전에 갔다. 호수 안의 인공 섬 안에 18세기 무렵 건축한 네오클래식한 왕궁이다. 와지엔키공원의 상징이라고 할만한 대표 건물이다. 수상궁전은 원래 수영을 좋아한 스타니스와프 아우구스트 포니아토프스키(Stanisław August Poniatowski)왕이 목욕탕으로 만들어졌으나, 나중에 왕의 여름 별궁이 되고 후대에는 박물관이 되었다. 수상궁전을 보고 올라와 공원을 쭉 관통하는 꽃밭에서 사진을 찍고 담소를 나누면서 차를 세워둔 곳으로 나왔다. 오는 길에 쇼핑 몰에서 음식재료 쇼핑을 하려고 했으나 일요일이라 모두 문을 닫았다.

여행 온 지인들은 처음으로 서양 자두와 체리, 검은 베리를 맛보고는 그

쇼팽 동상과 쇼팽 피아노곡 연주를 감상하는 야외 음악당

와지엔키공원의 수상궁전

중에서도 서양 자두에 감탄했다. 하긴 우리나라에서 서양 자두를 맛볼 기회가 없으니 그럴 만했다. 나와 아내도 처음 왔을 때 마찬가지로 좋아했던 기억이 난다.

집에 돌아와서 한국식 식사로 유럽에 온 지인들과의 만남을 기념했다. 서울에서 가져온 밑반찬과 라면을 넣은 김치찌개로 저녁식사를 잘했다. 다들 너무 잘 먹었고 시차에다 관광이 따른 피곤까지 몰려와 일찍 침대로 들어갔다.

둘째 날
바르샤바 투어

시차 때문인지 서울에서 온 지인들이 아침 일찍 일어나면서 거실에서는 일행들의 목소리가 크게 들렸다. 바르샤바에서 아침 6시 반이면, 서울은 오후 2시 반이니 서울서 어제 도착한 사람이라면 잠을 깰 만했다. 이곳은 아파트라서 조금 걱정이 됐다. 왜냐하면 오래 잠자는 폴란드 사람은 이만큼 일찍 일어나지 않으므로 혹시 우리 때문에 그들이 깨면 안 됐다. 조금 주의했고, 옆집에 우리의 목소리가 잘 안 들리기를 기원했다. 된장국을 끓여서 다들 잘 먹었다. 샐러드에 멸치와 고추장, 김치까지 곁들이니 식사가 한껏 즐거웠다.

오늘도 바르샤바를 관광하는 날이다. 어제 중단한 와지엔키공원에서 시작해 이웃 공원으로 걸어가며 카메라와 휴대폰으로 추억을 담기에 여념이 없었다. 이어 바르샤바 메인 도로를 따라 피우수츠키광장, 사스키정원, 코페르니쿠스동상(Nicolas Copernicus Monument: 폴란드 이름 미코와이 코페르닉),

사스키정원

코페르니쿠스 동상과 제2차 세계대전 전 폴란드의 지도자 피우수츠키 동상

성십자가성당(Holy Cross Church), 바르샤바대학교(University of Warsaw), 왕궁, 올드타운을 구경하고 기념품을 본 뒤 성 밖으로 나가 포드발레식당에 들어갔다. 워낙 오래 전에 알던 식당이라 들어갔지만, 옛날 먹던 것보다 좀 못해진 듯했다.

관광을 끝내고 함께 시장에 갔다. 집 가까운 슈퍼마켓에 가서 물건들을 샀다. 내일 독일로 가는데 이곳의 물가가 저렴하니 미리 차 안에서 먹을 것을 구비하려는 것이었다. 집에 와서 우연히 옆집 가장을 봤다. 아주 선하게 생겼다. 손을 들어 반갑다고 인사했다.

여행 온 일행들은 쇼핑해온 과일을 거실에 벌려놓고 먹었다. 사과, 복숭아, 체리, 블루베리 모두 맛있다고 말했다. 블루베리는 확실히 국내에서 보던 것보다 더 통통했다. 맛도 좋았고 먹을 만했다. 지인들이 참 보기 좋았던 것이 진정으로 여행을 즐길 준비가 되어 있었다는 점이었다. 자신이 보는 사물이나 현상, 사람들의 행태를 보고 늘 놀라고 감탄하며 좋다고 반응하면서 불만을 가진 듯하거나 시무룩한 얼굴을 볼 수 없었다. 가이드 하는 사람으로서 여행 온 사람들에게 잘 해주어야지하는 생각이 들도록 만들었다.

아침저녁으로 공기가 신선했다. 공기에 먼지가 거의 없었다. 공기가 청량하다 못해 문을 열어놓으면 한기가 들 정도였다. 낮에는 햇살이 뜨거우나, 그늘 밑으로 들어가면, 피서가 가능하고, 하늘은 청정하다 못해 천고마비의 가을 하늘처럼 보이는 것이 서울과 비교했을 때 너무나 상쾌하고 기분 좋았다. 거기에다 물가까지 싸니 다들 가게에 잘 들어가고 옷을 쉽게 샀다.

산양 크림을 사러 시내 바르샤바 중앙역에 들어가더니 모두 사버렸다. 가게가 가진 것이 적은 탓도 있지만, 우리 한국인 구매 스타일이기도 하다. 좋다고 하면 많이 살수록 다다익선이라고 생각도 있는 듯하고 여행 나온

왕성 너머 성 요한 대성당과 올드타운,
올드타운 광장과 레스토랑

노비 쉬비아트, 신세계 거리

루터교회와 바르샤바의 현대화된 건물들

사람으로서 국내에 챙길 분이 많은 듯했다. 저녁에는 객지에서 모처럼 푸짐한 된장국 한정식을 차려 먹었다.

셋째 날
독일로 이동, 베를린 1박

7월 10일부터 독일-프랑스-체코 투어를 시작했다. 오전 7시 반쯤 다섯 명이 한 차에 타고 바르샤바를 출발했다. 저녁 무렵 독일 수도 베를린으로 들어갈 예정이다.

여행 온 사람들은 과일을 좋아했다. 하긴 과일만큼 좋은 건강 자연식은 없었다. 나와 아내도 과일을 많이 먹는 스타일이어서 차 안에 과일을 가득 싣고 가면서 심심하면 먹으며 가기로 했다. 자연히 우리나라에 많지 않은 서양자두와 체리에 시선이 자주 갔다. 어제 갔던 LIDL 쇼핑몰에는 과일이 적었다. 그래서 집 주변 슈퍼마켓에 가서 보충했지만, 한 번 더 폴란드에서 가격이 저렴한 쇼핑몰에 들를 계획이다. 중간의 큰 도시 포즈난을 염두에 두었다.

여행할 때는 짐이 많다. 이동하면서 의식주를 해결해야 하니까 자연히 개인별 짐이 하나씩 있어야 하고, 공용 짐도 있기 마련이다. 자동차 트렁크에 세 사람의 옷을 넣은 가방 하나, 나와 아내가 또 한 가방, 그 외 전기밥솥, 과일과 밑반찬 등을 담은 것까지 실었다. 실내화를 가져왔기에 그것도 챙겨 넣었다. 아코르호텔 체인인 ibis 호텔에 가보니, 타올만 있었다. 냉장고가 없었고 실내화, 비누, 샴푸, 심지어 에어컨까지 보이지 않은 것을 생각하면 생수와 과일, 실내화를 가져오길 잘했단 생각이 들었다.

바르샤바에서 베를린으로 가는 고속도로와
숙소로 잡은 이비스 호텔

바르샤바에서 베를린 가는 길은 이미 고속도로가 뚫려 있어 12년 전의 길과는 아주 달랐다. 과거에는 국도였고 중간중간에 론도 같은 로터리가 있어 속도를 내기 어려웠다. 차들이 줄지어 가는 경우가 많았다. 그런데다 당시는 발전하기 전이라 모두 저속도로 달리게끔 속도제한이 있었고 교통경찰이 도로 곳곳에 배치되어 있었다. 이번에 가보니 그런 것이 모두 없어졌다. 교통경찰을 거의 보기 어려웠다.

대신 톨게이트가 있어 돈 받는 곳이 많아졌다. 고속도로로 인해 베를린에 가는 시간이 많이 줄었다. 과거 탈공산 10년 정도 되었을 때만 해도 길이 안 좋아 바르샤바에서 자동차로 출발하면 독일 국경선 체크포인트에는 밤에 도착했다. 그러나 지금은 낮 시간에 베를린에 도착할 수 있었다. 하루 종일토록 달려야 했던 과거와 달리 이제는 여유가 있었다. 늦은 밤에 베를린에 도착할 리도 없었다.

포즈난에서 과일 쇼핑을 하고 식사하기 위해 시내로 들어갔다. 중심가는 아니고 조금 외곽의 쇼핑몰에 들어가서 식사했다. 카페테리아에서 피자 등 요리를 골라 먹었다.

오샹(Auchan)에 들렀다. 과일 때문에 갔지만, 청과 물건이 좋지 않았다. 서양 자두를 산다는 것이 비슷하게 생긴 우리나라 자두 같은 것을 샀다. 시큼하고 딱딱해서 아닌 듯했다. 반면 체리와 산딸기는 그런대로 좋았다.

포즈난에서 베를린까지는 2시간 반 정도 거리다. 중간에 비가 와서 뚫고 지나갔다. 휴게소에 들렀다. 일행들은 모든 것을 체험해보려는 사람처럼 들르는 것을 좋아했다. 베를린에 가는 시간이 줄어서 여유가 있었기 때문이기도 했다. 휴게소에는 KFC와 맥도널드가 있어 햄버거에 커피와 차를 주문해놓고 함께 나눠 먹었다.

폴란드와 독일의 도로는 같은 유럽연합 국가라서 다를 바가 없었다. 다만, 폴란드의 것은 새 것이라 도로를 잘 깔았다는 느낌이 들었고, 독일의 것은 네트워크, 도로망이 잘 구축되어 있다는 인상이 들었다. 특히 독일의 도로는 들어가고 나가는 시스템이 잘 구축되어 있었지만, 폴란드의 것은 일단 고속도로 하나가 잘 깔려 있고 휴게소 시설도 되어 있었지만, 나가고 들어오는 것, 다른 도로와의 연결 이런 것은 아직 덜 된 듯이 보였다. 실제 고속도로를 달리면서 보니 출구, 즉 나가는 길이 많지 않았다.

한국서 온 일행들은 한결같이 폴란드의 공기가 너무 좋다고 감탄했다. 천식이 있는 사람은 여기서는 공기가 너무 좋아 몸이 가볍다고 말했다. 다른 분들도 같은 말을 했다.

베를린 외곽으로 들어와 ibis 숙소에 숙박했다. 도심이고 저렴한 숙소라서 그런지 좁아 보였다. 호텔에 주차장이 없어 길가에 차를 세웠다. 외국에 나오면 '왜?'라는 궁금증이 많이 생긴다. 국내라면 따져 묻겠지만, 외국에서는 언어가 통하지 않아 묻기 곤란하다. 약간 갸우뚱 의구심이 들지만, 그냥 지나가고 만다. 어차피 여기 살 것도 아니고 겨우 하루 묵는데, 이런 식의 머릿속 부딪침은 늘상 겪는 일이다. 어느 정도는 이방인으로서 감안해서 생각할 수밖에 없다. 말이 안통하더라도 문화적으로 공유되는 부분이 적다 보니 생기는 현상이다. 일행 중의 한 사람이 말한 것처럼 너무 많은 것을 기대하지 말라는 것이 정답일 것 같다.

숙소 주위를 산책했다. 여기 사람들이 어떻게 사는지, 배가 오가는 운하가 어떤 건지 실제 볼 수 있었다. 주택가의 줄지어 주차된 차를 보면서 독일사람들도 작은 차, 실용적인 차를 쓰고 있음을 볼 수 있었다. 부근에는 아랍계, 터키 사람이 많이 사는 것도 알았다. 유럽에는 나무와 숲을 많이 가꾸고 그래서 생활하는 곳이 녹지라는 것도 알았다. 묘지에 가보고 그들이 죽은 자를 위해 묘소를 어떻게 가꾸는지도 봤다.

저녁에 호텔 숙소의 큰 방에서 전기밥솥으로 밥을 하고 가져온 밑반찬으로 함께 식사했다. 드라이브한 것밖에 없었지만, 차를 타고 본 이국적인 풍경이나 지평선이 보이는 평원, 선진국의 편의시설을 이용했던 것을 이야기하고 맞장구를 치면서 다들 즐거워했다.

내 방으로 돌아와 숙소의 타올이 푹신 청결하고 잠자리가 숙면 취하기 알맞게 몸을 묻다시피 감싸주어 좋았다. TV가 안 나온다고 호텔을 불신하려는 찰나 리모콘 조작 중에 TV가 켜졌다. 역시 불신부터 하려고 한 것이 잘못이었다.

넷째 날

베를린 관광

아침 7시에 호텔 레스토랑에 가서 식사했다. 일행들은 빵과 햄, 치즈, 베이컨 등으로 식사하면서 재미있어 하고 또 주부의 짐을 벗고 이렇게 얻어먹는 게 좋은지 마냥 즐거워했다.

호텔 체크아웃을 하고 짐을 싣고 출발했다. 베를린이란 이 대도시를 어떻게 볼까 생각하다가 차를 몰고 처음 도착한 곳은 시내 중심부에 위치한 콘체르트 하우스 베를린(Konzerthaus Berlin)이었다. 베를린 심포니 오케스트라 등 여러 오케스트라의 본거지고 다양한 클래식 음악을 공연하는 장소였으나, 우리가 방문했을 때는 막 가설무대 해체공사를 하고 있어 차를 세워놓고 걸어서 구경하고 오기 적당했다.

모여서 어디로 갈까 이야기하는 중인데 시티투어 버스가 다가오더니 운전기사가 와서 타라고 하는데, 아내와 일행이 관심을 나타냈다. 이야기 끝에 버스 기사가 패밀리 티켓을 끊어 줄테니 타라고 하자, 논의 끝에 받아들여 조금 저렴한 비용으로 차를 탈 수 있었다. 2층 투어버스가 시내 명소를 돌아다녀주니 편했다. 버스 위에서 영어로 안내하는 방송을 듣고 내가 아는 대로 설명을 해주었다. 그냥 한 바퀴를 쭉 돌려고 했는데, 그만 일행중에 신발을 사려고 찾던 아디다스 가게가 보이고 옆에 KADEWE 백화점의 벽에 세일기간이라는 표시를 보는 순간 다들 마음이 일치했는지 함께 내렸다.

먼저 우리나라 사람이 잘 가는 카데베 백화점에 들어갔다. 한때 이 백화점은 유명한 압력밥솥, 쌍둥이 칼을 구입하는 장소였다. 우리 일행 역시 관심이 가는 것은 선글라스, 냄비, 식칼류였다. 누구는 덩치 큰 휘슬러 냄비세트, 또 다른 일행은 쌍둥이 칼, 가위 세트, 나와 아내는 장시간 운전하는 만큼 선글라스를 사러 갔다. 내가 간 안경 코너의 아주머니 직원은 한국인을 많이 상대해봤는지 우리를 자연스럽게 맞이해주었다. 난 손짓으로 장시간 운전하는데 필요한 선글라스를 원한다고 하니까 그에 맞는 것을 골라주었다.

물건을 사니 갈증도 나고 배가 출출해서 어딜 갈까 하다가 우리나라 백화점처럼 꼭대기층에 올라가 봤다. 예상대로 꼭대기층은 식당가로 스탠드마다 사람들이 꽉 차서 줄지어 식사하고 있었다. 특이한 것은 식사하는 건지 술을 마시는 건지 많은 사람이 와인잔을 들고 있었다. 작은 식당 부스 주위의 한 곳에서는 샴페인과 와인을 판매하고 있었다. 익숙한 아시아 타이 식당에서 음식을 주문해 먹으며 화이트와인 한 잔을 곁들여 마셨다. 엄

콘체르트 하우스 베를린

카데베 백화점

청 균형이 잘 맞춰진 와인이었다. 너무 맛 있었다. 감탄할 맛이어서 한 잔 더 하고 싶었다. 나뿐 아니라 사람들 모두 같은 의견이었으나, 대낮이라 그만했다.

운동화를 사러 아디다스 매장으로 들어갔더니 바겐세일중임에도 운동화의 할인 가격이 10만 원을 넘자, 다들 사려는 마음이 시들해지고 말았다. 밖으로 나와 베네통에 들어가서 같은 모양의 단체 티를 한 벌씩 구입했다. 여행을 다니는 것도 인연이라 똑같은 티를 사서 입고 즐거워했다. 이어 우리나라의 올리브 영과 비슷한 DM에 들어가 이것저것을 구입했다. 미리 염두에 두고 들어온 것이 아니어서 다들 뭘 사야 할지 고민하다가 내가 목사탕, 허브차, 치약, 파스, 밀가루 등을 소개해줬다. 워낙 가격이 싸서 다들 부담없이 주워 담았다.

다시 이층 투어버스를 타고 승용차가 있는 곳으로 왔다. 차를 타고 베를린의 상징이자 랜드마크인 브란덴부르크(Brandenburg) 문 앞에 섰다. 18세기 후반에 지어졌는데, 그때는 도시 입구의 큰 문 역할을 했다고 한다. 오늘날 이곳을 기억하는 것은 브란덴부르크 문을 중심을 동독과 서독을 갈라놓았기 때문이리라. 그 다음으로 간 곳은 냉전의 상징과 같은 찰리 검문소(Checkpoint Charlie)였다. 지금은 아무런 긴장감을 느낄 수 없지만, 동서독 분단 시절에는 살벌한 경계선이었고 이 초소를 통과해 동토에서 서방으로 올 수 있었다.

버스를 타고 훔볼트대학, 소련군의 베를린 해방 기념물, 권위적으로 지은 소련대사관을 거쳐 다음 목적지인 박물관 섬에 갔다. 슈프레(Spree)강에 있는 작은 섬이지만, 이곳에는 페르가몬(Pergamon)박물관, 베를린대성당(Berliner Dom), 알테(Alte) 국립미술관, 보데(Bode)박물관이 있다. 가장 가볼 만한 장소인 페르가몬박물관은 공사중이었고, 아프리카박물관은 열려 있었으나, 다들 입장하지 않는 쪽으로 의견이 모아졌다.

국가의회 의사당(Reichstag Building)은 히틀러시대 국가 테러가 자행된 곳으로 의회주의가 파괴된 현장이었지만, 소련군의 공격에 의해 파괴된 채 분단 시대 동서독의 장벽을 지켜본 뒤 오늘날 통일 독일의 국회로 다시 기능하고 있다. 저녁 시간이 되어 차를 타고 지나가면서 새로운 숙소인 머큐어호텔로 돌아왔다. 호텔 카운터의 여직원이 반갑게 맞이해주었다.

숙소에 들어가기 전에 인근의 작은 마트에 들러서 맛이 괜찮다는 리슬링 와인을 11유로에 샀다. 숙소에 올라가 보니 6층이고 전망이 앞쪽이어서 좋았다. 전날 묵은 ibis보다는 등급이 높은 티를 내는 건지 시설이나 물품이 조금씩 더 낫거나 더 있었다. 숙소에서 전기밥솥에 밥을 하고 밑반찬과 컵라면으로 저녁 식사를 했다. 다들 라면 맛이 이렇게 좋을 줄 몰랐다며 즐겁게 식사했다.

여직원의 안내로 그곳에서 카데베백화점이 무척 가깝다는 사실을 알았다. 이 호텔을 잘 잡은 것 같았다. 걸어서 5분이라고 했는데 길도 무척 단순했다. 한 번만 꺾어서 쭉 걸어가면 바로 다운타운이었다. 모든 것이 거기에 있었다.

여행을 할수록 짐이 많아져서 차에 공간이 부족할까 걱정됐다. 바르샤바를 떠난 이후 얼굴에 알레르기가 생겨 약국에서 목감기약과 비타민을 샀다. 일행 중에 비슷한 약이 있다며 주기에 먹었더니 몸이 좋아졌다.

아내는 용감했다. 서양 사람에게 두려움 없이 찾아가 묻고 말하고 따지고 여행 온 일행들을 대변하는 등 대단했다. 서울에서 여행온 지인은 '우리가 독일 베를린을 휘젓고 다닐 줄 어떻게 상상이나 했겠느냐'며 스스로

브란덴부르크 문

베를린 대성당

독일 국가의회 의사당

놀라워해서 다들 웃음 지었다. 패키지 여행에서 이렇게 할 수 있었겠는가? 불가능했을 거라며 보는 것, 쇼핑하는 것을 즐겼다. 또 다른 사람은 공기 좋은 곳으로 가서 쉬고 싶어 했다. 쇼핑은 답답한 곳에 들어가는 것이라고 말하는 것을 보니 몸의 컨디션이나 건강도 생각하고 관광해야겠다는 생각이 들었다.

다섯째 날
포츠담 관광

이날은 다들 쉬고 싶은 건지 아침 식사를 7시 반에 하자고 했다가 8시로 한 번 더 미뤘다가 조식 뷔페 레스토랑에서 만났다. 우리 일행은 하루에 한끼는 한식을 먹기로 하고 아침, 점심은 현지 음식을 먹고, 저녁은 한식을 했다. 어제 저녁은 한식, 이날 아침은 양식이라 음식이 실증나지 않고 식사가 만족스러운지 만나자마자 웃음꽃을 피웠다. 지인들이 음식을 날라다 먹는 횟수가 늘었다. 이날따라 많이 먹고 테이블에 접시가 가득했다.

포츠담에 가기로 한 날이다. 숙소에서 포츠담까지 약 40분이 걸렸다. 외곽으로 가니 숲이 많아지고 단독 주택들이 편안함을 주었다. 표를 구입하고 궁으로 가는데 입구에 거리의 악사가 우리 일행이 한국인인 줄 알고 아리랑을 연주했다. 다들 깜짝 놀라 감동해서 돈을 내놓고 싶어했다.

상수시(Sanssouci)궁전 정원과 별도로 유료인 궁전박물관에 입장했다. 프리드리히 2세(Friedrich II: 영어로 Frederick the Great)의 여름 별궁이었다. 참고로 프리드리히 대왕은 1740년에 즉위한 프로이센의 왕으로서 음악, 예술, 철학을 사랑하고 여러 가지 외국어를 구사하고 책을 쓴 지식인이면서, 동

상수시궁전

상수시궁전 겸 박물관과 프리드리히 대왕

시에 훌륭한 군사 지도자로서 많은 승전을 이룩한 인물이다. 개, 말 등 애완동물을 몹시 사랑한 것으로 유명하며, 그의 백성이 규율을 지키고 열심히 일할 것을 바라며 일체의 게으름이나 불복종을 용납하지 않았다. 그것이 전부는 아니었다. 백성과 농민을 위해 새로운 도로 건설과 농업 여건을 개선하는 등 프로이센 사람의 전반적인 삶의 개선에도 노력했다.

입장 시간이 있었는데, 들어가 보니 방마다 사람이 많았다. 입장 인원을 조절하는 듯했다. 영어 설명을 듣고 여행온 사람들에게 전달했다. 마블홀(Marble Hall), 그림 갤러리(Picture Gallery), 차이나방(Chinese Room), 콘서트룸(Concert Room), 개인연구실, 로코코방(Rococo Room), 도서관 등이 있었다. 마블홀은 궁전에서 가장 큰 공간이며 대리석 기둥과 천장 장식으로 유명하다. 그림 갤러리에는 루벤스와 반다이크를 포함 17~18세기 화가들이 그린 그림들로 가득 차 있다. 콘서트룸은 음향 효과가 뛰어나게 만들어졌고 천장은 아름답게 프레스코화되어 있고 여러 조각상들과 화려한 샹들리에로 장식되어 있다. 그 외 대왕의 개인적인 유품이 전시되어 있엇다. 이곳은 프리드리히 대왕의 집무 공간이 아니라 즐기고 쉬기 위한 공간이었다고 한다.

폴란드도 그렇고 독일 역시 정원 입장은 무료였고, 건물의 내부 박물관 구경만 돈을 받았다. 우리나라의 고궁과 사찰이 정원을 보는 것까지 돈을 받는 것과 비교됐다.

베르사이유 궁을 본떠서 만들었다는 상수시궁전의 앞 정원을 위에서 아래로 내려오며 사진을 찍었다. 일행은 사진 찍는 것을 좋아해 비슷한 장면을 많이 찍었다. 나중에 잘 찍힌 것을 고르면 되겠지… 상수시궁의 좌우, 이쪽에서 저쪽 끝까지 2km라고 하는데 워낙 기운을 북돋아주는 풍취라 다들 흔쾌히 걸었다. 오는 길옆 높은 곳에 풍차가 보였는데, 프리드리히대왕의 여름 별궁 조성 계획의 일부로서 1741년에 지어졌다. 처음에는 왕실과 주변 지역에 밀가루를 공급하는 제분소 역할을 했고 시설을 못 쓰게 되었을 때는 공원 장비를 두는 창고로 사용했고 1980년에 복원해서 지금은 원래의 분쇄 장비를 볼 수 있었다.

낮은 지대에는 유럽에서 이국적인, 황금색으로 장식한 중국인의 집이 있었다. 프리드리히 대왕의 요청으로 공원 계획의 일부로 지어졌다고 하며, 탑의 양식으로 설계되었고 사적인 모임은 물론, 안에는 작은 콘서트홀을 두고 있어 연주도 할 수 있게 했다. 일행은 양쪽 숲이 길을 중심으로 갈라져 있는 모습이 신기하다며 사진을 찍고 웃음꽃을 피었다. 사진을 찍어 주느라 내가 늘 앞장서서 걸었다.

상수시궁에 있으면서도 상수시궁보다 더 위압적인 건물인 신궁전(New palace)에 다다랐다. 프리드리히대왕이 프로이센의 힘을 나타내려 지었다고 하며, 실질적으로는 왕실 손님의 거처로 이용되었다. 주위는 정원과 분수로 둘러싸여 있지만, 느낌으로는 버려진 궁처럼 보였다. 궁이 잠겨 있어서 들어가 보지 못했다. 그 안에도 여러 방이 잘 꾸며져 있고 그림도 있다고 했다. 신궁 옆에 휴게소가 있었다. 거기서 쉬면서 커피를 사 마셨다. 화장실은 철저하게 유료였다. 게이트에는 최신 금전 먹는 출입문이 설치되어 있어 일행은 돈을 안 내려고 골몰했지만, 돈을 내지 않고 들어갈 방법이 없었다. 일인당 70센트였다.

돌아오면서 차이나 하우스를 보고 프리드리히 2세 이후에 건축된 부속궁들을 구경했다. 비가 부슬부슬 내리다 그치기를 반복 했으나, 구경하는데 방해가 될 정도는 아니었다. 만보를 걸었으니 볼 것을 다 봤다고 할 만

상수시궁전 신궁

했다. 주부들이었기에 이 정도로 샅샅이 봤다고 할 수 있다. 남자들이었다면, 아마 이렇게 자세히 보지 않았을 것이다.

느긋이 앉아 식사할 시간이 없었다. 벌써 오후 2시를 가리키고 있었기 때문이었다. 차에 올라 독일 서부 라인강변으로 향했다. 조금이라도 일찍 도착해서 휴식을 취하고 싶었다. 길이 멀어서 중간에 휴게소에 들렀다. 배가 출출하기보다는 볼일 보러 들렀다고 해도 과언이 아니었다. 아내와 일행은 여전히 화장실 70센트 벽에 막혀 어쨌거나 돈을 더 적게 내거나 안 내는 길이 있을 거라는 생각에 잡혀 계속 알아보고 방법을 찾느라 골몰했다. 우리의 무인 공중화장실과 달리 여기는 화장실은 관리하는 사람이 있어 청결하게 하고 각종 비품을 공급하는 서비스로 돈을 받는 게 유럽의 제도인 듯했다. 패스트푸드 점에 가서는 화장실을 그냥 쓸 수 있겠지 했지만, 독일에서는 고속도로 휴게소의 거의 모든 화장실의 입구가 금전 투입을 해야 문이 열리는 시스템이고 예외가 없었다.

슈니첼(Schnitzel)을 주문해서 점심으로 먹고 기름을 넣어 아우토반을 달렸다. 쾰른까지 운전했다. 속도 무제한의 고속도로였지만, 최고 시속으로 달리는 건 아니어서 안전하게 주로 2차선으로 달렸다. 가끔은 더 느린 3차선, 최고 속도의 1차선은 뒤에 차가 없는 동안만 잠깐 추월하면서 이용했다. 시속 130km로 달렸다. 그 이상은 부담스럽고 그 이하는 너무 느렸다. 비가 자주 와서 운전이 조심스러웠다. 곳곳에 공사를 하고 있었는데, 마침 가는 쪽은 뻥 뚫려 있었고, 맞은편 도로는 공사를 하는지 차들이 줄지어 서 있었다.

독일의 서부는 구릉지대다. 숲이 많았지만, 베를린 부근처럼 쭉쭉 뻗은 나무들이 아니었다. 하늘은 가을처럼 새파랗고 들판은 노랗고 푸른색으로 펼쳐져 있는 가운데 숲 군데군데 마을들이 들어서 지붕들이 이쁘기 그지없었다. 우리들은 이쁜 마을들을 보면서 감탄을 거듭했다. 나도 그랬지만, 독일이나 유럽의 전원은 밭과 숲, 집들이 어울려 굉장히 아름답다. 아마도 한국에서는 이런 모습을 쉽게 접하지 못할 것이라는 생각이 들었다. 고속도로 오는 중에 쾰른에 거의 다 도착할 무렵 원자력발전소 같은 게 보이고 거기서 비온 뒤 햇볕이 내리쬐면서 커다랗고 선명한 무지개가 만들어져 모두들 감탄사를 연발했다.

숙소로 잡은 레버쿠젠(Leverkusen)의 도시 이미지는 공장지대였다. 처음 온 곳이라 약간 길을 혼동했지만, 길가에서 만난 독일인 할아버지의 친절한 설명을 듣고 곧 호텔을 찾았다. 늦은 시각에 도시에 도착했으므로 숙소를 찾았다는 게 여간 다행스럽게 느껴지지 않았다. 호텔에 들어서자마자 아내가 막 체크인하는 인도인 부부를 만나 인사를 나눴다. 내가 한마디 했다. "당신네들 먼 데서 왔다고…" 그러자 아내가 보충이라도 하려는 건지 "우리는 더 먼, 극동에서 왔다."고 말했다. 인도인 부부는 미소를 지었다. 중국인이냐고 하기에 한국인이라고 고쳐주었다.

쾰른이 좀 시끄럽고 붐빌 것으로 짐작하고 조금 떨어진 곳에 숙박해야지 해서 인근 Leverkusen ibis 호텔에 들었으나, 별로 현명한 선택이 되지 못했다. 밤이 늦어도 해가 지지않아 운전하는데 도움은 됐지만, 밤 9시경인데도 노천 테이블에서 사람들이 삼삼오오 앉아 술마시고 떠들며 시끄럽게 하고 바로 앞에 건물이 있어 커튼을 열기도 문을 열어놓기도 어려웠다. 도착이 늦었지만, 굶고 잘 수는 없기에 10시 넘어 밥을 해서 한식으로 식사했다. 여행 온 사람들에게 식사를 준비해주어서 감사하다고 했더니, 아니라며 운전을 한 내가 고생했다며 고마워했다. 밥에 밑반찬으로 식사하고 컵라면으로 조금 더 먹은 뒤 잠을 청했다.

여섯째 날

쾰른, 레마겐, 코블렌츠에 이어 모젤강으로

레버쿠젠에 온 김에 도시의 역사를 찾아보니, 1930년에 만들어졌고, 바이엘 약 제조공장이 들어서 있다. 그래서인지 우리는 문을 열고 자다가 이곳은 공기가 안 좋은 것 같다며 창문을 닫았다. 아침 식사하러 뷔페식당에 와보니, 인도 사람들이 버스로 단체 여행을 와서인지 식사 자리가 번잡했다. 간단하게 식사를 마치고 그곳을 떠나 바로 옆에 있는 관광도시 쾰른(Köln:

영어와 프랑스어로 Cologne)으로 들어왔다. 적당한 곳에 차를 세우고 성당과 기차역, 라인강이 보이는 철교 앞 전망대로 갔다. 거기서 라인강도 보고 쾰른 중앙역, 장대한 호엔촐레른 다리(Hohenzollern Bridge), 군복을 입고 칼을 든 독일 황제 빌헬름 2세(Kaiser Wilhelm II)의 위엄 넘치는 기마상을 봤다. 사람들이 다니는 철교 보행로에는 연인들이 사랑의 증표로 자물쇠를 가득 걸어놓은 것을 볼 수 있었다.

유네스코 세계 문화유산인 쾰른 대성당으로 갔다. 주위를 둘러보았지만, 성당이 워낙 크고 높아서 바로 밑에서는 제대로 볼 수 없었다. 어떻게 보면 단숨에 다 돌아봤다고 해도 과언이 아니었다. 성당 안에 들어가니 미사를 진행하고 있었다. 뒤에서 성당 안을 본 뒤에 표를 끊어 성탑에 올랐다. 아내와 일행 한 사람은 무릎이 안 좋아 일찌감치 포기하고 나와 여행 온 두 사람만이 계단을 올랐다. 걸어서 등정하니 얼굴에 땀이 송골송골 맺혔다. 그렇지만, 땀을 흘린 만큼 운동을 했으니 보람이 느껴졌다. 사진을 찍었다. 사진 찍는 일이 주된 일인 양 여기저기서 성당과 우리들 모습을 담았다. 추억을 담는다고나 할까.

쾰른은 로마시대 로마인이 기원 후 1세기 경에 건설한 도시로 알려져 있다. 현재 인구 110만 명이 사는 독일에서 네번 째로 큰 도시지만, 제2차 세계대전 때는 연합군의 공습을 받아 크게 파괴됐다가 복구됐다. 이 도시는 쾰시(Kölsch)맥주로 유명하며, 수많은 박물관, 갤러리, 극장이 있는 문화도시이자 과거 중세 때는 상업, 무역의 도시로 유명했다.

쾰른 성당을 나오는 길에 일행 몇 사람이 쌍둥이 칼 가게에 들어가 부엌칼 세트가 카데베백화점보다 싸다며 덩달아 구입했다. 원래 사려고 했던 것은 아닌데 마침 할인기간이고 무척 싸다고 생각되자 구입한 것이다. 집

쾰른성당

에서 쓰기도 좋고 선물 주기도 괜찮겠다며…

한 가지 의문이 들었다. 독일에서 가장 크고 공신력이 있는 백화점인 카데베에서 할인 판매하는 쌍둥이 칼 세트와 비슷한 제품을 쾰른의 작은 가게에서 더 싸게 팔 수 있을까? 알아보니, 두 제품은 비슷했지만 똑같지 않았다. 그리고 백화점 제품은 독일에서 제작한 것이고 쾰른의 제품은 중국에서 제조해서 가져다 파는 Made in China였다.

이제 라인강변이다. 내비게이션에 주소를 찍어 서독의 수도 본을 거쳐 레마겐으로 향했다. 레마겐은 영화를 통해 내 기억 속에 심어진 도시다. 영화 레마겐의 철교(The Bridge At Remagen)에서 레마겐 철교, 정확하게는 루덴도르프(Ludendorff) 다리는 독일 내륙으로 진출하려는 미군과 이를 저지하려는 독일군 사이에 폭파냐 확보냐 하는 접전 장소가 되며 결국 미군이 다리를 확보하고 독일 본토로의 진출을 하게 되지만, 다리 자체는 전투 후 10일째인 1945년 3월 17일 무너져내렸다. 지금 있는 다리는 재건된 것이며, 인근에는 그때를 기리는 평화박물관(Peace Museum)이 위치해 있다. 그리고 아름다운 라인강을 따라 풍광 좋은 곳에는 보트 타는 곳이 있고 산책과 등산 모두 가능해서 쉬어가기 좋은 명소가 되고 있다.

도시 레마겐(Remagen)으로 가다가 전망 좋은 성당 부근에 올라 사진을 찍고 내려와서 남이섬 같은 마을에 들어갔다. 라인강의 탁 트인 곳에는 강변 카페가 늘어서 있고 강에는 큰 화물선들이 오가고 있었다. 하늘은 너무 화창해서 많은 사람들이 파라솔 밑에서 쉬며 담소를 나누고 있었다. 우리 일행은 화장실이 급했다. 공중 화장실이 없는 독일의 특성상 식사를 하든 음료를 마시든 뭘 먹어야 화장실을 쓸 수 있었다. 모들 배가 고팠으므로 스파게티를 먹기로 했다. 내가 보니 면발이 그려진 스파게티 같은 집이 눈에 띄어 그곳의 화장실을 이용하면서 스파게티를 주문했다. 그리고는 차례차례 노천카페 파라솔 밑에서 쉬고 있는데, 아~ 점원이 가져오는 게 스파게티가 아니라 스파게티 같은 아이스크림이었다. 그림에 속고 말았다. 그렇지만, 다들 웃었다. 어떻게 모두가 속을 수 있는지 하면서 웃으며 아이스크림을 떠 먹었다. 여행중에 있을 수 있는 에피소드라고 생각하니 스트레스라기 보다는 즐거움이 되었고 그래서 이글거리는 태양 아래 그늘에서 강변 풍경, 배 지나가는 모습을 보면서 목가적이고 정말 좋은 시간을 보냈다.

나오다가 포장마차를 보니, 배가 차지 않아서인지 다들 관심을 표시하기에 소세지 햄버그 하나씩을 사서 부족한 배를 채웠다. 그리고는 마트에 들러 차 안에서 먹을 과일 등을 샀다. 일행 한 사람은 라인강변이 너무 좋은 듯했다. 차 속에서 쉬지 않고 주위 경치를 보고 그것도 부족해 사진에 열심히 담고 있었다. 너무 좋아서 자신만 보기 아깝다며 사진에 담아가고 자녀들에게도 이곳으로 해외여행을 시켜주고 싶어 했다. 엄마의 마음이다. 다른 사람들도 어느 정도 차이는 있지만, 라인강변의 전반적인 분위기, 경치를 신기해하고 감탄했다. 그렇다고 문화예술이나 역사를 깊이 있게 알려고 하지는 않았지만, 처음 나왔고 이런 세상이 있다는 게 그들의 마음을 자극하는 듯했다. 또 다른 여행자는 문화예술 분야, 박물관 관람, 옛날 건축물의 실내 인테리어 같은 것에 관심을 나타내는 것을 보니 그 사람은 깊이 있는 취향을 가지고 있음을 알 수 있었다.

라인강과 모젤강이 합류하는 코블렌츠(Koblenz)에 도착했다.

강이 만나는 모래톱에는 도이치 에크(Deutsches Eck)라고 해서 모서리를 의미하는 장소로 코블렌츠의 랜드마크 중의 하나이며, 중앙의 동상은 빌헬름 1세의 거대한 기마상이다. 라인강 동편에 요새(Ehrenbreitstein Fortress)가

레마겐 타운의 거리와
스파게티 면처럼 생긴 아이스크림

있다. 도시가 일망무제로 내려다보이는 멋진 장소이다. 과거 2002년에 갔을 때만 해도 강을 낀 아래쪽 마을에서 요새까지 가는 길이 있어 자동차가 올라갔고 꼭대기 전망 좋은 데에 유스호스텔이 있어 자유롭게 눈 호강을 할 수 있었다.

그런데 자본주의 물이 들었는지, 이제 그 요새로 가는 길이 차단되고 대신 케이블카가 설치되어 케이블카를 타야만 그곳으로 갈 수 있다. 차를 세워놓고 케이블카를 탔다. 독일은 통이 큰 나라라 고속도로 통행료를 받지

코블렌츠에 있는 독일 황제 빌헬름 1세의 기마상

않는데, 여긴 약간 프랑스의 영향을 받았는지 돈을 받는 게 의아하게 느껴졌다. 라인강에 다리를 건설하지 않고 케이블카로 전망대에까지 오가게 해서 돈 벌고 경관은 해치지 않는 것을 보니 그들의 자연을 활용하는 지혜가 부러웠다.

정상에 오르니 예전 유스호스텔이 있던 곳을 막아놓고 티켓을 팔고 있었다. 케이블카로 올랐다면 전망대는 그냥 보게 해야지 또 돈을 받는가? 이건 좀 독일인답지 않았다. 거기에 가면 라인강을 한눈에 볼 수 있지만, 포기하고 대신 주위를 산책하고 조금 앉아 있다가 곧 케이블카로 내려왔다. 물론 케이블카로 라인강을 횡단하면서 전망을 다 볼 수 있다. 전망 보는 걱정은 안해도 되고, 꼭 요새에 들어가지 않아도 된다고 말할 수 있다.

시간만 더 있었다면, 하루 묵으면서 성 카스트로 대성당(St. Castor

로렐라이 언덕에서 바라보는 전망

Basilica)을 보고 보행자 산책로(Rhine Promenade)를 걸으며 레스토랑, 카페, 상점들을 들러 더 즐길 수 있었겠지만, 다음 목적지가 있어 차에 올라 로렐라이(Loreley) 언덕으로 향했다. 한참 동안 강변 도로를 따라 내려가면서 라인강변의 풍경을 봤으나, 로렐라이 언덕을 오르는 길을 찾지 못했다. 현지 독일인에게 어떻게 가는지 물었더니 고맙게도 자기가 직접 길을 안내해서 알려주었다. 라인강의 바위산에는 로렐라이 동상이 있다. 금발의 그녀가 산꼭대기에서 노래를 부르면 지나가는 작은 배와 선원이 강에 빠져 죽었다고 한다. 동요로 불린다.

숙소가 라인강 서쪽에 있어 배에 차를 싣고 강을 건넌 뒤 고지대로 올라 모젤강변에 있는 라일(Reil)로 달렸다. 일행은 라인강변의 특이한 지형에 놀라워했다. 라인강을 따라 마을을 보고 드라이브하다가 산으로 올라왔는데, 산 위에도 사람이 사는 곳, 밭과 들판이 나오니 신기해했다. 라일의 숙소 마을에 도착하니 한 카페에 독일 사람들이 가득하고 우리를 호기심 어린 눈으로 쳐다봤다. 그들 중의 한 사람에게 숙소의 주소를 말하며 위치를 물어보니 가르쳐 주었다. 일행은 차를 많이 탔으므로 조금 걷게 했다. 우리나라나 다를 게 없는 시골 마을, 숙소를 찾아가니, 주인 아주머니가 알고 있었다는 듯이 반겨주었다.

우선 주인아주머니가 웰컴의 의미로 우리들 각자에게 스파클링와인 같은 것을 한 잔씩 주며 야외 테이블에 앉도록 하니, 그간의 힘들었던 것이 풀리는 느낌이었다. 포도밭을 가지고 와이너리이기도 한 숙소에서 와인을 판다고 해서 마셔보고 새미 드라이 화이트와인 한 개를 사서 같이 나눠 마셨다. 와인 맛이 좋다고 다들 사서 가겠다는 이야기가 나왔다. 숙소의 앞이나 뒤가 모두 포도밭이었다. 모젤강 건너편의 경사진 곳도 포도밭이고 모

모젤강 좌우 포도밭이 있는 숙소

두 와인으로 먹고 사는 지방 같았다.

주인이 큰 방 두 개를 내줘 기분이 좋았다. 서울서 온 일행들이 가장 좋아했다. 큰 거실에 독방과 트윈방이 있었다. 우리는 숙소에서 밥해 먹고 포만감에 침대에 누웠다가 그 길로 양말도 안 벗고 잠에 빠졌다.

일곱째 날
하이델베르크를 보고 라인강을 가로질러 프랑스로

모젤강 유역은 리슬링 화이트와인 산지로 유명하다.

아침에 일어나 저 멀리 포도밭을 보니 소독약을 치는 사람이 보였다. 여기 가까운 곳에도 잎사귀에 하얀 가루가 묻어 있었다. 어디든 농사를 제대로 지으려면 농약 없이는 병균과 벌레를 피해갈 수 없나 보다. 1층 식당으로 내려갔다. 인사하며 만난 주인 아주머니는 동양인은 우리가 두번 째 손님이라고 했다. 식사 테이블 좌석을 배정해주었다. 주인 아주머니와 키가 큰 딸이 운영했다. 소박한 레스토랑에는 많이 준비되어 있진 않았지만, 음료수와 잼, 치즈, 햄, 우유와 시리얼, 과일, 빵이 있어 적절히 먹을 수 있었다. 주인집 딸이 스크램블을 만들어 주었다.

나오면서 우리는 화이트와인 3병을 사고 저녁에 마시자며 레드와인도 2병을 샀다. 우리가 사진 찍은 그 밭에서 수확한 포도로 와인을 만들었다는 말을 듣고 레드와인을 사게 됐다. 주인 아주머니는 부지런하고 많이 챙겨주었는데, 우리가 체크아웃하고 함께 사진을 찍자고 하니, 나와서 우리 모두를 위해 포즈를 취해 주었다. 앞으로도 라일에 간다면 동네 뒤쪽의 높은 곳에 서 있는 이곳 숙소를 잡을 생각이다.

모젤강 숙소에서 먹은 아침식사, 하이델베르크 대학 전 간호사 독일인 할머니와 함께

숙소를 나와서 하이델베르크로 갔다.

1386년에 설립하여 유럽에서 가장 오래된 대학인 하이델베르크대학이 있는 곳으로 하이델베르크 고성이 유명하고 올드타운과 타운의 랜드마크인 성령(Holy Spirit)교회, 철학자의 산책로, 네카어(Neckar)강을 가로지르는 오래된 다리(Alte Brücke)와 카를 테오도르(Karl-Theodor) 보행자용 다리가 유명하다. 자동차로 하이델베르크대학을 찾아간다는 것이 유서 깊은 캠퍼스에 가지 못하고 신캠퍼스의 하이델베르크대학에 들어갔다. 내부 시설은 현대적이나 관광객은 거의 없었다.

기왕 들어왔으니, 쉴 겸 식사하자며 차를 세워두고 캠퍼스 내 이탈리안 식당의 한 자리를 차지한 채 스파게티와 피자, 음료수를 주문해서 맘껏 즐겼다. 무척 한가하게 의자에 앉아 햇볕을 쬐고 웃으며 오전의 여유를 만끽했다. 볼거리는 없었지만, 북적이지 않고 우리만이 웃고 담소를 나누며 쉬어가는 타임을 가진 게 좋았다. 마침 지나가던 독일인 아주머니가 좋은 말

하이델베르크성과 대학교, 올드타운 앞으로 흐르는 네카어강

동무가 되어 주었다. 그녀는 이 대학의 병원에서 간호사로 일하는데 우리 보고 시티투어를 타보라고 권했다. 자기가 안내할 수 있다고 나섰다. 감사하지만, 차를 타고 올드타운에 가기로 했기에 아쉽지만 헤어졌다. 아내와 여행자는 독일 사람을 만나 대화를 나누고 그녀로부터 안내받는 것을 좋아했다. 그래서 헤어지기 아쉬워했으나 일정상 어쩔 수 없었다.

자동차로 하이델부르크성과 올드대학 캠퍼스가 있는 곳으로 가려고 한 것이 길을 잘못 들어 도착한 곳은 하이델부르크성 강 건너 맞은편이었다. 길이 좁고 차를 세울 데가 없어 왔다갔다 하다가 내려서 구경하고 사진 찍고는 그 도시를 벗어났다.

독일 사람은 신호 준수가 엄격하지만, 관광 온 운전자에게는 무척 관대했다. 관심을 가지고 지켜보다가 도움이 필요하면 친절하게 길을 올바르게 가르쳐주거나 그 길이 아니라고 경적을 울려주는 등 의리가 있었다.

하이델베르크의 날씨는 7월이라 몹시 더웠다. 하늘에 구름 한 점 없고 열기에 날씨가 푹푹 쪘다. 다들 이곳이 남쪽인가 왜 이렇게 덥냐고 한마디씩 했다. 베를린에 비하면 확실히 남쪽이고 서쪽이었다. 베를린서 벌레를 보지 못할 만큼 쌀쌀하고 창문을 열어놓아도 좋았다가 이곳에 와서 벌레를 보았다.

독일서 프랑스로 넘어갔다. 국경선은 라인강이었다. 강을 건너 스트라스부르로 진입하는 길은 주말이어서인지 자동차 행렬이 죽 이어졌다. 독일에서 프랑스로 오자, 거리며 소음 등 모든 것이 달랐다. '빵빵' 거리는 소리, 교통신호 안 지키고 양보 안되는 모습이 펼쳐졌다. 길거리에는 좌우로 차가 빽빽하게 서서 길을 좁히고 도심에는 길을 차단하고 무슨 목적인가 진입을 막아서 더욱 다니기 어려웠다.

여기서도 ibis 호텔에 숙박했다. 지금 생각하면 아코르호텔 체인으로만 예약한 것이 후회되지만, 좀 아쉬웠다. 외관으로는 호텔이 좋아 보였으나, 내부는 좀 아니었다. 배정된 룸의 창밖을 보니 전망이 없었고 베란다 같은 것도 없어서 답답했다. 숙소 내 시설도 너무 간소하고 부족했다. 물을 끓이는 포트는 물론, 차와 커피 티백 그 어느 것도 없었다. 물밖에 먹을 수 없었다. ibis는 너무 안 좋았다.

일행중 한 명은 다시 돌아가 모젤강 라일의 그 인심 좋은 아주머니가 있는 게스트하우스에서 하루 더 묵자고 제의했다. 실망이 돼서 한 말이었다. 이날만큼 한식당을 찾아가기로 했으나, 다음날 혁명기념일과 프랑스 팀의 월드컵 결승전 경기를 앞두고 도시 중앙부를 통제하는 바람에 식당을 찾아가지 못하고 돌아왔다. 호텔에 돌아와 밥을 해서 밑반찬으로 식사하고 컵라면으로 끼니를 때웠다.

여덟째 날
스트라스부르와 매혹적인 쁘띠뜨 프랑스

스트라스부르(Strasbourg)에서 아침에 천둥소리가 울리더니 비가 내렸다. 어제 꽤 무덥다고 생각했더니 비를 뿌리려고 그랬던 듯했다. 걸어서 시내 관광에 나섰다. 숙소인 ibis에서 걸어가려고 보니 올드타운 중심부까지 제법 거리가 멀었다. 마침 트램이 다니고 있어 그걸 타면 좋겠다는 생각이 들었다. 아내가 프랑스인 미남 아저씨 한 분을 붙잡고 어디 내려야 하는지를 묻고 이어 가려는 사람을 붙잡고 표는 돈 내고 어떻게 끊는지 물어서 알아냈다. 대단했다. 결국 해내는 것을 보고 놀랐다.

그 사람으로부터 들은 설명과 지도를 보고 호텔 인근 역에서 여섯 번째에 내리면 된다는 결론을 내고는 왕복 티켓을 발급받아 일행 모두 거기서 개찰하고 트램에 올랐다. 서울에서 온 일행들은 프랑스에서 트램을 타보게 됐다고 기뻐했다. 공동묘지를 지나 작은 수로를 건너고 큰 수로를 건너 올드타운 중심부에 도착했다. 수상도시인 듯 수로가 많았다. 내려서 관광하려는 찰나 바로 앞에 약국이 있어 들어갔다. 여행자 한 사람이 몸이 안 좋았으므로 증상을 말하고 약을 탔다. 프랑스인 약사는 안전한 처방인지 모르겠으나, 증상을 있는 대로 말했더니 증상 세가지에 대해 네 종류의 약을 지어주었다. 합쳐 25유로였다. 약값이 적잖았으나, 다들 큰돈이 아니라는 반응이어서 샀다. 관광지에서 부르는 약값이나 약을 많이 내주는 것에는 관광지 상술이 어느 정도 작용하는 것이 아닌가 했지만, 나중에 이 약을 먹은 환자는 약효가 듣는다며 긍정적인 반응을 보였다.

처음 찾아간 곳은 고딕양식의 스트라스부르 대성당이었다. 시커멓게 때묻은 거대하고 하늘로 솟은 성당이 역사를 말해주는 듯했다. 도시의 랜드마크로 첨탑은 프랑스에서 가장 높은 곳 중의 하나로 올라가면 도시 전경이 다 보였다. 도시에서 들러야 할 명소로 18세기에 지어져 현재 세 개의 박물관이 있는 팔레 로한(Palais Rohan)궁전, 오벳(Aubette)궁전과 국립극장이 있는 끌레베흐 광장(Place Kléber), 오렌지공원, 유럽연합 민의의 전당 유럽의회가 있어 걸어다니며 구경했다.

거리와 이쁜 건물, 운하 변의 아름다운 풍경을 사진에 담았다. 운하로 시내를 투어하는 것도 괜찮을 것 같아 배를 탈까 했지만, 정박하는 곳에 와보니 줄이 제법 길었다. 생각만큼 자주 다니지 않는 배를 기다리긴 어려웠다. 어느 곳에 오니 웅장한 건물들이 눈에 확 들어왔다. 바로 독일이 이 도시를

스트라스부르 대성당

차지했을 때는 제국궁전으로 불렸고, 지금은 라인궁전(Palais du Rhin)으로 구독일쪽에 위치하고 있다.

이 웅장한 건물 앞 정원에는 은행나무 네 그루가 힘차게 자라 그 크기가 대단했다. 우리는 여기에 웬 은행나무인가 하고 의아해하면서도 한편으로는 한국이 원산지인 나무라 반가웠다. 유럽을 다니며 거의 보지 못한 은행나무였기에 더 반가웠으리라. 아내가 연유를 몰라 지나가는 사람에게 여기에 왜 은행나무가 있는지 물었더니, 은행나무는 일본이 기증해서 지금에 이르렀다고 말했다. 듣고 보니 착잡했다. 은행나무는 원래 우리나라산인데, 일제강점기에 일제가 우리나라 은행나무를 가져가서 일본 이름으로 선물하면서 선수를 쳤던 것이다. 일본에는 은행나무가 자라지 않는다. 열도에 있는 것은 전부 한국에서 가져간 것이다. 독일 사람은 그것을 모를테니…

라인궁전 건물에 가서 보니 프랑스어였지만, 읽어보니 문화재관리국 정도 되는 관공서였다. 이 왕궁 건물은 원래 독일 왕국의 궁정이었으나 프랑스가 땅을 차지한 뒤에 용도를 바꿔 사무실로 쓰는 셈이었다.

카페에 앉아서 커피를 한잔하며 쉬어가려는데 점심 장사한다는 카페측에서 식사할 거냐고 묻고는 아니라고 하니, 그러면 지금은 음료수 마시는 것이 안 된다고 말했다. 그러고 보니 테이블은 식사를 위한 셋팅이 되어 있었다. 점심 한때 장사라면 식사하는 사람이 우선이겠지하고 나왔다. 멀지 않은 곳에 스타벅스가 있어 차를 사서 야외 파라솔 그늘 밑에서 쉬었다. 트램에서 내려 계속 걸었던 만큼 다리가 아팠기 때문이다.

다음은 이 도시의 메인인 쁘띠뜨 프랑스(Petite France)를 보기로 했다. 그쪽으로 걸어가니 물이 쏟아져 내리는 수로를 경계로 또 다른 작은 섬 같은 곳의 마을, 거리가 나왔다. 수로와 이쁜 집들과 거리가 어울려 환상의 아름

끌레베흐 광장과 라인궁전(구 독일 제국궁전)

스트라스부르 운하

다움을 만들어냈다. 다들 아름다운 경치를 자신들의 모습과 함께 사진에 담아내기 바빴다. 놓치기가 너무 아까울 만큼 아름다웠기 때문이다. 점심 시간이라 레스토랑마다 사람들로 넘쳐났지만, 숙소 체크아웃을 위해 트램을 타고 돌아왔다.

프랑스는 이날 크로아티아와 월드컵 결승전을 하는 날이라 삼색 프랑스 깃발을 들거나 차에 달고 다니는 사람들이 많았고, 건물 창문에도 곳곳에 프랑스 깃발이 나부꼈다. 벌써 경적을 울려대거나 빰에 삼색 칠을 하고 무슨 노래인지 합창하고 응원하러 간다며 많은 사람이 트램을 올라타고 갔다. 아마 우리처럼 어느 장소에서 대형 모니터로 축구경기를 보면서 응원할 것으로 생각됐다.

스트라스부르를 떠나 독일과의 국경선 부근에 있는 숙소인 펜션까지 자동차로 가는 거리가 40여 분이라 곧장 숙소를 향해 달렸다. 약간 펜션 같은 곳에 도착하니, 주인 부부는 마침 축구 응원하러 나가려는 참이라며 우리들 방이 6호실, 8호실이고 방안에 열쇠가 있으니 들어가라며 그들은 반대

스트라스부르의 아름다운 쁘띠뜨 프랑스

월드컵 결승전에서 자국팀을 응원하는 프랑스 사람과 함께

로 우리가 온 스트라스부르로 응원하러 떠났다. 축구에 대한 열기, 자기 나라 프랑스에 대한 애국심이 대단했다.

주인에게 소개받은 레스토랑에서 우선 점심이라도 때우자고 했더니, 도착할 시간 무렵 영업을 종료한다고 말했다. 5시에 축구 경기를 응원하기 때문인지 모른다. 레스토랑에서 나와 다시 숙소로 돌아왔다.

일요일이라 쇼핑몰이나 일반 가게는 문을 닫았다. 축구 결승전까지 겹쳐 레스토랑마저 문을 닫으니 점심밥도 못 먹었는데 어쩌나 하다가 일행 중에 한 사람이 가져온 컵라면으로 식사를 대신했다. 독일은 괜찮으려나 해서 혼자 차를 몰고 국경선을 건너 독일 지역으로 가봤다. 사이클을 타는 독일 사람에게 물어보니 독일 지역도 주말은 쇼핑몰이나 가게는 문을 닫고 펍 정도만 문을 연다고 말해주었다. 그 사람은 프라이부르크에 사는데, 거기 대학교 법학이 유명하지 않냐고 말하니, 맞다며 맞장구를 쳤다. 내가 다녔던 법대 교수가 프라이부르크대학교(Albert-Ludwigs-Universität Freiburg)에서 법학박사 학위를 취득했다고 말했다. 그러자 그 독일인은 자극이 된 듯 자신은 러시아 대륙횡단철도를 타고 아시아쪽을 갔으며 베이징에 놀러 가 만리장성을 봤다고 말했다. 마음이 잠깐 통했던 그 독일인과 헤어진 뒤 혼자 독일지역 마을로 들어가 보니 과연 문을 연 곳이 별로 없었다.

돌아와서 말하니, 일행은 심심한데 한 번 같이 가보자고 해서 모두 자동차에 올라 독일 지역으로 가봤다. 거기 가보니 곳곳이 포도밭이었다. 프랑스 지역보다 독일 지역이 더 포도를 많이 키우고 있었다. 포도는 이미 까만색을 보이는 데도 있었다. 그리고 지금 한참 시즌인 서양 자두가 시커멓게 색을 보이며 주렁주렁 달려 있었다. 길을 가다가 집 앞에 감자와 서양 자두를 내놓은 곳이 있어 차를 세우고 그걸 샀다. 주인이 없더라도 돈 통에 돈을 내고 가져가면 되는 방식이지만, 마침 주인 할머니가 물건을 더 가지고 나오다가 만나 서양자두를 통째로 사고, 토마토와 감자를 망태기 채로 아주 저렴한 가격에 샀다.

또 그들로부터 소개받은 와인너리 집에도 들렀다. 후덕하게 생긴 주인 아저씨•가 맛을 보여주겠다며 병을 따서 잔 네 개에 조금씩 따라주어 맛보게 했다. 두번씩이나 그렇게 해주고 새 와인병을 과감히 따서 맛보여주었다. 그 아저씨는 재미있어 보였고 씩씩했다.

새미 드라이한 것, 강하지 않은 것을 두 병씩 샀다. 비싸야 7유로, 다른 것은 5유로 안팎, 모두 만 원 이하였다. 정말 독일의 시골 와인을 우리나라에서도 쉽게 구해서 즐길 수 있다면 얼마나 좋을까 하는 생각이 들었다. 농촌 마을을 돌며 농산물 쇼핑하는 것이 재미가 있는지 일행은 다음날 그 할머니댁에 한 번 더 가서 농산물을 사자고 말했다. 하긴 감자 한 망태기가

• Schmidlin's Weinkultour : Familie Schmidl n : DorfstraBe 21-23 79235 V- Bischoffingen 07662 : www.schmidlin-weinkultour.de schmidlin-weinkultour@outlook.com

얼마 안하니 그렇게 말할 만도 했다. 거기에다 맛도 좋으니 더 말할 나위가 없었다.

아내가 가고 싶어 하는 산 위의 고성을 찾아갔다. 오 쾨니스부르그성(Château du Haut-Kœnigsbourg)이다. 원래 이곳 알자스는 프랑스령이었으나, 프로이센-프랑스전쟁에서 패한 프랑스가 독일에 할양했다. 그러자 영유권을 가진 독일 황제 빌헬름 2세는 이곳에 성을 짓도록 지시했다. 1901년부터 8년까지 건설되었다. 건축가는 베를린에서 중세 성 전문가로 활동하던 Bodo Ebhardt였다. 약 30분을 도로와 산속 길을 달려 그 성에 오르니 전망이 대단히 좋았다. 시간이 늦어 성안에 들어가지 못한 것이 아쉬웠다. 그러나 주위를 돌면서 사진을 찍고 맑은 공기, 자연의 느낌을 마시고 풀냄새 이런 것을 맘껏 들이켰다.

일행은 숙소에 돌아와 서양자두와 토마토를 씻고 감자를 삶았다. 감자는 노란색을 띠고 우리나라 감자와 다른 특색을 나타냈다. 프랑스 요리나 제대로 된 식사를 하지 못한 아쉬움은 있었지만, 일요일이라 누굴 탓하긴 어려웠다. 모든 곳이 문을 닫은 상황에서 다행이라면 국내에서 가져온 컵라면이 있고 현지 감자를 삶아 먹을 수 있다는 것이었다. 독일 감자에다 독일 화이트와인으로 식사를 즐겼다. 컨디션이 나쁜 사람도 라면과 토마토를 먹으며 조금씩 기력을 되찾았다. 사온 약도 효험이 있다니 그 또한 다행이었다.

여행에서 건강, 컨디션을 최상으로 유지하는 것 이상으로 중요한 것은 없다. 몸이 다운되면 즉시 약을 먹고 미음이나 죽을 끓여서 계속 먹어야 한다. 그럼 회복된다. 인간의 몸은 생각보다 적응력이 높기 때문이다. 여기 숙소는 펜션식으로 잔디와 나무를 앞에 둔 넓은 곳이라 다들 좋아했다. 저

오쾨니스부르그성에서 본 알자스

오쾨니스부르그성의 망루

녁 7시가 넘자 월드컵 결승전에서 프랑스가 크로아티아를 4-2로 이겼다는 소식이 들려왔다.

프랑스 사람들과 차량들이 거리로 몰려나왔다. 경적을 울려대고 손을 흔들고 깃발을 휘저었다. 이런 분위기에 휩쓸릴까 어서 차를 돌려 숙소로 돌아왔다. 이런 작은 시골에서도 빵빵 요란했다. 숙소에서 함께 모여 이야기를 나누고 유럽의 문화와 문명, 예절과 매너, 에티켓, 농산물과 그들의 생산하는 것, 와인의 주산지, 거리에 농작물을 내놓고 파는 방식 등 모든 것이 신기하고 이야기를 하는 것이 즐거웠다.

아홉째 날
프랑스에서 독일을 동서로 횡단하여 체코로

이날은 여행의 반환점을 돌면서 체코로 이동하는 날이라 조금 일찍 서둘렀다. 펜션의 작은 식당에 가니 아침 식사가 준비되어 있었다. 식단은 오렌지를 잘라 쥬스를 내는 기계가 돋보였다. 여행자 한 사람이 생오렌지 쥬스를 만들어 마시며 맛있다고 하니, 다들 하나씩 만들어 가져왔다. 커피를 만들어 내는 기계 두 대가 있어 아침 커피에 간단한 식단으로서 버터, 치즈, 햄에 빵, 우유 등 음료수, 계란, 씨리얼, 잼 등이 있어 가져다 먹었다. 일반 호텔보다 간소했다. 직접 만든 요리는 거의 없는 컨티넨탈 브렉퍼스트 같았다.

주인 남자는 좀 장난기가 있고 덜렁거렸다. 기념으로 주인아저씨와 사진을 찍었는데, 다소곳이 있지 않고 팔을 벌리고 폼을 크게 잡는 등 우스운 행동을 했다. 그렇지만, 아내와 여행자들은 주인아저씨가 그냥 재미있는 사람이라며 좋게 봐주었다.

돌아가려고 하니, 짐이 많아서 차 트렁크가 꼭 무슨 동유럽 사람이 서유럽에 와서 물건을 잔뜩 사 들고 가는 모양새가 되었다. 뭘 사서 재어놓다 보니 그랬다. 그럼에도 가는 길에 쇼핑몰에 들러 드라이브 중에 먹을 과일 등을 샀더니 또 짐이 추가됐다. 일행은 유럽에서 값싼 물건, 특히 농산물과 1차 가공품을 보면 눈이 휘둥그레져 자꾸 사곤 했다.

프랑스 지역을 떠나 라인강을 건너니 거기서부터 독일이었다. 국경선 지역은 나라가 바뀌면서 휴대폰의 구글 맵이 잘 작동되지 않았다. 휴대폰을 껐다가 켜야 했고 조금 더 나라 안쪽으로 들어가니 다시 작동되었다. 우연히 공터가 있어 들어가 구글 맵 지도를 보며 가는 길을 검색하는데, 마침 거기에 농부가 가져다 놓은 농산물 판매대가 있었다. 또 다시 체리와 토마토, 상추 등 농작물을 샀다. 다들 건강한 식품이라고 생각해 저렴한 가격에 사서 차 안으로 가져왔다.

체코 프라하까지 가는 노선의 중간 지점인 뷔르츠부르크로 향했다. 거의 3시간을 운전해서 시내로 들어갔다. 우연히 캐밥집을 발견해서 화장실을 사용할 겸 들어가서 쉴 겸 요기를 했다. 뷔르츠부르크 왕궁에 가서 자동차를 탄 채 한 번 돌아보고는 시간이 촉박하다며 그냥 나왔다. 곧바로 체코 프라하로 내비게이션을 찍어 출발했다.

독일 운전자들은 갈 목적지를 정해놓고 급히 운전하는 경향이 있었다. 특히 정지했다가 파란색 신호가 떨어지면 바로 뛰쳐나가는 편이라 앞에서 지체하면 안 되겠다는 압박을 받았다. 독일인들은 운전자가 주위를 살피고 천천히 갈 이유가 없다는 듯이 차를 몰았다. 그러다 보니 우리처럼 초행길에 관광지를 찾으려다 우물쭈물하거나 천천히 주위를 살피면서 가면 영락없이 뒤에서 차가 바짝 붙어 압박했다. 할 수 없이 밀려서 가는 경우도 없

라인강변 독일 농촌의 과일 등 농산물을 판매하는 모습,
팬션 숙소를 운영하는 프랑스인과 함께

지 않다.

체코에 들어가기 전 암베르그 시내로 들어갔다. 초입에 쇼핑몰이 있어 일행이 쌀과 과일, 감자를 사왔다. 물건 구입에 신나 했다. 아내는 망고까지 사왔다. 저렴하니까 사고 싶어지는 듯했다. 사온 물건을 놓을 자리가 없어 승용 공간에도 물건을 두어야 할 형편이 됐다. 차가 옹색했으나, 여행객의 만족도는 높았다. 하고 싶은 대로 하게 둬야지. 쇼핑하면서 시간을 많이 보냈지만, 다르게 보면 휴식이라고 볼 수 있었다.

차를 달리다가 나 혼자 화장실에 가지 않았던 탓에 무료 화장실이 있는 P 휴식터에 들렀다. 일행들도 차 안이 답답했는지 모두 내려 화장실에 들러 손을 씻고 쉬었다. 자동차를 타는 것이 힘든 일인 만큼 쉬어갈 필요는 있었다. 다들 좋아했다.

국경선에 가까운 탓인지 휴게소의 의자가 아주 낡아 보였다. 아무래도 변경이라 덜 관리하는 듯했다. 한곳에서 두 부부가 음식을 내놓고 식사하는 모습도 보였다. 웃통을 벗거나 런닝 같은 것만 걸치고 다니는 동유럽 사람들의 모습도 보였다. 확실히 독일을 벗어나는 느낌이 들었다.

여행자에게 체코의 마을을 지나며 집들이 어떻냐고 물으니, 독일, 프랑스에 비해 좀 어둡다는 말을 했다. 빨간색이라도 탁하고 벽돌도 그렇고 전반적으로 서유럽과 달리 칙칙하다고 말했다. 체코만 해도 운전 압박이 적었다. 도로에 차가 적고, 있다 해도 그리 과속하지 않았다. 독일과 체코를 비교하면 체코는 신사인 셈이다. 한참 달리다 보니, 지나고 있는 곳이 이미 체코였다. 여행자는 다들 몰랐던지 벌써 국경선을 넘었냐고 놀라워했다. 체코에서는 고속도로 통행권을 사야 한다. 과거에 통행권을 붙이지 않고 가다가 경찰에 걸렸던 일이 있었다. 그런 만큼 통행권을 사야지 하면서도 휴게소가 없어 계속 달렸다. 벌써 고속도로를 주시하는 카메라가 여러 군데에서 보였다. 얼른 사야지. 휴게소가 나오자마자 들어가 미니멈 통행권 10일짜리를 300크로네 정도에 구입해서 차에 달았다.

마침내 달리고 달린 끝에 체코 프라하에 들어갔다. 숙소를 찾아가니 벌써 밤 9시를 넘겼다. 여행중 숙소 도착 시간이 가장 늦었다. 다행히 해가 늦게 지니 대낮에 온 듯 고속도로 운전이며 길찾기가 수월했다. 작은 펜션에 들어와 준비한 밥과 밑반찬으로 식사했다. 과일도 먹고 독일에서 사온 화이트와인 한 병도 비웠다.

점점 줄어드는 체류 일정, 반환점을 돌았고 돌아갈 날이 가까워 온다는 말, 여행이야기, 자녀이야기, 유럽의 질 좋고 저렴한 농산물이야기 등 말의 성찬이었다. 너무 열띤 이야기를 하면서 마음이 들뜨니 누워 잠자던 여행자가 일어나 대화에 낄 정도였다. 잠이 쏟아지는 자정이 다 되어가서야 담소를 그치고 잠자리에 들었다. 차 소리는 들리지만 주택가라서 이곳 펜션은 괜찮아 보였다. 체코 사람은 독일 사람에 비해 소박하고 상대하기 편안했다.

프라하 관광

한 여름이라 날씨가 좋고 화창했다. 왕궁보다 더 높은 곳의 아파트를 숙소로 잡았다. 위치가 높다 보니 밑으로 내려가면서 왕궁을 보고 카를교를 건너서 올드타운으로 내려가 구경하면 될 듯했다. 숙소에 차를 세워두고 관광을 시작했다. 걸어서 대통령궁 옆 왕궁에 들어가서 프라하 전망도 보고 성당과 옛날 왕궁의 부속 건물들을 돌아보고 내려와 아래로 난 길을 따라

블타바강과 카를교

카를교쪽으로 걸어갔다.

다리 앞에 이르러 오랜 여행에 지친 아내와 일행은 여성들이어서인지 다리가 부었다며 타이 마사지 샵에 들어갔다. 뜻밖의 일정인데, 내가 밖에서 기다려주었다. 30분간 발 마사지를 받고 온 일행들의 반응은 그리 탁월하지 않았던 듯했다. 계속 걸어가 카를교를 통과하고 이어 오른쪽으로 꺾어 강변을 걸었다. 프라하 시내는 블타바강을 중심으로 좌우에 형성되어 있어 그다지 복잡하지 않았다. 조금만 익숙하면 걸어다니는데 아무 지장이 없었다.

모처럼 점심을 비싼 한식을 먹기로 했으므로 한식당을 찾았다. 음식은 괜찮았다. 식당이 있는 곳이 조금 저층이고 발길이 뜸한 곳의 어두운 데 있는 것이 흠이었지만, 외국에 나와서 처음으로 한국 식당에 가서 먹은 음식

프라하 시내

화약탑이 보이는 거리의 관광 인파

이 좋았는지 다들 좋아했다. 식당에서 즉석 떡볶이, 작은 김밥이 유명하다는 말에 먼저 주문했다. 김밥은 좋았으나, 떡볶이는 떡이 딱딱한 게 조금 아쉬웠다. 메인 음식으로 된장찌개, 비빔밥을 시켜 먹었다.

저지대 프라하의 천문시계를 보고 부근을 관광했다. 사람이 너무 많았다. 카를교도 그렇고 인파가 끝없이 이어졌다. 여러 나라에서 많은 사람이 프라하를 보러 왔다는 것을 알 수 있었다. 너무 덥고 지쳐서 쉴 자리를 찾았다. 어느 카페에 들러 벨기에 먹주 스텔라 아루뚜이를 주문해서 마셨다. 맥주가 발효된 향기를 발산했다. 다들 향기를 맡아보고 조금 마셔보고는 발효 냄새라는데 동의했다. 알콜 냄새가 아니라 발효된 냄새가 넘 좋았다. 다른 사람들은 아이스커피를 마시고 쉬었다.

숙소는 왕궁보다 더 높은 곳에 있었으므로 일행은 왕궁도 고지대인데 그보다 더 높은 곳에 있으니, 길을 따라 걸어가는데 난색을 표시했다. 사실 남자라면 모를까 여성들이 걸어 올타가기에는 조금 힘들었다. 다른 투어 버스나 세단이 운영되고 있었지만, 일행은 그런 비싼 것은 타기를 주저했다. 아내가 이때부터 트램을 타겠다는 노력을 하기 시작했다. 티켓 파는 부스에 가서 물은 뒤 티켓을 사고, 정류장에서 기다리는 사람에게 가서 노선과 운행 트램을 찾고 그렇게 난관을 돌파해갔다. 여행자들은 아내의 노력에 기대를 걸고 모두 아내 주변에 있었다. 아마도 체코에 왔으니 이곳 트램을 한번 타고 싶었던 듯했다. 걷기 어려운 여행자도 있었으니 트램이 좋았다.

아파트 숙소로 돌아왔다. 아파트 숙소는 알아서 들어가는 방식이라, 다른 사람의 도움을 받아 집주인과 통화하고 그래서 코드번호를 알아내고 방 열쇠를 찾아서 투숙했다. 집주인은 나타나지 않고 거의 모든 사항을 공고문으로 알리는 듯했다. 주택가 아파트인데 열을 식힌다고 창문을 열어놓

블타바강과 왕궁이 보이는 그림 같은 풍경

으니, 술 마시고 소리지르는 소음이 엄청나게 크게 들려왔다. 인근 거리의 노천 카페에서 나오는 소리인지, 시끄러운 쪽 창문을 닫고 소리가 덜 들리는 쪽 창문을 열어놓고 잠을 청했다.

아내와 일행은 밤에 야경을 보고 왔는데, 다음날 아침에 일어나서 하는 말이 "한국인이 진짜 많더라. 낮에는 몰랐는데 밤에 우리나라 말을 하는 사람들이 진짜 많더라."고 했다. 일행에 의하면, 프라하의 거짓말 같은 이야기지만, 밤에 나가보니 인파의 3분의 2는 한국인이었다고. 밤이어서 낮에 못느꼈던 우리말이 더 생생히 들렸을 것이다. 물론 프라하를 관광하는 한국인은 젊은이들이었다. 우리나라 사람이라도 가족 여행객은 보기 어려웠다.

바르샤바로 귀환

프라하에서 바르샤바까지 자동차로 7시간 거리다. 폴란드의 남서쪽 브로추와프와 중앙의 우치를 거쳐 바르샤바로 가는 코스였다. 자동차를 타고 프라하에서 외곽으로 나갈 때 주변을 둘러보던 아내와 여행자들은 한목소리로 프라하는 올드타운을 빼곤 공장과 창고 같은 큰 건물이 산재한 예쁘지 않은 도시라고 말했다.

대통령궁이 있는 높은 지대의 아파트에서 외곽으로 나갈 때 보니 지하도로가 시내에서 사방으로 뻗어 나가고 또 외곽에서 시내로 들어오는 진입로 구실을 했다. 비행기를 타고 오거나 기차를 타고 프라하에 내리면 모르겠지만, 자동차 여행으로 프라하에 들어오면 중심부를 제외한 풍경이 그다지 인상적이지 않은 건 사실이다.

체코를 벗어나기까지 시간이 별로 걸리지 않았다. 작은 나라이다보니 프라하에서 고속도로를 조금 달리니 국경선이 가까워오고 곧 시골 도로로 접어들었다. 내비게이션이 그렇게 안내하는 걸 보니 체코와 폴란드를 잇는 고속도로가 없는 듯했다. 체코 변경 마을의 작은 슈퍼에 들어갔는데, 의외로 동양인이 가게를 운영하고 있었다. 웬일인가 해서 점원에게 물어보니 베트남에서 왔다고 한다. 그들은 우리 일행이 말하는 것을 듣고는 한국에서 왔냐고 물었다. 그렇다고 대답했다. 신발이 보이고 빨래 걸어놓은 게 보였다. 옹색하게 살며 장사하는 듯했다. 베트남인은 중국인과 닮아 세계 곳곳으로 나가서 자영업, 장사를 한다. 가게 운영자들은 한 가족 같지 않았고 형제 사이나 친구, 선후배 사이 같아 보였다.

계속 달리면서 보니 경찰자 한 대가 보였다. 흠칫. 그러다가 큰길로 나갔는데 폴란드 차들이 있었다. 아내가 여기에 폴란드 차가 있다고 소리쳤지만, 실은 이미 거기가 폴란드 땅이었다. 지도를 보니 이미 폴란드 땅에 들어와 있었다. 곳곳에 폴란드 차가 눈에 띄었다. 폴란드 휴게소에 들러 작은 빵인 부우카 2개, 쿠르착(kurczak: 닭고기) 요리 1개, 수프 2개를 주문해서 함께 먹었다. 위장병으로 고생한 일행 한 사람은 폴란드 수프가 먹을 만하다며 편안해했다.

오는 길에 폭우가 쏟아졌다. 거의 앞이 안 보일 정도로 국지적 호우가 내렸다. 전통적인 상식으로 여름은 가물고 겨울에 눈비가 내리는데, 그러나 여기도 기후변화 탓인지 여름에 비가 쏟아졌다. 오다가 기름을 넣고 커피 사서 마시고 나오며 토커이 화이트와인 한 병을 샀다. 15주워티, 5천 원 정도에 한 병, 참 저렴하다는 생각이 들었다. 맛이 어떨지 궁금했지만, 비싸지 않으니 집에 가져와서 맛봐야겠다고 해서 들고 나왔다. 나중에 집에서 마셔본 여성들은 호평이었다. 정말 세미 스위트답게 여성들에게 딱 맞는 와인이었다.

여행을 마무리하는 차 속에서 기행문 이야기가 나왔다. 에피소드를 정리해서 사진과 함께 앨범을 만들기로 했다. 일행은 에피소드를 정리하는 각자 메모한 것을 제출하는 등 앨범 제작에 적극적이었다. 내가 편집, 정리하기로 했다. 나중에 엘범을 제작했고 그것을 하나씩 가졌다.

여행 온 사람들과 작별

집에 들어오기 전에 약국과 우리나라 올리브영 같은 로소만, 그리고 슈퍼마켓에 들렀다. 외국으로 여행 나오기 전에 염두에 뒀던 약을 사고, 비타민, 화장품 크림, 과일과 고기, 야채를 샀다. 집에서 저녁 식사로 고기 굽고 상추에 김치를 해서 맛있게 먹었다.

식사를 마치고 모두 모여 돈 쓴 것과 남은 것을 정산하는 등 뒷마무리를 했다. 바르샤바에서의 마지막 밤을 보내고 다음 날 여행자 세 사람이 바르샤바 쇼팽공항을 통해 출국했다. 나와 아내는 영송을 하고 돌아오며 여행이 끝났음을 실감했다. 공원에 가서 휴식을 취하며 놀다가 집으로 돌아왔다.

나중에 들으니, 여행자 세 사람은 체크인 후 공항 면세점에 있는 카페에 들어가 뭘 주문해 먹으려고 했는데, 내가 하는 걸 보고 따라 하려고 했지만, 영어로 소통이 안 되니 끝내 뭘 주문하질 못했다고 말했다. 온몸으로 설명을 해도 영어로 통하지 않으니 돈이 있어도 주문하지 못해서 음식과 커피를 못먹었다며 영어를 한다는 것이 얼마나 중요한지 절감했다고 한마디씩 했다.

나와 아내가 귀국하고 여행을 같이 한 일행 세 사람을 만났다. 우리 부부를 식사에 초대한 것이다. 같이 차 타고 다니며 여행했던 우리들은 식사하며 이미 추억이 되어버린 유럽여행의 이야기로 웃음꽃을 피우며 즐거운 시간을 보냈다.

가족이 유럽에서 만나
독일, 벨기에, 프랑스, 스위스, 체코 여행

아내와 둘이 폴란드에서
독일 북쪽 국경 넘기

폴란드의 북쪽 발트해를 보면서 해안길을 달려 독일 함부르크에 가고, 그곳을 구경한 다음 다시 북해를 끼고 서쪽으로 달려서 벨기에에 도착, 브뤼셀로 들어간다는 생각을 해봤다. 지도상으로 생각한 계획이었다. 이를 위해서는 폴란드의 서북쪽 끝에서 독일 북부를 통과해야 한다. 즉 폴란드의 서북쪽에 있는 슈체친(Szczecin)을 구경한 다음 볼린(Wolin)으로 가서 독일로 넘어가려고 생각했다.

지도를 보니, 볼린에서 드라이브하다가 시비나(Świna)강을 건너야 하는데, 어느 교량으로 가야 하는지 알기 어려웠다. 초행길이다 보니 길이 어떠할지에 대해 불확실성이 있었다. 볼린에서 구글 내비게이션으로 숙소를 잡아둔 독일 함부르크로 가는 노선을 탐색하니, 시비나강이 있는 시비노우이시치에(Świnoujście)를 거치는 북쪽 지방도 대신 남쪽으로 내려가 수도 베를린을 거쳐서 함부르크로 가는 고속도로 노선을 제시했다.

"아! 북부 해안선을 따라가려는 원래의 계획은 안 되겠구나. 다시 슈체친으로 내려가서 국경 너머 독일의 수도 베를린으로 가서 거기서 북상해서 함부르크로 가야 하나?"

사실 독일은 모든 도로가 수도 베를린을 통하고 있어 그럴 만하다는 생각이 들었다. 마음은 발트해를 따라 북부의 해안도로로 함부르크에 가고 싶었지만, 구글 내비게이션이 그렇게 안내하니, 어쩔 수 없다며 슈체친으로 향했다. 운전에 집중하고 있는데, 내비게이션이 조정된 건지 내비게이션이 안내한 곳은 뜻밖에도 슈체친 방향이 아니라 최북단 독일 국경선이 있는 지점, 배 타는 곳이었다. 구글은 배를 타라고 안내했다.

"허 참, 슈체친을 거쳐 베를린으로 가는 줄 알았는데, 느닷없이 배를 타라니…"

어차피 온 것이니 배를 타자며 승용차로 배를 타려고 하니, 직원이 막으며 독일로 가는 다리는 다른 길이 있으니 그쪽으로 가라고 했다. 지도를 보면 길이 중간에 갈라지던데 아마 하나는 당시 내가 택한 시비노우이시치에 시가지로 가는 길이고 다른 하나가 독일로 가는 길인 듯했다. 다시 방향을 잡아 다른 길을 택해서 가다 보니, 한동안 차가 없다가 갑자기 차들이 줄 서 있었다. 무슨 일이 있는지 길에 자동차가 꽉 막혀 있었고 운전자들이 나와 있었다. 앞차의 운전자에게 이 도로가 독일로 가는 길이냐고 물었더니, 독일로 가는 유일한 도로가 맞다고 했다. 제대로 찾아온 것 같으나, 이렇게 막혔으니 여기서 기다리기보다는 슈체친을 거쳐 독일로 가는 것도 괜찮을 것이라는 그 운전자의 말을 듣고는 뒤돌아 운전해서 슈체친으로 향했다. 슈체친으로 돌아와 바로 목적지 함부르크를 입력했다.

이번에는 구글 내비게이션이 베를린으로 안내하지 않아 바로 북쪽 노선을 향할 수 있었다. 구글을 따라 계속 달렸다. 폴란드에서 혼란을 겪다가 독일 땅에 들어오니 차들이 없고 길은 쭉 뻗어 있어 여전히 폴란드에서 운전하다가 독일로 오면 질서가 잡혀 있음을 느낀다. 조금 달리다가 휴게소로 들어가 벤치에 앉아 쉬었다. 주위의 땅은 거의 밭이었다. 목초지는 별로 보이지 않았다. 넓은 경작지에 비해 집이나 마을은 별로 없었다. 아마도 이곳은 융커, 즉 토지 지배자들이 농민을 농노처럼 사용해 대단위 농사를 짓던 곳이라는 말이 실감났다.

이곳에는 바람이 많은지 풍차가 많이 설치되어 있었다. 도로 주변에 풍차가 얼마나 많은지 여러 방향으로 세워진 풍차가 천천히 돌면서 좀 어지럽게 느껴졌다. 이렇게 풍차를 많이 해놔도 문제가 없는 것이 이곳에는 사람이 별로 살고 있지 않았다.

독일 도로에서 운전자들은 속도제한을 철저히 지키는 건 아니지만, 제한속도를 보고는 일단 브레이크를 밟아서 속도를 늦추었다. 폴란드에 비하면 확실히 교통표지의 신호를 잘 지켰다. 아내도 독일 차들이 마을에 접어들 때 속도를 줄이는 것에 철저하다고 한마디 했다.

처음 본 함부르크

함부르크 시내에 들어왔다. 남부 함부르크인데 다운타운인지 복잡했다.

앞차를 따라가고 예약한 호텔을 향해 내비게이션이 시키는 대로 좌측으로 붙고 우측으로 붙으며 줄기차게 나아갔다. 그렇게 내비게이션이 가리키는 대로 따라가는데, 갑자기 나타난 경찰차 두 대가 포위하듯이 앞뒤로 오더니 차를 대라고 했다.

내가 놀란 눈으로 쳐다보자, 그들은 폴란드 차가 범죄에 연루된 일이 있어 조사하니, 다른 혐의는 없다며 운전면허증, 자동차허가증, 내 여권을 보잔다. 처음에는 고속도로에서 속도위반한 것이 통보되었나 생각했는데, 그건 아니고 독일 경찰이 국경선에서부터 질주하는 나의 폴란드 차가 수상하다고 생각해서 불심검문을 하는 듯했다.

한 사람은 조회하고, 다른 사람은 별일 아니라며 나와 수다를 떨었다. 하여간 이런 일을 겪고 나니 폴란드 차 넘버를 달고 독일에서 다니기가 좀 부담스럽다는 생각이 들었다. 행여 폴란드 차여서 무시하는가 이런 생각도 들었지만, 교민에게 물어본 결과 독일에서만 그런 것이 아니라 폴란드에서도 불심검문이 있다고 말했다. 폴란드 경찰은 차를 세워놓고 운전자가 혹시 음주했는지 검사하고 때론 차의 필수품인 삼각대가 있는지와 유효한 등록증이 있는지 여부 등을 검사한다고 말했다. 교민들도 그런 경험을 했다고 하니 차별은 아닌 듯했다.

이번 불심검문을 보면서, 독일 사람은 의심이나 제기된 문제가 해결될 때까지 물러서지 않는다는 말이 틀리지 않음을 알았다. 경찰은 이상이 없다며 가도 좋다고 하면서 여권 등을 돌려주었다. 서류를 함에 넣고 얼굴을 들자, 이미 경찰은 보이지 않았다. 갑작스럽게 출현하고 눈 깜짝할 새에 사라졌다. 아내는 엄청나게 놀랐다며 마음을 졸였다고 말했다.

7시 한참 지나 호텔 nH 함부르크 Altona에 도착했다. 3층 호텔 정면에 투숙했다. 앞쪽이어서 기분이 좋았다. 이 호텔의 숙소는 아주 잘 만들어져 있었다. 화장실 겸 욕실과 가방 놓는 곳, 옷을 걸어놓는 곳을 들어오는 입구에 배치했고 침실과는 문으로 구분했다.

함부르크 항구

지하 감옥소

침실 안에는 벽에 머리를 대도록 하는 방향으로 설치된 침대가 있고 앞에 벽걸이 TV와 그 밑에 미니바 냉장고 위에는 탁자가 있어 사용할 수 있었다. 창쪽 귀퉁이에는 책상이 있어 노트북으로 글을 쓸 수 있었다. 침대 좌우에 작은 놓을 곳을 두고 한쪽은 좀 더 길게 놓을 자리와 거울을 뒀다. 그 외에 자유로운 의자 하나를 더 배치했다. 거기에다 테이블 위에는 과자 여러 개와 와인 한 병, 물 한 병을 무료 제공했다.

밖에 산책 나가보자고 했다가, 주유소 가게에 들어가 작은병 스파클링 와인 하나를 몇 천 원에 사서 마셨다. 드라이한 맛이나 탄산수가 섞여 난 괜찮았으나 아내는 별로라는 반응을 보였다. 저렴한 와인으로 하루를 마감할 수 있으니 참 좋았다. 안주거리 크래커 칩과 우유도 샀다. 아내가 독일 프레쉬 우유를 마셔보더니, 맛있다는 반응을 보였다. 내가 마시기에도 우리나라는 물론, 폴란드보다 더 진한 듯했다.

독일의 창문, 이 쇳덩이처럼 북직한 창문틀과 유리가 마음에 들었다. 1층에 이 창문을 달면 쇠창살도 필요 없을 듯했다. 워낙 단단해서 도둑도 감히 창문 깨트릴 생각을 하지 못하리라는 생각이 들었다. 이 창문을 꼭 사서 쓰고 싶었다.

호텔 아침 식사하러 가보니 투숙객이 많은지 일일이 객실 번호를 확인했다. 사람들이 많았고 음식도 대단히 풍성했다. 호텔답게 테이블에 와서 커피 서비스를 해주었다. 동양인이 있어 보니 일본인 가족이었다. 아내가 인사를 나누고 오더니 확인해주었다. 배부르게 먹고 나왔다.

함부르크 지도를 보니 이 도시에서 가장 큰 건물이자 랜드마크가 현대적인 필하모니 대극장(Elbphilharmonie Hamburg)이었다. 그곳으로 내비게이션을 찍어 출발했다. 10분 정도 거리였다. 그 공연장 부근에 차를 세우고 약 1시간 동안 함부르크를 관광했다. 길가 주차공간에 차를 세우고 유료인가 무료인가 궁금해서 길가는 독일 사람에게 물어보니, 주부가 따라오라며 직접 티켓을 끊어주는 안내를 해줬다. 독일 사람이 이 정도로 친절할 줄이야. 난 묻기 싫은데 아내는 사람을 붙들고 잘 묻는다. 그 덕에 문제 해결이 빨리 된다.

이곳은 북해를 끼고 있고 엘배강의 운하나 수로 같은 데에 건물이 세워져 있었다. 성 미카엘리스(St. Michaelis)교회가 가장 눈에 띄며 시계탑 전망대로 올라갈 수 있어 그곳에서 시내 전경을 볼 수 있다. 함부르크 항구에 가면 정박한 배들과 시원한 바람이 맞이해준다. 아내가 반팔 옷을 입고 춥지 않으냐고 물었지만, 전혀 춥지 않았다. 후련한 기분, 탁 트인 곳을 보며 걷는 게 기분을 좋게 했다.

처음 함부르크를 관광도시로 생각하지 않았었다. 그래서 많이 돌아다닐 정도는 아니라고 여겼지만, 내 생각과 달리 곳곳에 가이드가 관광객들을 데리고 다니며 설명하고 있었다. 지하 감옥소(Hamburg Dungeon)라는 곳에 관광객들이 가장 붐볐다. 여기에 중국인 관광객들이 단체로 왔는지 웃으며 떠들고 있었다. 입장하는 줄이 길어 감옥 구경을 포기하고, 대신 주위를 약 한 시간 가까이 걸었다. 함부르크는 바다를 낀 도시답게 어딜 가나 활기찼다.

벨기에 브뤼셀에서 상봉하다

폴란드에 먼저 나온 나와 아내는 스페인, 포르투갈을 여행하고 오는 딸, 서울서 오는 아들을 벨기에 브뤼셀에서 만나기로 했다. 온 가족이 모이면, 브뤼셀의 그랑프라스에서 꽃축제를 구경하고, 프랑스의 대서양 해안에 있는 몽셸미셸을 본 다음 파리로 와서 관광하고 다음엔 스위스 융프라우 기차 관광에 이어 오스트리아 잘츠부르크와 호수지역을 거쳐 체코 프라하, 폴란드 크라쿠프를 거쳐 바르샤바로 돌아온다는 계획을 짰다. 브뤼셀 관광부터 계산하면 13박 14일의 일정이었다.

바르샤바에서 이미 가족의 유럽여행 일정에 맞추어 숙소 예약을 마쳤었다. 아내는 여행할 장소의 관광지를 읽고 메모했었다. 프랑스 관광을 위해 이지 유럽책을 참고했다. 아내는 엄마로서 자녀들이 보고 배울 것에 대해 신경을 많이 썼다.

하루 묵은 장소, 함부르크에서 자동차로 출발, 독일을 관통하고 네덜란드를 거쳐 브뤼셀까지 달렸다. 독일의 도로는 언제나 자동차들끼리 먼저 가는 경쟁이 치열하게 벌어진다. 대강 가면 어느새 뒤에서 다른 차들이 내 차보다 앞서 나가고, 앞차가 느리다고 생각되면 내가 엑셀레이터를 밟아 추월선으로 치고 나갔다.

아이들이 도착하는 공항에 먼저 가 있으려고 열심히 운전했는데, 다행히 시간 전에 도착했다. 밤 8시경 아들이 먼저 도착하고 이어 딸이 도착해서 온 가족이 공항에서 만났다.

아들의 말을 들어보니, 바르샤바공항에서 비행기를 갈아탈 때 혼선이 있었다. 인천국제공항에서 바르샤바를 경유하여 브뤼셀로 가는 비행기 티켓인데, 아들은 바르샤바에서 자동 트랜스퍼되는 줄 알고 면세구역에 있다가, 아니라는 말을 듣고 서둘러 짐을 챙겨 체크아웃한 뒤에 다시 체크인해서 비행기를 갈아탔다고 말했다.

이 과정에 나와 아내가 아들과 통화해서 도움이 되는 팁을 알려주고 아

전체 여행 일정(당초)

날짜	일정
14일(화)	벨기에 도착(브뤼셀 1박)
15일(수)	벨기에 관광(오전 브뤼허 투어, 왕복 3시간, 오후 꽃축제) (브뤼셀 2박)
16일(목)	◆ **프랑스로 이동** 오전 브뤼셀 그랑프라스 관광, 오후 프랑스 르아브르로 이동 (브뤼셀 → 르아브르, 4시간 10분 소요) (루앙Louen 혹은 르아브르Le Havre 1박)
17일(금)	루앙 → 몽생미셸(보부와Beauvoir), 2시간 반 소요, 관광후 보부와 → 베르사유, 3시간 반 소요 (베르사유 1박)
18일(토)	파리 관광(베르사이유궁전, 루브르 박물관, 에펠탑), 에펠탑 → 드골공항, 35분 소요 2100 지현, 파리 드골공항 출발, 1500 인천국제공항 도착(파리 2박)
19일(일)	◆ **스위스로 이동** 오전 출발, 디종에서 점심 먹고 쉬어 가며 스위스로 총 7시간 이동 파리 → 디종, 3시간 반 소요 디종 → 인터라켄, 4시간 소요(인터라켄 1박)
20일(월)	융프라우 산 구경(인터라켄 2박)
21일(화)	◆ **독일로 이동** 인터라켄 → 뮌헨, 5시간 소요(뮌헨 1박)
22일(수)	◆ **오스트리아로 이동** 뮌헨 → 잘츠부르크, 2시간 소요 (호수지역Nondsee, Loibichi, Litzberg, Gmunden 1박)
23일(목)	◆ **체코로 이동** 잘츠부르크 → 프라하, 3시간 45분 소요 오후 프라하 관광(프라하 1박)
24일(금)	오전 프라하 관광 ◆ **폴란드로 이동** 프라하 → 크라쿠프, 5시간 50분 소요(크라쿠프 1박)
25일(토)	오전 크라쿠프 관광 크라쿠프 → 바르샤바, 4시간 소요(집)
26일(일)	바르샤바 관광(집)
27일(월)	오전 바르샤바 관광 1630 재원, 바르샤바 쇼팽공항 출발

숙박 계획

날짜	국가 도시	숙소	숙박 인원	투숙일	누적 숙박	요금
14일 (화)	벨기에 브뤼셀	시타딘 트와종 디오르 브뤼셀Citadines Toison D'Or Hotel	4인실	1박	3박	호텔닷컴, 355,136원 지불 완료
15일 (수)		같은 곳	4인실	2박	4박	
16일 (목)	프랑스 르아브르 Le Havre	La Maison d'Eugene-Appartements a Honfleur 51 Rue Haute	4인실	1박	5박	165유로 예약
17일 (금)	프랑스 베르사유	Hotel mercure Versailles Parly 2	더블베드 트윈베드 4인실	1박	6박	20만원 선결제
18일 (토)	프랑스 파리	Novotel Marne La Vallee Collegien, 드골공항서 인터라켄 가는 경유지 로니으Lognes 부근	더블베드 싱글소파 3인실	1박	7박	149유로 예약
19일 (일)	스위스 Iseltwald	Family-Apartment Du Lac, 8~9시경 도착 예고, 체크인은 아파트 바로 옆 hotel chalet du lac에서 진행.	3인실	1박	8박	237프랑 선결제, 도착시 보증금 100프랑 예치, 체크아웃시 시설 점검 후 환불
20일 (월)	스위스 인터라켄	같은 곳	3인실	2박	9박	
21일 (화)	독일 뮌헨	H4 호텔 뮌헨Munchen 메세Messe, Konrad-Zuse-Platz 14	3인실	1박	10박	146유로 선결제
22일 (수)	오스트리아 Mondsee	Pension Goschlberger, RainerstraBe 58 호수지역	3인실	1박	11박	151유로 예약, 선결제 50%
23일 (목)	체코 프라하	베스트 웨스턴 호텔 미티어 플라자 Best Western Plus Hotel Meteor Plaza	3인실	1박	12박	134유로 선결제
24일 (금)	폴란드 크라쿠프	Conrad Hotel, 1915025874 ul. Josepha Conrada 29	3인실	1박	13박	412즈워티, 일정시기 선결제, 취소 환불 불가, 무료주차장 제한, 보안주차장 35즈워티 추가
25일 (토)	폴란드	바르샤바 집				
26일 (일)	폴란드	바르샤바 집				

들도 묻고 해서 마침내 짐을 보내고 다시 벨기에 항공을 탈 수 있었다. 자동 트랜스퍼만 믿고 가만히 있었다면 비행기를 놓칠 뻔했다.

첫째 날,
벨기에 브뤼셀

공항에서 아이들을 픽업해서 브뤼셀 시내의 숙소로 들어왔다. 2002년 처음 브뤼셀에서 4개월 연수할 때 가족과 십여 일간 묵었던 그 호텔이었다. 딸이 포르투갈에서 Port 와인 미니병을 사왔다고 해서 두 개를 꺼내 온 가족이 나눠 마셨다. 알코올이 물씬 풍기는 강화주정(Fortified) 와인으로 레드는 그나마 마셔볼 만했지만, 화이트는 영 아니었다.

다음 날 아침 식사는 주방이 있는 어파트먼트호텔 숙소에서 한식을 만들어 먹었다. 모처럼 온 가족이 모이니, 아내가 기도하며 감정이 복받쳐 올라 목이 메는 듯하다가 어렵사리 감정을 이겨냈다. 서울에서 가져온 명란젓, 깻잎 절인 것을 내놓고 즐겁게 식사했다.

딸은 원래 중세 도시로 유명한 브뤼허(Brugge)에 가려고 했지만, 교통편이 마땅치 않아 포기하면서 그냥 편하게 브뤼셀을 관광했다. 루이제 거리를 거쳐 그랑프라스(Grand-Place)로 향했다. 가다 보면 전망이 좋은 곳이 나오는데, 바로 대법원 앞 테라스다. 그곳에서 시내를 보고 구경하며 사진을 찍었다. 그 다음으로 간 곳은 오줌싸개 동상이 있는 곳이었다. 관광객들로 넘쳐났다. 각자 포즈를 잡고 사진을 찍기 바쁘게 그곳을 빠져나왔다. 이어 그랑프라스를 보고 어느 건물이 시청사인지 알아맞히기 대회를 했다.

아내의 의견에 따라 왕궁을 향했다. 왕궁 진입로 부근의 자명종 시계를

그랑프라스

보고 정원을 사진에 담고 점심으로 푸드트럭에서 파는 햄과 치즈를 넣은 바게트를 사서 노천 의자에 앉아 먹었는데, 딱딱해서 별로였다. 레스토랑을 찾았지만, 주위에는 바가 많고 레스토랑은 눈에 띄지 않았다. 대부분의 바는 술을 팔면서 식사 주문을 받는 등 겸업했지만, 요리보다는 술 파는데 신경을 많이 쓰는 눈치였다.

왕궁은 높고 조용한 장소를 잘 골라 지은 듯 전망이 좋고 숲이나 지형에 둘러싸여 조용할 듯했다. 그러나 그 날은 마침 뮤직 페스티벌을 준비하는 연주나 스피커 테스트로를 하고 있어 굉음을 울려 평소와는 달랐다. 관광

개선문

폴란드인 친구가 가지고 온 와인맛보다 못했다. 이어 어디에 갈까 하다가 개선문의 전망이 좋다는 말을 듣고 거기로 가자고 해서 자동차로 갔다. 가족들은 개선문이 잘 만들어졌네 라고 한마디씩 했다. 그곳은 공원으로서 잘 정비되어 있었고 사람들이 많지 않아 좋았다. 이곳 저곳을 구경하고 사진 찍으며 산책했다. 개선문 좌우에 군사박물관과 자동차박물관이 있었지만, 입장료가 거의 10유로가 넘는 것 같아 들어가지 않았다. 나의 경우 수년 전에 군사박물관을 관람했기 때문이기도 했다.

나폴레옹이 1815년 최후로 패배한 장소인 전적지 워털루로 향했다. 브뤼셀에서 약 20분 드라이브해서 가니 조그만 워털루읍이 나왔다. 웰링턴 박물관이 있기에 들어가려고 하니 문을 닫기 30분 전이었다. 돈을 받지 않기에 들어가 대강 보고 나와서 사자의 언덕(Le Lion de Waterloo)으로 갔다.

웰링턴 진영을 의미하는 사자의 언덕

나폴레옹의 워털루 전투 파노라마를 볼 수 있는 곳

언덕으로 올라가는 길은 공짜가 아니었다. 티켓 부스는 이미 문을 닫아 입장객을 더 받지 않고 올라간 사람이 내려오기만 기다리고 있었다.

밖에서 사진을 찍고 박물관 기념품점에 들어가 살만한 게 있나 살펴봤다. 나폴레옹 그림은 소유권이 딴 데에 있는지 사고 싶었으나, 그림 사본을 팔지 않았고, 별로 사고 싶지 않은 그림만 큰 사이즈로 내놓고 있었다. 결국 살 게 없었다. 사자는 웰링턴을 상징하며 사자가 내려다보는 곳에는 나폴레옹이 진을 쳤다고 한다. 그러므로 사자의 뒤쪽은 영국군이 진을 친 장소였다. 모두 지금의 언덕으로부터 4킬로미터 정도 떨어진 거리에 진을 쳤다고 한다. 나폴레옹 쪽이 약간 저지대로 느껴졌다. 그렇다고는 해도 큰 차이는 없었다.

영국 런던의 트라팔가광장에 있는 사자가 프랑스와의 전쟁에서 노획한 대포를 녹여 주조해놓은 것이라고 하니 사자가 영국을 상징하고 있음은 확실해 보였다.

시내에 와서 산책하며 거리를 구경했다. 그리고 레스토랑에 들어가 스파게티와 피자를 먹고 돌아왔다. 딸은 숙소 인근 식당에서 벨기에서 유명한 홍합요리를 먹었다. 이날은 거의 2만 걸음을 넘게 걸었다. 관광은 걸어다니는 것이라고 정의해도 되겠다.

둘째 날,
꽃 카펫 축제 관람

벨기에 브뤼셀의 그랑프라스에서 꽃 카펫 축제가 열렸다. 전날 준비하는 것을 봤는데, 펜스를 쳐 놓고 광장에 화분을 가져다 그림을 그리듯이 맞춰

브뤼셀의 그랑프라스에서 준비하는 꽃축제

나가 이날 공개했다.

아내와 아들, 딸이 붐비는 그랑프라스에서 꽃축제를 보고 왔다. 나는 전날 준비하는 것을 보면서 당일은 가지 않고 쉬었다. 정오가 될 무렵 아내와 아들, 딸이 다음 목적지로 가기 위해 돌아왔다.

브뤼셀에서 프랑스 북부의 목적지로 출발했다. 내비게이션으로 보니 프랑스의 숙소까지 약 4시간여 걸리는 것으로 나왔다. 벨기에에서 기름을 넣으러 갔더니, 여긴 기름을 넣고 돈을 내는 폴란드, 독일과 달리 주유소에서 돈부터 내고 주유하는 방식이었다. 유럽연합으로 통합했는데, 기름을 넣는 방식은 나라별로 다르네. 돈을 내고 주유기를 들었는데도 기름이 들어갈락 말락, 가게에 들어가서 돈을 냈는데 기름이 잘 들어가지 않는다고 말하니, 체크해 보고는 기름이 들어갈 것이라며 가서 넣어보란다. 기름이 들어갔다.

프랑스에 오니, 이번에는 도로마다 톨게이트가 설치되어 있었다. 톨게이트가 없는 독일과 달리 도로가 공짜가 아니었다. 도로에 들어갈 때마다 돈을 내야 했다. 그건 좋지만, 막상 톨게이트에 가보니 카드만 되는 곳이 있고 카드와 현금이 동시에 되는 곳이 별도로 있었다. 처음에는 카드만 되는 곳에 가서 카드로 결제했고 다음에는 현금 넣는 곳으로 들어가 봤는 데, 돈 내는 곳이 너무 높이 있어 팔을 있는 대로 뻗어서 겨우 지불할 수 있었다. 여긴 왜 이렇게 돈을 내는 곳, 티켓을 뽑는 곳이 불편한 높이에 있을까? 묻고 싶어도 이곳은 사람이 없는 무인정산 톨게이트였다. 프랑스에 와보니 휴게소 하나만큼 아주 편하게 잘 되어 있었다. 화장실은 톨게이트비를 받아서인지 언제나 무료였다. 이런 건 정말 좋다! 휴게실에는 잡지가 아닌 책을 진열해놓고 살 수 있도록 했는데 좋아보였다.

프랑스 사람의 운전 습관도 독일 사람만큼 과격하지 않고 속도제한이 139킬로미터라 다른 차를 쉽게 추월할 수 있어 좋았다. 독일 운전자는 추월선에서 무섭게 달린다. 빨리 달리지 않으면 뒤에서 밀어붙일 기세여서 빨리 길을 비켜주어야 한다. 벨기에는 워낙 유색인종, 특히 흑인과 아랍계가 많아 백인 아닌 사람들을 보는 것은 일상적이었지만, 프랑스에서 그것도 북쪽 변방에서 동양인을 볼까 했는데 휴게소에서 중국인 가족을 봤다.

르아브르(Le Havre)로 간다지만, 사실 이 지방 도시가 최종 목적지는 아니다. 몽생미셸까지 단번에 가기에 너무 멀어 중간 쉬어가는 장소로 이곳을 잡았다. 그런데 르아브르 가까이 와보니 엄청난 바다 위의 대교 두 개를 건너야 했다. 대교 중간에 잠깐 쉬면서 전망대에 올라 사진을 찍었다. 다리는 무지개처럼 하늘을 향해 휘어져 있었다. 밑에서 보니 아찔하고 운전중에는 오금이 저렸다. 다리 중앙이 가장 높아 밑을 보면 현기증이 날 듯했다. 다리가 평평한 우리나라의 현수교와 정반대로 다리가 하늘로 굽어져 무지개를 타듯이 올라갔다 내려와야 했다. 큰 배가 오갈 수 있도록 하려는 목적일 듯 했다.

로터리를 돌아 몇 굽이 지나오니, 우리식으로 강원도 어촌 같은 곳에 당도할 수 있었다. 기러기가 가까이 날며 울어대고 바다가 가까이 펼쳐져 있었다. 우리의 포구와 달리 고기 비린내가 거의 없고 좀 더 중세풍 거리와 돌길에 3, 4층 건물이 열 지어 있고 사람들이 길을 메우고 레스토랑과 카페가 줄지어 있는 게 다르다할까. 이곳은 낭만이 있었다. 유명한 관광지인지 사람들이 골목길을 가득 메우고 걷고 있었다. 동양인이 르아브르 여기까지 오겠나 했는데, 많은 사람들이 보였다. 어느 악세사리 가게에서는 한국인 환영이라는 글까지 붙여 놓고 있었다. 의외로 많은 동양인이 유럽 구석구석을 누빈다는 생각이 들었다.

시내 도심 한복판을 자동차로 지나서 숙소에 도착했다. 딸, 아들의 도움으로 체크인하고 3층 방에 투숙한 뒤 차를 주차장에 세워놓은 뒤 홀가분하게 인근 어느 레스토랑에 들어가서 직원이 자리를 잡아주는 대로 앉아서 기분 좋게 식사했다. 그 레스토랑은 식사가 주인지 와인을 파는 게 주인지 모를 정도로 손님들이 와인을 많이 마시고 있었다.

주위 테이블을 보니, 부르군디의 샤르도네와 피노누아로 만들었을 샤블리(Chablis)를 많이 마시고 있었다. 난 르와르(Loire)의 주력 품종 소비농 블랑으로 만든 상세르(Sancerre)를 주문해서 마셨다. 여름에 프레쉬하게 마시기 좋은 화이트와인이다. 딸은 프로방스의 로제와인이 더 좋다며 그것을 주문해서 함께 즐겼다. 이 도시를 우연히 왔지만 가족들의 반응은 좋았다. 잘 알려지지 않은 곳이지만 모두 좋다고 입을 모았다.

숙소는 소파 침대였지만, 두툼한 이불이 좋은 탓인지 매우 편하게 잘 수 있었다. 아침에 창문을 여니 온도가 차가운데 햇볕이 벌써 맞은편 건물을 비추고 있었다. 인터넷은 구글만 되었다. 유튜브를 켜놓고 송창식 등 노래를 들으며 아침을 맞았다. 이 작은 마을, 아니 도시를 떠나기 전에 한 번 더 보겠다며 식사하고 짐을 꾸려놓고는 천천히 길거리로 나왔다. 햇볕을 받아 건물들이 반짝일 때 온 가족이 항구 둘레를 돌았다. 복판 바닷물을 호수처럼 가둬놓은 곳을 중심으로 건물들이 늘어서 있는데 예뻤다. 1층은 대부분 레스토랑 아니면 카페지만, 장사를 하더라도 지나치게 생업적이지 않아 좋았다. 그런 곳에는 의자가 잔뜩 펼쳐져 있었고, 그 의자들에는 관광객들이 커피와 음료를 마시며 이야기를 나누고 있었다.

이른 아침인가 했는데 벌써 단체 관광객들이 몰려와 자리를 잡고 있다는 게 신기했다. 이곳에 뭘 마시러 왔나? 아니 뭐 이야기하러 왔나 이런 궁금증을 자아낼 정도였다. 기념품 가게가 오히려 적어 보였다. 아내와 딸은 옷가게에 들어가 옷과 스카프를 하나씩 샀다.

셋째 날,
몽생미셸

르아브르에서 두 시간 거리의 몽생미셸(Mont Saint Michel)로 향했다. 프랑스에는 톨게이트가 많지만, 현금 내는 곳에 차량이 적어서 그곳으로 가곤 하는데 가보면 차를 최대한 돈을 내는 곳에 붙여도 돈을 내고 거스름돈을

몽생미셸로 가는 길

받는 손이 닿지 않아 불편했다. 왜 이런 곳에 사람을 고용하지 않을까? 자동화했다고 하지만, 이용객이 봤을 때 매번 불편했다. 돈 내는 위치와 티켓을 받는 것과 거스름돈 받는 것이 차량의 높이나 팔 길이 등을 충분히 고려해서 만들었는지 의문이었다. 그리고 톨게이트가 너무 많았다. 고속도로가 불편할 정도면 좀 문제 있는 것이 아닐까? 고속도로의 기쁨이라면 휴게소였다. 휴게소의 Paul이라는 베이커리에서 파는 크로아상과 바게트 샌드위치의 맛이 일품이었다. 딸이 먼저 사왔는데, 처음에는 한국에서 먹은 것을 생각해 별로 먹고 싶지 않았으나, 먹어보니 맛이 매우 좋았다. 아내와 아이들이 모두 좋아했다.

보부와(Beauvoir)에서 몽생미셸로 들어갔다. 외부에서 몽생미셸로 들어가려면 셔틀버스를 이용해야 했다. 그 외 걸어가거나 마차를 타는 방법이 있지만, 시간이 많다면 뭐든 좋고 거기 수도원에 올라가보기도 하겠지만, 10유로 하는데 잠깐 들어갔다가 나오기에는 아깝고 그래서 외부에서 둘러보기만 했다. 성안으로, 성 꼭대기로 올라가 보는 건 다음 기회로 미뤘다. 걸어서 몽생미셸에 갔다가 돌아올 때 셔틀버스를 이용했다. 약 1만 보를 걸었으니 1시간 정도 걸렸으리라.

다음 목적지는 베르사이유궁이다. 고속도로에 차를 올리기 전에 간이음식점에 들러 프렌치 후라이와 소시지, 바게트를 먹었다. 그리고는 보부와에서 파리로 가는 메인 도로를 질주하다시피 베르사유로 왔다. 머큐어호텔에 체크인하고 바로 저녁식사하러 레스토랑을 찾았다. 호텔에서 안내해 준 생선요리 집에 가서 4인 가족이 120유로 식사를 했다. 레스토랑에는 다른 손님이 없었다. 우리 가족만이 식사했는데, 샤블리 화이트와인 한 병에 연어와 살코기 요리를 먹었다. 레스토랑은 별로였다. 손님들이 북적이는 곳이 맛있을 가능성이 높은데, 손님이 없는 곳에 갔으니 아무래도 잘 하는 곳이 아닌 듯했다. 다만, 밖에서 식사하니, 숙소에 먹을거리를 들고 오지 않아도 되어 좋았다. 그냥 옷가지 가방만 들고 투숙했다. 그런데, 아이들은 숙소에 들어오자마자 식사했음에도 불구하고 물을 끓여서 가져온 컵라면을 먹는 것이 아닌가.

베르사유 머큐어호텔 식당에서 오랜만에 아침 식사를 했다. 작은 식당이고 손님이 적었으나 그중에 동남아 사람으로 보이는 가족이 있었다. 동남아 사람은 처음 봤다. 동양인 하면, 중국 아니면 일본, 우리나라 사람이었기 때문이다.

넷째 날,
파리, 베르사이유궁전

오전에 베르사유궁전을 보려고 줄을 섰다. 장사진이었다. 궁전 앞으로 거의 가득 메울 만큼 인파가 몰렸다. 8월의 뙤약볕에 줄은 끝없이 이어지고 관람은 천천히 진행되니 이걸 봐야 하는가 하는 생각이 들었다.

내가 궁 주위를 돌며 구경하는 동안 아내와 아이들은 오전 내내 줄을 서 있다가 마침내 들어갔다. 토요일이어서인지 단체 관광객들이 넘쳐났고 사람들이 학습하러 온 것처럼 열 지어 모여들었다. 솔직히 안에 들어가 본 사람으로서 그 정도로 반드시 봐야 할까 하는 생각이 들었으나, 보지 않은 사람은 호기심이 있어 포기하지 않는 듯했다. 관람을 마치고 온 아내는 동양인 중에는 중국인, 한국인이 많았다고 말했다. 아이들은 프랑스의 베르사유궁에 대한 관람정책은 앵벌이식으로 양아치들이나 하는 짓이라고 비난

했다. 말을 들어보니, 궁 안에 볼 것이 별로 인상적이지 않은데다 안에서도 사람이 너무 많았다고 했다.내가 봐도 궁을 보는데 18유로, 정원을 보는데 또 십 몇 유로, 주차하는데 14유로 등 관광객의 돈을 털어가는 데 여념이 없는 인상이었다. 인류 문화유산을 보는데 그처럼 많은 돈을 부과하는 게 정상일까? 중국이나 미국, 영국인들이 돌아가서 요금정책에 반영할까 두렵다.

베르사이유에서 파리 시내로 들어갔다. 파리에서의 일정은 어른보다 아이들 중심이 되어 짰다. 주차하기 어려워 관광지에 아내와 아이들을 내려주었다. 아내와 아이들은 오후에 개선문을 보더니 이어 에펠탑으로 갔지만, 돈들여 탑에 오르는 대신 전망하기 좋은 곳에 가서 사진을 잔뜩 찍어왔다. 딸은 염두에 둔 구매 품목이 있는지 샹젤리제 거리에 쇼핑하러 다녀왔다. 그 사이 나는 시내에 주차할 데를 찾지 못해 차를 잠깐 세워놓고 개선문을 보고 샌드위치를 먹고 왔더니 주차 딱지가 발급되어 있었다. 가만히 보니 흑인 여자가 계산기 같은 것을 들고 돌아다니고 있었다. 하루 건수를 만들기 위해서 토요일에도 열심히 돌고 있는 게 프랑스의 수도 파리의 사정 같았다.

파리의 자동차들은 난폭했다. 뒤에서 좌우에 차들이 나타나 휙휙 지나갔다. 점잖게 양보하고 배려하는 것이 없어서 여기가 선진국이 맞나 의심스러웠다. 질서나 규율이 안잡혀 있고 어슬렁거리는 흑인이 많고 많은 것들이 불편을 주어 관광객에게 어서 떠나도록 만드는 듯했다. 파리는 대도시여서 여행객은 승용차보다 대중교통수단을 이용해 관광하는 게 더 효율적이라는 걸 깨달았다.

이날은 딸이 먼저 귀국하는 날이다. 출발 시간이 밤 9시라 주유소 휴게

베르사이유궁전 정원

베르사이유궁전에 몰려든 관광객

소에서 잠깐 음료수를 마신 뒤 드골공항으로 태워다주었다. 드골공항에는 1터미널과 2터미널이 있다. 출발하는 곳이 어느 터미널인지 잘 나타나지 않아 일단 내렸던 1터미널로 갔다. 거기 주차하고 들어가서 공항 직원에게 물어보니, 2터미널로 가라고 했다. 함께 순환 셔틀을 타고 2터미널로 갔다. 거기서 체크인하고 나니 안심이 되어 카페테리아에 들어갔다. 딸이 귀국하기 전에 프랑스에서 저녁 식사를 한 뒤 여행을 마무리 짓고 싶다고 해서 간단한 음식으로 함께 식사했다.

개인적으로 전쟁 역사이야기를 좋아하는데, 거기서 프랑스어로 되어 있지만, 나폴레옹의 전투 기록을 모두 볼 수 있는 잡지 특별판을 샀다. 8유로 미만이었다. 해외 여행중에 좋다고 생각되는 것이 있으면 망설이지 말고 사라는 게 내 쇼핑 철학이다. 기회를 놓친 다음에 아쉬워 해봐야 다시 찾아내기 어렵고 또 기회가 다시 온다는 법이 없기 때문이다. 공항에서 뛰어다니는 사람은 대개 동양인이다. 비행기 시간에 쫓겨 급히 오거나 물건 사고 세금 면제받으려고 줄 서 있다가 급히 비행기를 타러 가는 듯했다. 드골공항 주차장의 주차료가 너무 비쌌다. 14유로였나? 거의 2만 원 가까이 나오니 프랑스는 돈을 뜯어내는 게 너무 많다는 생각이 강하게 들었다.

스위스로 가는 노선상에 위치한 파리 외곽의 노보텔로 찾아갔다. 호텔은 한적한 곳에 있었다. 시설은 규격화된 대로 좋고 나무랄 데가 없으나, 방은 창밖으로 지붕밖에 보이지 않았다. 객실에 들어와 물을 마시고 홍차 한 잔을 한 뒤에 잠을 청했다.

다섯째 날,
아들과 함께 프랑스 디종을 거쳐 스위스로

스위스 융프라우에 오를 계획으로 인터라켄으로 향했다. 부근에 호수도 있으니 쉬어 갈만하다고 생각했기 때문이다. 파리에서 스위스로 가는 길의 중간에 유명한 부르고뉴의 아름다운 도시 디종(Dijon)을 들르기로 했다. 파리에서 디종으로 가는 도로에 트럭이나 큰 트레일러를 보기 어려웠다. 이 나라의 생산력에 문제가 있는 게 아닌가 하는 생각이 들었다.

독일과 폴란드, 벨기에에는 트레일러로 온통 도로를 도배하고 교통을 방해하기 일쑤였는데, 여기에는 승용차 외에는 볼 수 없다니, 톨게이트로 통행료를 징수해서인가 이런 생각이 들었다. 프랑스 고속도로에는 거의 개인 승용차만 보여서 큰 도로가 한산했다. 어느 휴게소에 들렀을 때 붙어 있는 그림지도를 보니 중국과 일본에는 뭔가 그려져 있는데 한국에는 아무것도 없었다. 이게 국력의 차이인가? 나라의 이미지는 하루 이틀만에 만들어지는 게 아닌 듯했다. 사람들의 머릿속에 박힌 고정 관념을 고치기는 어렵다. 내게 엔진 오일을 도와줬던 그 사람도 내게 일본사람이냐고 물었다. 그만큼 일본의 위상이 크게 각인돼 있다는 생각이 들었다.

물론 숙소에 가보면 우리나라 LG, 삼성의 TV나 에어컨이 많았다. 자동차도 현대, 기아차가 유럽 어디에서든 볼 수 있을 만큼 많다. 유럽 사람들이 우리나라가 만든 것을 많이 이용한다. 그럼에도 불구하고 근대화, 제국주의국가로 뽐낸 일본, 오랜 역사와 거대한 인구와 영토를 가진 중국을 제치고 우리나라의 존재감을 드러내기 어렵다는 걸 절감했다.

2시간 걸려 디종에 도착했다. 이 지역은 보르도 레드와인에 필적하는 화이트와인의 산지다. 부르고뉴, 영어로는 버건디 지역이다. 디종은 다른 한편 겨자로도 유명하고 오랜 역사를 가진 곳으로 문화도시다. 관광할 곳으로는 궁전, 성당, 재래식 시장, 미술관 등 다양하게 많았다. 먼저 부르고뉴 공국의 궁전을 찾았다. 공작이 거주했던 곳인데, 오늘날은 예술품과 공예품을 보여주는 미술관이 되어 있다. 바닥을 보니 방문객을 위한 올빼미의 길이 인상적이었다. 차를 세워놓고 올빼미 표시를 보고 그 순서대로 구경했다.

큰 고딕식 성당이 보였는데, 노트르담 드 디종(Notre-Dame de Dijon)이었다. 부귀농박물관(Musée de la Vie Bourguignonne), 공공정원(Jardin Darcy), 보행자거리(Rue des Forges), 레 홀(Les Halles) 시장이 유명하다. 정오를 넘어서까지 돌며 구경하다가, 배가 고파서 레스토랑을 찾다가 한 곳에 들어갔는데, 카페테리아식으로 음식을 골라서 먹는 식당이었다. 여긴 아니다 싶어서 나왔다.

두 번째로 간 곳은 젊은 라틴계 남자와 동양인 여자가 경영하는 카페 겸 레스토랑으로 손님이 많이 있어서 안심하고 주문해서 요기했다. 난 스페인 돼지고기 염장 말린 살로 만든 샐러드, 아낸 피자 같은 것, 아들은 구운 돼지고기 살코기를 먹었다. 음식을 맛있게 먹으며 음료수로 레드와인을 주문해서 나누어 마셨다. 운전만 아니라면 정말 즐길 만했지만, 스위스까지 갈 길이 멀고 바빠서 와인은 맛만 보고 말았다. 식당을 운영하는 젊은이는 이탈리아 사람인지 라틴계인데, 눈속임하려고 가격을 조금 올려 쓰는 듯했다. 동양인 여자는 차마 속이지 못해서 올바르게 받으려고 하는데, 남자가 기어코 부정한 짓을 저지르도록 했다. 눈에 다 보이는 짓인데도 부끄럼 없이 저지르는 것을 보면 유럽의 선진국 사람 같지 않았다. 영수증을 보니 전

노트르담 드 디종성당

부르고뉴 공작의 성

엔틱 시장이 열리는 날의 거리 모습과 레스토랑에서 먹은 요리

부 프랑스어인지 해독이 안 되었다. 그러니 어느 부분이 돈을 더 적었는지 알기 어려웠다. 어디가 틀렸는지를 알아야 따지겠는데 영수증을 봐도 모르겠으니 따질 수도 없고, 음식은 좋았는데 서비스하는 사람은 영 아니었다.

금강산도 식후경, 배를 채우고 공작의 성에 다시 가보니 파리에 못지 않았다. 성당도 빼어났다. 발 닿는 곳이 다 볼 만 했고 레스토랑에 엔틱 파는 곳까지 정말 잘 왔다는 생각이 들었다. 디종에서도 예외 없이 동양인이 보였다. 상당히 외진 곳에 갔다고 해도 거기에는 동양인이 있었다.

하나 아쉬운 것은 일요일이라 쇼핑몰이 전부 문을 닫았다는 점이었다. 부르고뉴 가까이 오고도 와인 한 병을 제대로 사지 못하고 돌아서야 했다. 계속 와인 생각이 나서 결국 휴게소에서 한 병을 8유로 정도에 샀다. 크게 기대하지 않았다. 공작의 성 가까이 있는 선물가게에 와인이 많이 있었는데, 그때까지만 해도 쇼핑몰에 가면 된다고 생각해 지나쳤는데 나중에 보니 쇼핑몰이 전부 문을 닫아 살 데가 없을 줄은 몰랐던 것이다. 하여간 평소 소신대로 생각날 때 혹은 물건이 좋다고 생각할 때 사라! 그렇지 않으면 다시 살 기회는 오지 않는다.

디종에서 스위스로 출발했다. 길은 베른을 거쳐 가는 코스인데, 내비게이션에 의존해서 작은 마을과 푸른 들판을 거쳐 달리고 또 달렸다. 스위스로 가려면 산길을 타야 하는데, 아내가 불안하다며 기름을 더 넣고 가잔다. 무인 주유소에 들렀다. 여기에서 오토바이를 타고 들른 프랑스 아저씨에게 카드로 기름 넣는 것을 물어본 김에 렌터카의 엔진 오일 체크를 부탁해서 같이 봤다. 오일량을 체크하는 걸 뽑아서 종이로 기름을 닦아낸 뒤에 다시 넣어서 측정해보니 오일이 바닥이었다.

그 아저씨는 계기판에 빨간 표시가 들어왔냐고 묻기에 아니라고 하니 그럼 오케이란다. 다만 오일이 적으니 넣으라고 하면서도 모든 가게가 문을 닫았으니 내일 넣으란다. 내가 인터라켄에 간다고 하니까, 너무 멀다며 자기를 따라오란다. 1킬로미터를 더 운전해 가니 아마도 자기 친척 집인지 거기서 오일 한 통을 주면서 넣어주었다. 밑의 작은 측정기 맨 위까지 오르도록 오일을 넣어주고는 그 오일 값으로 20유로를 받았다. 내일은 정비소에 가보라는 당부도 잊지 않았다. 너무 고마워서 사진을 같이 찍고 돌아왔다. 기름, 오일을 채워서 운전하니 마음이 한결 편했다. 그동안 차를 운행하면서도 정비를 하지 않아서 걱정하고 다녔기 때문이다.

국경선에서 고속도로 통행 1년용 티켓을 사서 붙였다. 40프랑, 약 4만 5천 원이었다. 아내는 스위스를 며칠 여행하고 가는데 이렇게 1년치 통행료를 지불해야 하느냐고 불만스러워했지만, 이마도 이것은 최소한이었을 것이다. 오면서 보니 스위스에는 터널도 많고 도로도 산을 깎아 만든 것이라 스위스가 그만한 돈을 받을 만하다는 생각이 들었다. 계속 운전하다가 화장실에 가서 거울에 비친 내 눈을 보니 남들 앞에 나서기 어려울 만큼 눈자위가 붉게 충혈되어 있었다. 안 되겠다 싶어 운전대를 아내에게 넘겼다. 조금 눈을 붙여야 할 듯했다. 사실 프랑스에서 스위스로 넘어가는 길이 산길이고 꼬불꼬불, 낭떠러지 위에 있어서 내가 좀 많이 운전했는데, 더는 못 할 것 같았다. 다행히 아내는 운전 의지를 불태우면서 숙소까지 무사히 잘 해서 왔다. 주방이 있는 숙소에 도착해서 라면과 밥으로 식사를 한 뒤 잠에 떨어졌다.

여섯째 날,
인터라켄과 융프라우산

인터라켄(Interlaken)의 기후는 알기 어려웠다. 새벽에는 산 위에 구름이 걸쳐 있더니, 아침에 보니 맑게 갰다. 일어나 호수 주변 마을을 한 바퀴 돌면서 구경한 뒤 호수를 끼고 뻗어 있는 숲속 오솔길을 산책했다. 맑은 공기, 서늘한 기온, 호수의 물, 파란 하늘, 조용함이 나와 아내를 치유하는 듯했다. 이날 아내가 적극적으로 융프라우에 올라보자는 의견을 냈다.

한국사람이 워낙 많이 가는 곳이라 우리도 최소한 융프라우(Jungfrau)를 봐두어야 할 듯했다. 이미 프랑스의 샤모니(Chamonix-Mont-Blanc)에서 케이블카로 몽블랑을 오른 적이 있지만, 이번엔 기차로 가니 또 다른 경험이겠지. 숙소에서 대강 라면으로 점심을 때우고 프랑스 바게트를 썰어서 담고 생수 한 병과 커피를 담은 보온병을 들고 인터라켄으로 향했다. 숙소를

융프라우산 정상

떠나기 전에 마을 슈퍼에서 물건을 고르고 있는 듯한 아저씨의 도움을 받아 세미 드라이 스위스 화이트와인 두 개를 샀다. 지금은 아니지만, 그때까지만 해도 새미 드라이를 찾곤 했다. 구입한 와인 하나는 제네바에서 생산된 것이고 나머지 하나는 이탈리아에 가까운 스위스에서 생산됐다고 한다. 어느 와인이 좋은지 몰라 "당신이라면, 와인 둘 중 어느 것을 더 좋아하느냐?"고 물었더니, "둘다!" 라고 말했다. 지혜로운 답변이라 두 개를 다 샀다. 하나에 12프랑, 약 15,000원 정도 했다. 물가가 비싸기로 유명한 스위스에서 아주 저렴한 축에 들건만, 아내는 술을 사는 것에 못마땅해했다. 그럼 융프라우 올라가는 것은 괜찮나? 비용이 와인 구입 비의 열 배, 아니 스무 배나 되었다. 아내는 와인값이 아깝고 난 융프라우에 올라가는 것이 아까웠다.

스위스에 와서 몇 가지 어드밴티지가 있었다. 먼저 스위스에서 호텔을 잡고 구경하거나 보석을 살 때 적용되는 할인 티켓이 있었다. 요즘 젊은이들은 정보에 밝아 인터넷으로 미리 할인권을 만들어 온다. 나 역시 아들 덕에 한국에서 미리 할인권을 확인해두었고 호텔에 와서 종이로 뽑아 제출해 융프라우에 올라갈 때 적용받았다. 그리고 융프라우 산정에서 그 할인표로 컵라면 하나씩을 얻어먹었다. 융프라우 정상에서 구경 끝에 지친 몸으로 라면을 먹었더니 허기를 달래주는 게 기분이 좋았다. 융프라우까지 기차를 이용해 오르는 비용은 일인당 155프랑, 셋이 465프랑, 거의 50~60만 원이었다. 스위스에 좋은 일을 시켜준다는 생각을 지우기 어려웠다. 한국인이 많이 온다는 말은 사실이었다.

인터라켄 동역(東驛)에 가니, 동양인이 단체 여행이라도 온듯 많았고, 그 중에 중국인이 대부분이었지만, 한국인도 그에 못지 않게 많았다. 체코 프라하에 한국 관광객이 지나칠 정도로 몰려드는 것과 비슷한 현상 같았다. 한국인 젊은 남녀들이 융프라우에 가는 기차를 타겠다고 와 있었다. 나이 든 사람이나 가족여행객은 거의 보기 어렵고 대개 젊은 남녀였다. 중국인은 단체 관광객이지만, 한국인은 단체도 아니면서 젊은 남녀들이 몰려들었다. 그 외 인도인도 많았고 동양인 특히 중국인들의 떠들고 목소리 큰 것도 유별났다. 융프라우를 왕복하는 기차를 요약하면, 인터라켄 동(Ost)역에서 라우터브루넨(Lauterbrunnen)으로 가서 기차를 벵겐(Wegen) 경유 클라이네 샤이덱(Kleine Scheidegg)으로 가는 기차로 갈아탄다. 거기 가서 융프라우로 올라가는 기차를 탄다. 융프라우에 올라갈 때는 티켓을 단체와 개인으로 나누어 체크인하고 차에 타야 한다. 그 용도의 별도 티켓을 주었다.

융프라우에 올라 보니, 그곳은 그냥 고지가 아니었다. 산정을 볼 수 있는 곳에 터널을 뚫고 시설과 건물을 지어 전망대를 만들어두고 밖에 나가 볼 수 있게 하고 눈 위로 올라가 보게 하고 얼음굴을 만들어 추위에 떨며 체험하게 하며, 오한에 따뜻함을 구할 무렵 레스토랑에서 음식을 사먹게 하고, 배부른 김에 시계, 초콜릿을 쇼핑하게 하며, 곳곳에 사진을 찍어갈 수 있도록 'The top of Europe'이라 적어놓고 이렇게 적어도 10가지 프로그램으로 연속 구경하면 약 2시간이 걸리게 되도록 프로그램화되어 있었다. 처음에는 잘 모르고 2시간 동안 뭐하나 생각했는데 올라가서 다녀보니 거의 2시간이 걸리는 코스로 되어 있었다.

융프라우에서 내려올 때도 마찬가지로 체크인하고 클라이네 샤이덱까지 온 뒤에 기차를 그린델발트(Grindelwald)행으로 타고 왔다. 거기서 기차를 인터라켄 동역 가는 걸로 바꿔 타고 오면 됐다. 내려올 때 클라이네 샤이덱에서 산책하며 약 30분간 주위 산하를 둘러보다가 내려왔다. 그 정도 시간밖에 여유가 없었다. 오후에 갔고 표를 끊을 때 촉박하게 표를 끊다 보니, 연결 기차가 시간적으로 붙어 있어 여유가 없었다. 역에서 남는 시간이 별로 없어 구경하고 장관이라 할 풍경이나 지형 사진을 찍을 만큼 여유가 없었던 게 아쉬웠다.

중간의 기차를 갈아타는 역에서 기차가 막 도착할 무렵 동양인들은 욕먹을 행동을 했다. 승객 일부가 아마도 기다리고 있는 연결 열차를 타기 위해서였겠지만, 지하 연결 통로를 이용하지 않고 철로를 넘어 달렸다. 기관

숙소가 있는 호수변 풍경

사가 경적을 울려 안 된다는 지적을 했지만, 일부는 아랑곳하지 않고 철로를 넘어 자신이 타야 할 기차로 달려갔다. 기차로 이동할 때 함께 타고 있는 우리나라 젊은이들을 봤다. 그들은 차창 밖을 보지 않았다. 경치에 관심이 있는 것도 아니고 그냥 융프라우를 찍고 왔다는 기록에만 관심이 있는 듯했다. 그들은 휴대폰을 들여다볼 뿐, 차 안의 일에 관심이 없고 옆자리의 다른 관광객들을 외면할 뿐, 대화나 소통하려는 의사가 없었다.

아내는 융프라우 올라가는 기차 비용이 아침 일찍, 즉 조조와 오후가 다르다고 말했지만, 이미 지나간 일이었다.

일곱째 날, 스위스에서 독일로

호텔에 아침 식사를 주문했다. 일인당 15프랑씩이다. 호텔 종업원은 주문받고 좋아했다. 뷔페 레스토랑에서 큰 빵을 잘라 먹으니 맛있었다. 맛의 깊이가 있었다. 치즈와 햄, 살라미를 먹으며 토마토와 오이를 같이 먹었다. 오렌지 쥬스를 식사와 곁들여 마시고 과일탕을 가져다 입가심한 뒤 커피를 마시고 나왔다. 그 마을을 떠나기 전에 아는 교민이 페이스북을 통해 스위스 와인을 부탁하기에 슈퍼마켓에 가서 화이트와인 한 병을 더 샀다. 그런데 그 전에 가게에서 봤던 그 아저씨가 또 거기에 있었다.

"아. 이 사람, 여기에 물건 사러 온 사람이 아니라 직원이었구나…"

인사했더니, 계면쩍어했다.

독일 뮌헨을 향해 출발했다. 스위스를 나가는 길은 산을 오르내리고 굽이굽이 운전해야 하는 코스라 중간에 깎아지른 절벽과 호수를 낀 장엄한 경관이 지나가는 사람의 시선을 뺏은 게 한두 번이 아니었다. 도로 옆에 차를 세우고 경치를 즐기고 배를 타고 수영해보고 싶지만, 길이 좁아 차를 세울 수 없는 게 아쉬울 따름이었다. 그런 경치가 연속으로 나와서 가는 사람을 계속 붙잡았다.

스위스 프랑화 남은 것을 쓴다고 휴게소에 들렀다. 인터라켄에서 10시 45분에 출발했기에 멀리 운전하지 않고도 이미 점심시간이 되었다. 휴게소의 카페테리아 식당에는 풍요한 음식으로 넘쳐났다. 아내와 난 빵 하나에 수프 한 개를 샀다. 이때 현금이 부족할 뻔했는데, 아내가 화장실에 가면서 1프랑씩 내고 받은 쿠폰을 모아 제출한 덕에 돈이 부족하지 않았다.

아내가 화장실 쿠폰을 어디에 어떻게 쓸지 집요할 만큼 연구하더니, 마침내 한 번 활용하는 결실을 거두었다.

오스트리아 국경선에서 10일 고속도로 티켓을 9유로에 사서 붙였다.

독일 남부 바이에른 주도 뮌헨

독일 바이에른 지방의 뮌헨(München)에는 유명한 것이 무엇인가?

님펜부르크궁전(Schloss Nymphenburg), 마리엔광장(Marienplatz), BMW 자동차박물관이 눈에 띄었다. 먼저 숙소로 가서 여장을 풀었다. 예약한 H4호텔은 4성급 답게 고급이었다. 목욕실이며 침실 등 럭셔리했다. 다만, 침대가 부부와 아들 셋이 잠자기 불편하다고 말하니, 리셉션에서는 엑스트라 베드를 하나 더 배치해주었다.

리셉션 옆 식당도 괜찮았다. 이곳에서 쇠고기 스테이크, 돼지고기 오겹살 같은 것을 튀긴 것이 있는데, 나는 돼지고기 다리를 튀긴 슈바인스학세(Schweinshaxe)인가를 주문해서 먹었다. 푸짐하게 나왔고 바쁠 것이 없으니 느긋하게 정말 잘 먹었다. 유럽 문화에 따라 종업원이 올 때까지 기다려 메뉴에 따라 주문하고, 요리를 가져오면 먹고, 종업원이 접시를 가지러 오면 피니쉬드 하면서 가져가게 하고, 이때 종업원이 그릇을 치우면서 디저트할 것인가에 엉겁결에 오케이했더니 디저트를 먹게 되고, 또 치우러 올 때까지 기다렸다가 영수증을 가져오라 하고, 그러면 캐시 혹은 카드를 묻는데 캐시하면 가죽 메모장 같은 것을 가져오는데, 그 속에 영수증이 있으므로 먹은 것을 살펴보고는 돈을 계산해서 넣어놓고는 더 기다릴 수 없어 나오면서 주고 나왔다. 아내가 레스토랑 실내가 덥다며 빨리 나가고 싶어 하는데 못 나가니 답답해하다가 하는 말, 이러다가 우리도 유럽 사람처럼 이야기를 나누는 실력이 늘겠다는 우스갯소리를 했다.

님펜부르크궁전은 넓은 터가 있어 입구 공터에 차를 주차하고 걸어서 정원과 새들을 보면서 성 안으로 들어갔다. 궁전은 독일과 오스트리아가 비슷해 특별하지는 않았다.

뮌헨 시내 구경에 나섰다. 아들이 BMW박물관 구경을 포기하면서 시내 중심부로 들어갔다. 마리엔 광장 부근에 차를 주차하고 시청사 주변을 돌아다니며 성당과 인형극, 그것을 구경하는 사람들을 보면서 관광했다. 이곳에도 동양인이 많았고 그 대다수는 중국인이었다. 이런 지방 도시까지 오는가? 신기한 일이었다. 단체 관광객이 있는 걸 보면 이 도시도 관광코스에 들어가 있는 듯했다.

백화점에서 늘 페이스북에서만 접하던 이탈리아 남부의 임프린트 프리미티보를 발견해 12유로(15,500원) 정도에 구입했다. 또 아디다스 매장에 들어가 가죽 테니스화를 94.95유로(12만 3천 원)에 샀다. 약국에 들어가 늘 피곤해하는 분을 위해서 원기회복하라고 간에 좋다는 레갈론을 샀다. 주문하고 보니 70유로로 비쌌다. 엉겅퀴에서 추출한 생약 성분으로 만들었다. 아내는 과일과 상추 등 저녁 펜션에서 먹을 찬거리와 과일을 샀다. 점심은 스파게티를 먹었다. 볼로네즈 스파게티가 토마토 소스가 아닌 고기 소스로 해주는 건 처음인데 맛은 있었다.

여덟째 날,
오스트리아 잘츠부르크

뮌헨에서 오스트리아로 가는데 잘츠부르크(Salzburg)는 거의 독일과의 국경선에 붙어 있다. 독일 국경선을 통과하자마자 잘츠부르크가 나왔다. 모차르트의 고향이 이렇게 독일에 붙어 있다니, 그런데 도로가 복잡했다. 유럽연합으로 통합되었는데도 국경선을 들어가고 나가는 게 이렇게 붐비나 생각되었다.

잘츠부르크 미라벨정원에 내비게이션을 걸고 들어와 지하주차장이 보이자 바로 그곳에 차를 세워놓고 관광을 시작했다. 미라벨정원에 들어갔더니 그날따라 무척 더웠다. 관광온 사람들도 모두 그늘에 앉아 쉬거나 아이스크림을 먹으며 카페나 야외 테이블에 앉아있었다. 우리도 아이스크림을 사 먹고 음료수를 들고 다니며 정원을 앞뒤로 다 보고 이어 강물 있는 곳으로 가서 쉬었다.

모차르트 생가를 가보니 박물관에 11유로인가를 내고 들어가는 사람도 있었지만, 우리는 기념품 가게에 들러 집에 걸어둘 만한 것을 사서 나왔다. 쇼팽생가도 그렇지만 굳이 들어가서 볼 것까지는 없어 보였다. 강가서 가족사진을 찍고 멀리 산 위의 성을 보고 강바람을 맞았더니 더위에 지친 몸을 조금 식혀주었다.

잘츠부르크에서 20분 떨어진 호수 지역 숙소인 펜션으로 왔다. 경비 절감 때문인지 파트타임으로 일해서인지 예고한 대로 펜션 리셉션에는 사람이 없었다. 코드번호를 넣고 열쇠를 받아 투숙하면 됐다. 주인 자신이 소규모 숙소를 운영한다며 이곳에 전업으로 있지 않다는 메시지를 남겼다. 잘

미라벨정원

츠부르크 외곽 호수 마을 집들 사이에 펜션이 있었는데, 방 옆으로 마을을 관통하는 작은 냇가가 흐르고 있었다. 3층 집 한 채를 숙소로 내놨는데 구조를 보면 1층에 리셉션과 방들이 있지만 쓰지 않는 것 같고, 2층이 메인이며 3층은 다락방 2~3개가 있었다. 우리 숙소는 더블베드 방 1개에 거실 겸 부엌 방 1개, 화장실 겸 세면장, 샤워장으로 구성돼 있었다.

볼거리로 멀리 호수가 있고 뒤편에는 풀 깎은 초원 위에 집들이 점점이 있는 산이 보였다. 숙소 앞면에 발코니 혹은 베란다가 있고 뒤쪽 마당에는 풀을 깎은 잔디밭에 테이블과 탁구대, 벤치 등 쉼터가 조성되어 있었다. 투숙객들이 쉬는 곳이었다. 이곳에 이탈리아, 체코, 독일사람이 투숙했다. 다 오스트리아의 이웃 나라에서 온 사람들이다.

체크아웃할 타임, 펜션의 주인은 나타나지 않았다. 요즘 유럽도 이런 무인 숙박이 늘어나고 있다. 나가면서 보니, 펜션 주차 11대 중 2대가 한국산이었다. 고속도로에도 그랬지만, 우리나라 SUV 차량이나 i30 등 i 시리즈가 아주 많았다. 펜션이 호수 지역에 있어 둘레길을 걸어봤다. 배 타는 곳은 없고 요트들만 보였다.

아홉째 날,
체코 프라하

체코 프라하로 출발했다. 유럽은 이미 여름이다. 오스트리아는 너무 더웠다. 이 무렵에는 조금이라도 북쪽으로 가면 좋겠단 생각이 들었다. 오스트리아 호수지역에서 4시간을 운전한 뒤 체코로 들어왔다. 프라하로 들어가는 길이 도로 신설 혹은 수리로 인해 도로 절반만 사용하거나 우회하게 하면서 병목 현상이 극심했다.

체코 국경선 휴게소에서 고속도로 통행 티켓을 산 아들이 음료수를 사면서 미소를 지었다. 물가가 저렴해서 즐겁다는 표정이었다. 유로화를 사용하는 나라에 있다가 체코에 오니 가격이 무척 싸게 느껴진 것이다. 가격이 싸니까 샌드위치와 음료수를 사서 차 안에서 먹었다. 다들 맛있게 먹었지만, 시킨 게 처음 기대했던 것과 다를 때는 아쉬워했다. 아내는 너무 짜다 하고, 아들은 속에 든 야채가 적고 딱딱하다며 거들었다. 아내는 여러 가지 음식을 맛보길 좋아하는데, 내 것을 먹어보고는 맛있다며 어떻게 이렇게 잘 고르느냐고 물었다. 앞으로 내가 시키는 대로 따라 하면 된다고 말하니 웃으며 그러겠노라고 대답했다.

프라하에 들어오자마자 숙소를 찾아 짐을 풀고는 비어 스파 하는 곳에 갔다. 물에다 아마 맥주 원료인 호프와 허브 등을 넣고 버블을 만들어 온천

욕 하듯 체험하는 코스였다. 아들이 20만 원에 세 명을 예약해 놓은 덕에 들어가게 됐다. 30분간 버블 온천욕을 하고 맥주 마시며 안주로 빵과 햄, 치즈 등을 먹고 이어 30분간 뜨거운 방에서 찜질한 뒤 맥주 한 병씩 얻어 나오는 코스였다. 아내는 다른 사람에게도 추천하겠다며 이날의 비어 스파에 만족해했다.

저녁 식사로 아내는 체코 전통요리를 말했지만, 난 배고프지도 않고 또 현지 전통식을 하는 데 염증이 나서 그만 아시안 요리 식당을 제의했다. 가까이 식당이 있어 난 쌀국수, 아내는 돼지고기와 면 볶음요리, 아들은 역시 볶음면 요리를 선택하고 중간에 딤섬을 추가로 시켰다. 오랜만에 서울에서와 같은 닭고기 육수의 쌀국수를 먹었다. 아내가 싫어하는 고수도 내게는 잘 어울렸고 맛을 중화시켜주어 좋았다.

아내와 아들은 프라하의 명소 카를교를 걷고 프라하성의 비투스대성당을 관람했는데, 성당 내부의 스테인드글라스는 알폰소 무하의 작품으로 알려져 있다. 또 구시가지 광장 부근의 틴성당 등 야경을 보러갔고 나는 숙소로 들어왔다. 숙소는 화약탑 바로 앞 100미터 거리에 있어 관광하는 장소로 적당했다. 건물의 천정이 높고 시설도 호텔로는 잘 되어 있고 깨끗했다. 아내도 아들도 만족했다.

프라하도 오스트리아 못지 않게 더웠다. 오스트리아에서 이곳으로 와서 위로받으려 했다가 똑같은 더위에 지쳤다. 프라하에는 한국인 단체 관광객들도 보이고 중국인의 특유의 중국말 소리도 들리고 동남아인 등 넘쳐났다. 아내는 프라하의 관광 명소는 한 곳에 몰려 있어 관광하기 쉽다는 장점이 있다는 점을 강조했다. 동양인뿐만 아니라 유럽의 다른 나라 사람들도 많이 온다고 말했다.

나의 경우, 호텔을 체크아웃 하기 전에 화장실 겸 세면, 샤워실을 점검하고 나온다. 바닥에 물 흘린 것이 있으면 휴지로 닦아낸다. 뒤에 오는 사람을 위해서도 우리 이미지를 나쁘게 해놓으면 안 된다는 책임감으로 정리했다.

열째 날,
체코 와인!

프라하 부근은 보헤미아(Bohemia)로 부르고, 브르노 부근은 모라비아(Moravia)로 부르는데, 이곳에 체코의 와이너리 대부분이 몰려 있다. 그중에서도 96퍼센트가 모라비아에 집중되어 있다. 일반적으로 와인 책에는 체코나 슬로바키아를 소개하지 않는다. 그만큼 유럽에서 체코 와인의 비중이 높지 않지만, 없는 건 아니다.

모라비아의 대표 산지는 미쿨로프(Mikulov), 이곳에서 가장 오래된 와인 마을인 파블로프(Pavlov)가 있고, 포도밭이 끝없이 펼쳐져 있다. 드라이브해서 파블로프에 가니 지하 암실에 여러 와인을 판매하고 있었다. 처음에는 그곳이 카페인가 했는데, 들어가보니, 암실을 두고 와인을 알코올, 당도, 드라이한 정도에 따라 분류해서 각자의 취향에 맞게 골라 가게 해놓았다. 드라이한 와인이 압도적으로 많았다. 세미 드라이, 이 나라 말로 polosuche는 많지 않았다. 대강 당도는 10 정도로 하고, 알코올은 11.5~12.5가 되는 것으로 두 개를 골랐다.

밖에 나와서 보니, 언덕 위에 포도밭이 펼쳐져 있었다. 그러나 압도적이지는 않았다. 독일, 프랑스 등지로 가보면 포도밭이 끝없이 이어져 도대체 어디까지인가 할 만큼 넓기 때문이다. 여기 체코에서는 주위에 호수가 있어 서늘한 바람이 불면서 포도가 잘 되는 것 같았다. 이곳에서 볼만한 관광지는 레드니체(Lednice), 발티체(Valtice) 궁으로, 브레츨라프(Breclav) 지역에 있었다. 리히텐슈타인 공국의 가문이 소유했던 곳. 유네스코가 지정한 세계문화유산. 여름 별장으로 사용된 레드니체궁은 체코의 베르사유궁으로 불릴 정도로 화려하다고 하는데, 실제로 가보니 아주 훌륭했다.

레드니체궁을 보고 나오면서 바로 가까이 있는 레스토랑에 들어가 음식을 시켰다. 처음에 피에로기, 나레시니끼 이런 폴란드말로 주문하니, 이 나라 사람들은 같은 슬라브족이지만, 내가 하는 단어들을 거의 알아듣지 못했다. 폴란드 요리가 체코에 없었다. 폴란드와 체코는 같은 슬라브족이지만, 많이 다르게 살아 서로 상대편의 요리를 몰랐다. 그래서 있는 메뉴 중에 난 치즈를 바른 감자를, 아내는 쇠고기 스테이크, 아들은 닭가슴살 슈니첼을 골랐다. 식사하면서 요리에 대한 만족감이 높았다. 유럽에 오면 관광지의 음식값과 시내의 음식값이 같았다. 관광지라고 바가지 씌우는 것이 없었다. 그런데다 음식의 질이 어디에 비해도 나쁘지 않고 가격도 비싸지 않았다. 이런 게 정말 부러웠다. 유럽은 산 밑이나 산꼭대기나 음식값이 같았다. 심지어 융프라우 전망대에 올라도 음식의 질과 가격이 지상과 같아 고민 없이 들어가 먹을 수 있었다.

발티체궁에 가니 레드니체에는 비교할 수 없는 규모였지만, 옛날 영화를 보여주었다. 그러나 낡았다. 수리중이었고 지금은 볼 것이 그저 그랬다. 여기선 모처럼 한국인 가족을 봤다.

이어 체코의 브르노 아래 모라비아 지방을 골라서 다녀본 뒤 폴란드 크라쿠프로 넘어왔다.

체코의 레드니체성(레드니체 발티체 문화경관지구)

발티체궁

아내 친구들과 폴란드, 오스트리아, 헝가리, 크로아티아, 슬로베니아, 이탈리아, 체코 여행

아내의 친구가 지난번에 유럽여행을 하고 간 사람으로부터 유럽여행을 찬탄하는 말을 듣고는 아내에게 유럽에 한 번 갈까 알아본다는 소식을 주었다. 그때가 7월이었다. 논의가 진전되어 8월 초에 유럽여행을 오겠다는 소식이 왔다. 그리고 여행 계획을 우리 부부에게 맡겼다.

13박 14일간 나온다고 한다. 그렇지만, 같은 곳을 반복해서 갈 수 없는 만큼 종전과 다른 곳을 골라보기로 했다. 그 일정에 맞춰 대강의 자동차 여행 노선을 정해봤다. 폴란드에서 출발해 남쪽으로 내려가 체코, 오스트리아, 헝가리를 보고 크로아티아로 들어갔다가 슬로베니아와 이탈리아를 거쳐 다시 폴란드로 돌아오는 노선이다. 장대한 노정이다.

국내에서 3명이 비행기표를 끊었다고 한다. 친구 세 사람이 오기로 했다가 한 사람이 못 오면서 대신 한 친구의 자녀를 참여시켰다. 곧 관광오는 세 사람에게 카톡으로 대강의 여행 일정을 보냈다. 그 일정에는 체코 프라하가 없었다. 처음으로 제시한 일정에 대해 여행 오는 사람은 체코 프라하가 없다며 넣어달라고 말했다. 여행 스케쥴을 조정했다. 그래서 여행 일정을 오스트리아, 이탈리아, 크로아티아와 슬로베니아를 메인으로 잡았다.

지도를 보고 대강 일정을 짰는데, 폴란드 바르샤바에서 오스트리아 빈, 헝가리 부다페스트를 보고 발칸반도로 내려가 크로아티아, 슬로베니아를 보고 이탈리아 베네치아로 넘어가 그 일대를 보는 것으로 했다. 돌아올 때의 코스는 잘츠부르크를 거쳐 폴란드로 들어오는 것으로 했다.

8월 말에서야 여행 일정을 완성했다. 더 이상 뽑아낼 것이 없을 만큼 구성을 세세하게 완료했다.

다음으로 할 일은 관광갈 장소를 알아보는 일이었다. 인터넷을 뒤지며 그곳을 관광한 사람의 블로그 글을 읽고 필요한 사항을 메모했다. 아내가 관광지 볼거리를 체크하는 일을 도와주면서 나는 숙소를 예약하기 시작했다.

여행 나오는 사람에게 하루에 한 끼 정도는 한식을 먹어야 한다며 마른반찬을 좀 준비해오도록 부탁했다. 9월 초에 숙소 예약을 마쳤다. 다섯 사람이 더블룸 한 개와 트리플룸 한 개를 쓰는데 하루당 20만 원 선을 기준으로 잡았다. 함께 여행할 사람들의 카톡에 전체 숙박 계획 및 숙박비 총액 내역을 올렸다. 또 각 개인당 참석비를 알리면서 나라별로 유로화와 개별 화폐를 환전해 오도록 안내했다. 나라별 지내는 일수와 사 먹는 식사 횟수 등을 고려해서 환전 규모를 정했다.

여행 가는 곳이 다양하다 보니, 유로화 외에 폴란드, 크로아티아, 체코, 헝가리 돈을 바꿔오도록 했다.

9월 중순 폴란드에서는 아파트에 난방이 시작됐다. 여행을 오는 사람들에게 옷을 잘 준비하도록 당부했다. 아내는 특별히 반팔과 긴팔 옷에다 가디건을 각각 가져오도록 했다.

외국에서 사면 비싼 김치캔, 컵라면도 가져오도록 했다. 밑반찬 이야기를 많이 했더니, 무장아찌를 만들어 온다고 했다. 외국에 있는 사람으로서는 우리 반찬이 온다는 소식만으로도 힘이 솟았다. 또 여행을 와서 몸 컨디션이 안 좋으면 달리 어떻게 해 볼 도리가 없으니, 서울에서 미리 건강관리를 잘하라고 말했다. 누구는 운동을 열심히 한다고 말했다. 생각지도 못했는데 뒤에 합류한 일행의 자녀가 음악을 다운받아 오겠다고 하는 것이 아닌가. 감동했다. 특별히 내가 어떤 노래를 좋아하는지 물었다. 운전하는 나를 배려한 아이디어로 참신했다. 7080 가요와 8090 댄스송, 락팝송을 주문했다.

9월 말이 되고 기온이 떨어져 그해 가장 추운 날씨를 보이자, 아내는 여행기간의 일기예보를 뽑아보고는, 여행 오는 사람에게 전부 긴팔을 가져오고 반팔은 하나 정도만 필요하다고 말했다. 여행기간 폴란드는 물론 오스트리아, 헝가리, 슬로베니아, 크로아티아는 16~18도 사이를 오르내리고 이탈리아 베네치아가 그나마 가장 따뜻했다. 아내가 산책하다가 아이디어가 떠올랐는지 자신이 입고 있는 의상을 그대로 사진을 찍어서 서울에 보내줬다. 여행 오는 사람이 감을 잡고 옷을 챙겨 오도록 하기 위해서였다.

드디어 비행기를 탈 때가 된 듯했다. 인천국제공항에서 오전 10시 45분에 이륙하는 비행기인데, 여행 오는 사람은 홍제동에서 아침 6시 반에 모여서 출발한다고 알려왔다.

서울은 낮에 해가 떠 있어 덥고 아침저녁으로 쌀쌀한 편이나, 유럽은 낮에도 우중충 흐려서 해가 안 보이는 데다 바람까지 불면서 체감온도가 낮았다. 두둑한 옷을 가져오지 말고 속을 든든히 하면서 언제든 갈아입을 수 있는 얇은 옷을 여러 겹 준비하도록 했다. 셔츠와 가디건 혹은 스웨터, 겉에 사파리나 파카, 짧은 바바리 정도가 적당했다.

8개국 관광 일정(9.28~10.11)

날짜	일정	숙소
1일차 9.28. 금	1430 도착, 바르샤바 관광	바르샤바 집
2일차 9.29. 토	오전 바르샤바 → 크라쿠프, 3시간 43분 소요 오후 크라쿠프 관광	크라쿠프 1박 (총 1박)
3일차 9.30. 일	크라쿠프 → 오스트리아 빈, 5시간 15분 소요 오후 빈 관광	빈 1박 (총 2박)
4일차 10.1. 월	빈 관광	빈 2박 (총 3박)
5일차 10.2. 화	오전 빈 → 헝가리 부다페스트, 2시간30분 소요 오후 부다페스트 관광	부다페스트 1박 (총 4박)
6일차 10.3. 수	오전 부다페스트 → 크로아티아 자그레브, 3시간30분 소요, 오후 자그레브 관광	자그레브 1박 (총 5박)
7일차 10.4. 목	오전 자그레브 → 라스토게, 플리트비체 국립공원, 1시간 반 소요, 이어 공원에서 30분 거리인 동화마을과 아바타의 모티브가 된 공원 트레킹	플리트비체 1박 (총 6박)
8일차 10.5. 금	오전 플리트비체 → 슬로베니아 류블랴나, 3시간 소요, 류블랴나 관광	류블랴나 1박 (총 7박)
9일차 10.6. 토	오전 류블랴나 → 이탈리아 베네치아, 3시간 10분 소요, 프리울리 베네치아 줄리아(Friuli-Venezia Giulia) 와이너리 경유, 오후 베네치아 관광	베네치아 1박 (총 8박)
10일차 10.7. 일	오전 베네치아 관광 오후 베네치아 → 베로나(Soave), 1시간 소요, 주변 와이너리 구경	베로나 1박 (총 9박)
11일차 10.8. 월	베로나 → 오스트리아 인스브루크 , 3시간 10분 소요, 관광 및 휴식	인스브루크 1박 (총 10박)
12일차 10.9. 화	오전 인스브루크 → 체코 프라하, 5시간 반 소요, 프라하 관광	프라하 1박 (총 11박)
13일차 10.10. 수	프라하 → 폴란드 바르샤바, 6시간 40분 소요, 휴식 및 정비	바르샤바 집
14일차 10.11. 목	오전 관광, 오후 1630 쇼팽공항에서 비행기 탑승	

2개 방(더블룸, 트리플룸) 숙박

날짜	나라(도시)	숙소	비용
1일차 9.28. 금	폴란드 (바르샤바)	바르샤바의 집	-
2일차 9.29. 토	폴란드 (크라쿠프)	Konrad 호텔(4성급) ul. josepha conrada 29 (더블룸1, 패밀리룸1)	750즈워티 (175유로)
3일차 9.30. 일	오스트리아 (빈)	Arion Cityhotel Vienna und appartements Hintschiggasse 1 (싱글베드 3개의 3인실, 더블베드 2인실), 주방 보유, 조식 불포함, 식사할 경우 인당 12유로	264유로
4일차 10.1. 월		Arion Cityhotel Vienna und appartements Hintschiggasse 1 (싱글베드 3개의 3인실, 더블베드 2인실), 주방 보유, 조식 불포함, 식사할 경우 인당 12유로	
5일차 10.2. 화	헝가리 (부다페스트)	Fig tree house Budapest 61 Hungaria korut 디럭스 킹룸-정원 전망, 조식 포함 수페리어 패밀리룸, 조식 포함	161유로
6일차 10.3. 수	크로아티아 (자그레브)	Rooms Lidija, petrova 17, 사전예약시 1일주차 4유로 스탠더드 더블룸, 트리플룸, 조식 불포함	115유로
7일차 10.4. 목	크로아티아 (플리트비체 국립공원)	Guesthouse Blazenka Hodak seliste dreznicko 74, 아파트-테라스, 아파트-산 전망 *9.26까지 무료 취소 가능, 조식 불포함	117유로
8일차 10.5. 금	슬로베니아 (류블랴나)	Hotel Florjanckov Hram(플로리안치코우 흐람), 더블룸, 트리플룸-발코니 dunajska cesta 238, 1000, 조식 포함	203유로
9일차 10.6. 토	이탈리아 (베네치아)	Hotel Nuova Mestre Via Miranese 169, 메스트레 지역 더블룸, 트리플룸, 조식 포함, 환불 불가	167유로
10일차 10.7. 일	이탈리아 (베로나(Soave) 지역)	Corte Tamellini Localita Tamellini 13 더블룸1, 복층 주택1, 조식 포함	192유로
11일차 10.8. 월	오스트리아 (인스브루크)	Hotel Engl(가스트호프 잉글) innstraBe 22 더블룸, 트리플룸, 조식 포함	230유로
12일차 10.9. 화	체코 (프라하)	Hotel Don Giovanni Prague Vinohradska 157 더블룸1, 트리플룸1, 조식 포함	182유로
13일차 10.10. 수	폴란드 (바르샤바)	바르샤바 집	-
* 무료 취소 불가, 신용카드로 예약 보장, 숙소 측에서 결제 절차 진행			1,806유로 (235만 원)

※ 숙소는 카드 예약 및 선지불, 합계액은 환율과 수수료 등에 따라 증가될 수 있음.
(1유로=1,300원, 1즈워티=303원 기준)

운전하고 가이드하는 나와 아내도 몸에 탈이 나지 않도록 조심했다. 그래서 밖에 나갈 때는 옷을 단단히 입었고 외식을 할 때는 음식을 가려서 먹었다.

일행이 비행기를 탔다는 연락을 받았다. 카톡을 보니, 일행 중 한 명만 유심칩을 사오고 다른 두 사람은 로밍을 했다. 그런데 유심칩을 가져온 사람은 수하물에 그것을 넣는 바람에 짐을 찾아야 유심칩을 갈아 끼울 수 있어 공항에 도착하고도 연락이 늦었다.

쇼팽 공항에 도착해서 둘러보니, 프랑스에서 바게트 샌드위치를 아주 맛있게 먹었던 Paul이 있었다. 언제 입주했나? 식사 대신 크라상과 초코 넣은 것 두 개를 사서 아내와 나눠 먹었는데, 역시 맛있었다. 마치 찹쌀로 만든 것처럼 쫀득하면서 쭉쭉 뜯어지는 게 먹기 좋았다.

서울에서 온 여행객이 예정 도착 시간인 2시 반을 한 시간 더 지나서 출구로 나왔다. 반갑게 만나서 인사를 나누고 모두 차에 올라 첫 번째 볼 장소인 와지엔키공원에 갔다. 쇼팽 동상이 있는 야외 음악 공연장을 보고 아래로 수상궁전과 호수를 보면서 가볍게 산책했다. 높은 데를 날아왔으니 땅을 밟아보며 맑은 공기를 쐬면 기분이 괜찮아질 것이기 때문이다.

공원을 나와서 피우수츠키 동상과 벨베데레 궁을 보고 차를 타고 왕궁과 올드타운으로 갔다. 마침 왕궁에는 국가 의전 행사가 있는지 경비가 삼엄하고 사람들이 구경하고 있었다.

바로 올드타운으로 들어가서 인어상을 보고 인근의 사람이 많이 들어가 있는 골목길의 레스토랑에 들어가 식사했다. 폴란드에 처음 온 아내의 친구들에게 맛을 보여주려고 수프와 피에로기 등 다채롭게 주문했다. 일행은 루스키 피에로기는 잘 먹지 못했다. 수프는 버섯 수프가 조금 먹기 나았던 듯했다. 코트레트 스하보비는 보통이었다. 이 식당은 손님이 많았으나 땡큐 하고 나가는 걸 보면 주로 외국인이었다.

슈퍼마켓에 들러 과일 등을 사서 집에 들어왔다. 집에 와서 짐을 풀고 정리하는 등 어수선한 가운데 와인 한 잔씩 하고 잠을 청했다.

폴란드 바르샤바에서 크라쿠프로 가다

오전 9시 조금 넘어 바르샤바 집에서 크라쿠프를 향해 드라이브했다. 이번에 여행 온 사람에게 들어보니, 직장에 다니는 자녀가 엄마를 따라 유럽에 여행을 오고 싶어 했다고 한다. 함께 오라고 말하고 싶었지만, 승용차에 자리가 부족해서 그러지 못했다. 또 다른 사람도 서울을 떠나기 전에 친구들이나 아는 사람 중에 함께 여행에 끼고 싶다는 사람이 있었다고 말했다.

여행 온 일행은 시간이 갈수록 폴란드에 호감을 표시하면서 잘 모르는 나라에 대해 문을 여는 것 같았다. 사실 그전에는 폴란드의 수도 바르사뱌라는 도시 이름이 떠오르지 않아 누가 물으면 가려는 목적지를 기억해내지 못할 때도 있었다고 말했다. 하지만, 이제 바르샤바에서 크라쿠프로 가는 길의 너른 초원을 보고 전원에 펼쳐진 이쁜 마을이나 주택을 보면서 너무 좋다는 표현을 하며 살기 좋겠다고 말했다. 과수원을 운영하는 사람은 집에 농사가 있어서인지 밭이 탐난다고 말했다.

바르샤바에서 남쪽으로 가는 도중에 쉬어 가려고 화장실만 있는 쉼터로 갔다가 바깥 날씨가 추워서 다시 차를 탔다. 5도 정도인가 쌀쌀했다. 옷은 잘 챙겨 와서 춥지 않게 다닐 수 있는 것만도 다행이었다. 밖은 어떨지 몰라도 햇볕은 쨍쨍해서 차 안에서 운전하기에는 뙤약볕에 얼굴이 탈 지경이었다. 휴게소의 레스토랑에 들러서 점심식사를 했다. 로수와 콩수프, 포미도르바, 제베르카, 케밥, 플라츠키를 시켰다. 로수가 구수하고 담백해서 좋다는 반응이고, 콩이 든 토마토 수프는 짜지만 콩은 맛있다며 잘 먹었고, 다른 요리도 소스가 우리네와 같다며 잘 먹었다. 어제 바르샤바 올드타운에서 먹었던 음식보다 훨씬 낫다는 평가였다.

옛 수도이자 인류문화유산인 크라쿠프 관광

오후에 크라쿠프에 도착했다. 바벨성에 올라가 성당을 보고 왕궁 안에 입장해서 견학한 뒤 정원이 있는 곳에서 쉬었다. 이어 용의 굴이 있다는 쪽으로 와서 탑을 보니 벌써 많은 사람들이 올라가 전망을 보는데 유료였다. 아내만 빼고 올라갈 생각이었으나 표를 끊어야 한다는 말에 그럼 그만두자는 분위기가 되어 안 올라갔다.

비스와강을 보고 다들 성이 아름답다고 한마디씩 했다. 성에서 내려가 비스와강변을 걸었다. 배를 타겠다는 사람이 없어 그냥 강변을 걸으면서 강변 뷰를 보면서 즐겼다. 오다가 폴란드의 모녀가 막 팔러 가려고 담아가는 빵이 궁금해서 둥근 링처럼 생긴 빵을 사서 맛을 봤다. 딱딱하지만 맛있다며 조금씩 잘라 뜯어먹었다. 이게 여행의 맛이 아니냐고 하면서. 독일의 프리첼 혹은 베이글 같은 것으로 크라코프 특산물인 오바자넥(Obwarzanek krakowski)이다. 그리고는 차 있는 곳으로 왔다가, 시간이 남아 한 가지를 더 볼 것이 없나 하다가 코시치우슈코의 언덕(Kościuszko Mound)을 찾았다.

바벨 대성당

크라쿠프 하면 주로 바벨성, 즉 왕궁이지만, 코시치우슈코의 언덕도 한 번은 가봐야겠다고 염두에 두고 있던 터라 이날 마침내 방문한 것이다. 차가 있으므로 그곳에 가자고 하니 일행들은 모두 좋아했다. 약간 언덕이라고 해야 하나, 가 보니 경주의 봉황대 같은 마운드(Mound)였다.

티켓부스에 갔다. 전망대는 공짜가 아니었다. 그런데 부스의 직원이 우릴 보더니, 남자 한 명에 여자 4명의 패밀리 티켓을 끊어줬다. 부부 한 쌍과 주부 2명에 자녀 1명으로 구성되어 있는 우리를 한 가족으로 봤나? 아님 가격을 깎아 주려고 일부러 패밀리 티켓을 끊어준 건가? 물어보지 않아 알 수 없지만, 저렴한 티켓이므로 만족하고 그대로 언덕에 올랐다. 시내 전경이 한눈에 들어왔다. 일행들은 여기 전망이 바벨성의 탑에서 보던 것보다 낫다며 사진을 찍고 즐거워했다.

코시치우슈코 마운드

코시치우슈코 마운드에서 보는 크라쿠프

이 언덕은 폴란드의 애국자이자 장군인 코시치우슈코가 출전해서 이긴 미국독립전쟁과 봉기군을 일으켜 러시아군에 이긴 라추와비체 전투지의 흙을 가져와서 쌓았다고 한다. 벨기에의 워털루에 가면 사자상이 봉분 위에 있는데, 그 언덕과 유사했다. 어느 쪽에서 먼저 언덕을 쌓았는지는 알 길이 없다.

꼭대기는 나름 아찔한데, 남녀 학생들이 코시치우슈코라고 쓰인 돌 위에 서로 올라가려고 다투며 사진을 찍고 있었다. 그들의 지도자 이름 위에 올라타고 사진을 찍으려는 것이 아름답게 보이지는 않았다. 여행온 사람은 크라쿠프가 이쁘고 아름다운 도시라고 한마디씩 했다. 일행과 함께 온 자녀는 젊은이 답게 좋은 모습을 보면 휴대폰으로 사진 찍기에 여념이 없었다.

숙소에 가기 전에 쇼핑몰에 들어가 매장을 구경했다. 폴란드 그릇과 컵을 파는 곳에 들어가 물건을 샀다. 이어 오샹 마트에 들어가 숙소에서 먹을 와인과 과일 등을 샀다. 그 외에도 어른은 요구르트를 사고, 자녀는 아이스크림을 샀다. 호텔 체크인을 자녀에게 맡겼다. 역시 젊은이의 영어 스피킹이 좋다는 것을 느꼈다. 자녀 덕에 와이파이 비빌번호도 빨리 알아냈다.

여행하는 일행들은 항상 운전하는 나를 걱정해주고 배려해주었다. 나는 반대로 뒤에서 무료하게 타고 오는 불편함이나 노고를 말하며 고생했다고 말했다. 숙소에서 컵라면을 먹고 밥 한술씩 더 한 뒤에 하루를 마무리했다.

폴란드 크라코프에서
오스트리아 수도 빈까지

아침 7시에 만나 호텔 식사를 하고 조금 일찍 출발했다. 크라코프에서 체코를 거쳐 오스트리아 빈까지 5시간이 조금 더 걸리는 먼 거리이기 때문이다. 폴란드의 카토비체(Katowice)를 통과해 체코로 들어왔다. 휴게소에 들러 한 달간 유효한 고속도로 통행 티켓을 샀다. 원래 10일 티켓을 샀다가 다시 생각하니 돌아오는 길에 프라하에 들를 예정인데, 그때까지 유효하려면 한 달 티켓이 있어야 했다. 10일 티켓 두 개를 사는 것보다 한 달 티켓이 더 싸다는 결론에서 그렇게 했다. 이렇게 할 수 있었던 것은 역시 주부들 덕이다. 주부들은 늘 요금을 묻는다. 돈을 덜 쓰는 데 관심이 많고 내야 할 경우에도 가급적 돈을 덜 내려고 하기 때문이다.

체코를 통과하다가 브르노(Brno)에서 저녁 때 구워 먹을 고기와 상추 등을 산다고 하이퍼마켓에 들어갔다. 리들(Lidl)이었다. 거기서 주부들이 좋아하는 쇼핑을 하고 나오려다 점심을 먹기로 결정했다. 여성들이 장을 보는 동안 나는 지나가는 젊은이에게 좋은 식당을 소개해달라고 말했더니, 멀지 않은 레스토랑을 소개해주었다. 그러나 말로 알려주려는 것을 받아적기 어려워 내 휴대폰을 주면서 타자를 쳐달라고 했더니, 레스토랑 이름을 정확히 표기해주었다.

'Havana Club' U Pantatu,

외곽에서 내비게이션을 찍어 시내에 있는 그 레스토랑을 찾았다. 과연 레스토랑이 주택가에 있었지만, 상호나 외견적인 모습이 요리를 잘하는 식당같이 품격이 있어 보였다. 문은 닫힌 듯 보였지만, 안에 손님들이 있었

체코 브르노에서 현지인으로부터
추천받아 간 레스토랑, 맛있게 먹었던 요리

다. 거기서 쇠고기 스테이크 2개, 치킨 스테이크, 햄버거 2개를 사서 함께 나눠 먹으니 다들 엄지척이었다.

다시 드라이브했다. 차창 너머 보이는 끝 없는 들판과 밭, 숲속에 뜨문뜨문 있는 집들, 일행은 유럽의 전원적인 여유로운 풍경을 보고 감명받은 듯했다. 휴게소에 들러 커피를 마시며 피로를 풀고, 이런저런 요리를 맛보고, 또 좀 전처럼 마트에 가서 사고 싶은 것을 맘껏 골라보고, 현지 음식을 먹어보며 자동차 여행을 계속했다. 일행은 이런 여행을 하고 있다는 것에 감탄하는 것 같았다.

내가 운전으로 지쳐갈 무렵이 일행에 따라 온 자녀가 7080이나 팝 댄스곡을 틀어주어 다시 힘을 낼 수 있게 해주었다. 그럼에도 체코를 나오는 길에서부터 차량 정체가 길어지고 마침내는 졸려서 아내에게 운전대를 넘겼다. 아내가 운전해서 오스트리아 빈에 들어오는 초입, 숙소까지 25분을 남겨놓고 휴게소에 들렀다. 체코에서 국경을 넘은 이후 오스트리아 고속도로 티켓을 사지 못했기 때문이다. 오스트리아가 체코, 폴란드와 다른 것은 휴게소의 간판이 빨갛게, 화려하게 걸려 있고 안이 우아하게 만들어져 있다는 것이다.

화장실을 50센트를 주고 이용하면서 쿠폰을 받고 이 쿠폰을 마트에 들어가 활용해 고속도로 10일 티켓을 산 뒤 커피 한 잔을 놓고 조금 쉬다가 마지막 남은 거리를 운전해서 숙소로 들어왔다. 아내가 휴게소에서 폴란드 번호판이 달린 자동차를 보고는 폴란드 사람이라고 생각해 '진 도브리' 인사를 했다. 그들도 나중에 떠나는 우리 일행을 보고 손을 흔들어주었다. 아내는 이런 것을 잘했다. 폴란드 국기나 폴란드 자동차 번호판을 보면 내 나라인 양 반가워했다.

오후 6시에 숙소에 도착, 호텔 체크인을 했다. 이번에도 호텔 로비에 아내와 일행의 자녀를 보냈다. 직접 경험해보고 자신감을 가지라는 취지였다. 그러자 잘하고 조금씩 익숙해지는 듯했다. 나중에는 체크인하는 것을 아예 맡겨도 될 만큼 잘했다.

크라쿠프를 떠날 때는 2도였으나, 오스트리아 빈에 도착하니 바람이 피부를 간지럽히는 듯 선선하더니 저녁인데도 15도였다. 오스트리아는 남쪽에 있어 확실히 따뜻했다. 새삼 폴란드가 북쪽에 있음을 실감했다. 아내와 일행은 숙소에 짐을 내려놓기 바쁘게 밖에 나가 보고 싶다고 했다. 난 컴퓨터 앞에서 프로야구 하이라이트를 먼저 보고 이어 팝송 노래를 틀어놓고 여행일기를 쓴다며 타자를 쳤다.

숙소는 주택가 조용한 데에 있었다. 3인실과 2인실은 중간에 난 문을 통해 소리가 들릴 만큼 붙어 있었다. 한편 투숙하고 보니 이 호텔은 중국인 단체 관광객들이 묵는 곳이었다. 그들은 들어올 때도 그렇고, 다음날 새벽녘에 나갈 때도 마찬가지로 부산했다. 아래 입구 층에는 술과 음료를 파는 카페가 리셉션에 붙어 있었다. 20~24유로 하는 와인을 팔고 있었고, 한 잔을 달라고 했더니 2.6유로에 반 잔 안 되게 주었다. 유럽에서는 숙소마다 제각각 엄선한 와인을 팔고 있는 게 인상적이었다. 산책 나간 아내와 일행이 돌아오자, 숙소에서 식사를 준비했다. 체코에서 저렴하게 산 돼지고기를 굽고 싱싱한 상추와 버섯, 고추 등으로 된장 쌈을 싸서 먹으니 꿀맛이었다.

오스트리아 화이트와인 한 잔에 다 일행이 산 맥주를 곁들여 모처럼 한식과 술을 즐겼다. 오스트리아 화이트와인은 드라이한데도 반응이 좋았다. 상큼하고 마실 만해서 다들 호평이었다. 일행은 오스트리아 빈과 이탈리아 베네치아를 관광할 때 입을 옷을 사 왔다고 말했다. 남편들이 그래도 그런 곳에 가는데 입을 옷을 신경 써야 하지 않느냐고 해서 준비했다고 한다.

한편, 유럽식 문화의 낯설음이랄까. 일행은 열쇠를 가지고도 호텔 아파트먼트 문을 따지 못했다. 일행 세 명이 다 시도했지만, 열지 못했다. 안 되는 이유가 있었다. 우리나라의 자물쇠는 열쇠를 돌려놓고 문을 당기거나 밀면 되지만, 여기서는 열쇠를 넣어서 돌린 채로 문을 열어야 한다. 즉, 열쇠를 돌리는 힘과 동시에 문을 여는 힘이 가해져야 문이 열린다. 열쇠 돌리는 것을 멈추면 문이 안 열린다.

아침 식사를 숙소에서 한식으로 했다. 어제 먹다 남은 돼지고기를 넣어서 김치찌개를 만들었다. 일행 중의 한 사람은 빵에 폴란드의 호텔에서 가져온 버터를 발라 먹으며 한국 것보다 맛있다며 집에 갈 때 버터를 사가고 싶다고 말했다. 귀국하기 전에 마트에 들러 쇼핑하기로 했다. 이날도 한국서 온

빈 시내 중심가

일행은 스스로 숙소의 열쇠를 돌려서 열지 못했다. 아내가 대신 열쇠를 돌려서 열어주어야 했다. 유럽에서 일반적인 게 한국에서 쓰지 않으면 당연히 우리는 익숙하지 않게 된다. 유럽에 2년 이상 산 아내와 난 이런 식의 문을 여는 것에 익숙하지만, 일행은 여전히 문명 노출이 적었던 듯 서툴렀다.

아침 기온이 10도, 밖에 나가니 공기가 아주 찼다. 셔츠만 입었다가 다시 가디건을 걸쳤다. 관광하는 내내 셔츠만으론 무모하다고 느껴질 만큼 날씨가 차가웠다. 숙소에서 관광할 곳을 찾아보니 모두 우리 숙소가 있는 도나우(Donau)강의 한쪽에 몰려 있었다. 외곽에서 빈의 관광 중심지로 들어갔다. 먼저 쇤부른궁전(Schloss Schönbrunn)으로 갔다. 궁전 외곽에 큰 주차장이 있어 편안하게 주차했다.

입구는 동양인들로 붐볐다. 중국인 단체 여행객이 많아서 더 그랬다. 우

쇤부른궁전

리나라 사람들도 많이 보였다. 우리 돈으로 만 원 이상 가는 티켓을 끊었다. 휴대품 보관소가 있었으나, 다들 가방이나 짐을 맡기지 않고 들어가려 했다. 입구를 지키는 직원이 가방을 맡기라고 하니 할 수 없이 돈을 꺼내고 가방을 맡겼다.

궁전 내부로 관람객이 진행해 가는데 어느 전시실에서 막혔다. 알고 보니, 일본인들은 내부의 인파에도 불구하고 가이드로부터 일본말로 설명을 듣느라 그러고 있었다. 일본인의 진지함이 인상적이긴 하지만, 많은 인파가 몰려드는 전시물 관람의 와중에 이어폰 가이드도 있는데 굳이 육성으로 직접 설명을 듣겠다고 모여 있으니 특별하게 느껴졌다. 남의 불편이나 시선도 있을 텐데…

궁전 밖으로 나가 멀리 전승 기념탑이 보이는 정원을 봤다. 웅장하고 위엄이 넘치는 모습을 사진에 담으려고 하는데, 중국인들이 아랑곳하지 않고 앞을 통과해 사진 찍기가 힘들었다. 이곳에서 즐거웠던 일은 요즘 젊은이들이 하듯이 뒤돌아 사진을 찍고, 손을 들어 사진 찍고, 흉내 내며 사진 찍고, 그런 식으로 기념사진을 만들다 보니 웃는 장면이 자주 연출됐다.

다음으로 벨베데레궁전(Schloss Belvedere)과 호프부르크궁전(Hofburg Wien)을 저울질하다가 중심지부터 보기로 했다. 호프부르크궁전과 시청사, 공원은 다 한 곳에 몰려 있었다. 이곳 빈은 주차 문제로 몸살을 앓았다. 관광객들이나 외부에서 온 사람들에 대한 배려가 적었다. 어디에 주차할 수 있는지, 누구에게 돈을 내는지, 안내에 따라가 봐도 어디가 가능한지 알기 어려웠다. 그런데다 관광지라 할 호프부르크 궁전 부근에 정부 고위층의 청사가 있어 경찰 통제선에다 주정차가 안 되는 곳이 많았다. 나는 자동차를 지키고, 아내와 일행에게는 주변 명소를 관광하도록 했다. 그러고 있는데, 갑자기 독일 번호판의 자동차가 내 옆으로 왔다. 무슨일인가 했는데, 실은 그 사람들은 폴란드 사람으로 내 차에 폴란드 마크가 달려 있는 걸 보고 물어보러 온 것 같았다.

"여기에 차를 세워도 되는가?"

난 아는 대로 좀 아니라고 대답했다. 돈을 내고 차를 세우는 곳을 찾아야 하는데, 나도 경찰에게 들은 지하 주차장을 가리키며 거기로 가야 할 것이라고 말했다. 그들은 독일에 살고 있는 폴란드인 가족이었다. 아내도 말했지만, 대도시 관광은 대중교통을 이용하는 게 맞는 듯했다. 도심에 자동차를 가져왔더니 주차할 곳을 찾기 어려웠다. 또 오래된 길이라 도로가 복잡하고 꼬불꼬불했다. 차선이 아예 직진, 좌회전, 우회전을 정해놓고 있어 차선을 잘못 타면 엉뚱한 데로 갔다.

관광하다가 점심을 먹자며 레스토랑을 찾았다. 마침 온 곳은 다운타운으로 빈 국립오페라극장(Wiener Staatsoper)에서 게른트너 거리(Kärntner Str.)를 거쳐 성슈테판성당(Domkirche St. Stephan)으로 가는 곳이었다. 지하 주차장이 있었다. 얼른 차를 세워놓고 레스토랑을 찾았다. 날이 몹시 차가웠다. 가디건을 걸치지 않으면 안 되어 지하에 주차해놓은 차에서 옷을 꺼내 입었다.

왕궁정원 입구의 레스토랑은 아마 Brasserie Palmenhaus Wien이었을 것이다. 송아지 고기 다진 것 스테이크, 생선요리 등을 먹었다. 합쳐서 106유로인가 했으니 5명이 먹고 약 13만 원이 나왔다. 요리가 맛 있었고 하우스와인으로 화이트 한 잔을 곁들였다. 내가 조금 마셔보고 다른 사람들이 맛봤다. 부드럽고 산뜻해 마실 만했다. 일행들에게 게른트너 거리를 걸어서 성 슈태판 성당까지 구경하고 오도록 했다.

그 다음으로 가볼 곳은 악성들이 묻혀 있는 빈의 중앙묘지였다. 조금 늦은 시각이라 도착해보니 아무도 없었다. 안으로 들어가니, 사람이 보였다. 그런데 처음 도착한 곳은 악성들이 묻힌 구역이 아니었다. 그래서 그런지 우리나라 공동묘지처럼 으스스했다. 풀이 우거지고 사람들이 많이 다니는 길이 아님을 알 수 있었다.

아내가 악성의 무덤은 32A에 있다는 사실을 알려주어 큰 도움이 됐다. 묘지의 지도를 보면서 이곳을 찾아가려면 정문으로 가는 게 낫다는 것을 알았다. 차를 타고 빠져나와 정문으로 들어갔다. 그곳은 훨씬 밝고 잘 정돈되어 있었다. 영예 구역(Honcr Section)의 그룹 32A를 금방 찾아냈다. 베토벤(29번 무덤), 모차르트, 슈베르트(18번 무덤) 등 묘지를 찾아 기념사진을 찍고는 숙소로 올까 하다가 야경이 멋있다는 도나우 타워(Danube Tower)로

중앙묘지

모차르트, 베토벤, 슈베르트의 무덤

향했다.

여행에 젊은이가 끼어 있다 보니 숙소에서 쉬기보다는 밤 관광, 밤의 정취를 느끼는 일정에 매우 적극적이었다. 도나우 타워는 강변에 있는데, 가는 길에 엄청난 화물과 기중기가 있는데 놀랐다. 바다가 없는데도 강을 이용한 물류와 수송들이 이렇게 이뤄지는 데 대해 다들 놀라워했다.

도나우 타워는 붐비지 않았다. 밤이기도 했지만, 우리 일행이 올라가고 조금 더 사람들이 찾아올 정도였을 뿐, 우리 일행이 빙빙 돌아가는 카페를 독점하며 저녁을 먹고 멋진 경치를 즐겼다. 여기 입장료는 1만 원 이상이었다. 타워에는 맨 꼭대기에 레스토랑이 있는 것이 이색적이었고, 그 밑에는 빙빙 돌아가는 카페가 있었다. 더 아래는 전망대로서 내부에서 유리 너머 빈 시가지의 불빛을 볼 수 있었고 밖에 나가 공기를 느끼며 생생히 볼 수도 있었다. 바람이 세게 불어서 일행들은 나가다 말고 돌아왔다. 나 혼자 한 바퀴를 돌고 들어왔다.

오스트리아 빈 시는 단지 관광이 아니라 시민들이 식사를 즐기며 야경을 보라는 취지로 타워를 건설했는데 그 구상이 좋았다. 덩달아 우리 일행은 그 덕에 야경을 보면서 일행들의 만족도가 높아졌다. 대신 나와 아내가 힘들었다고나 할까. 숙소로 돌아와 담소를 나누며 하루의 일정을 마무리했다.

빈에서 고속도로를 타고 헝가리 부다페스트로

숙소에서 아침 식사로 카레밥을 만들어 먹었다. 다시 신나는 드라이브를 하려는데, 멀리 경찰차가 길을 차단한 채 오는 차를 한 대씩 점검하고 있었다. '무슨 일이지?' 다들 국경선이 멀리 있는 줄 알고 있다가 빈을 벗어난 지 얼마 안 돼 경찰차가 있고 차들이 한대 한대 지나가면서 체크받는 걸 보고 아뿔싸 빠르게 달려 왔는데 과속인가 하면서 걱정했다. 그러나 실은 고속도로 티켓 부착 여부를 보고 있었다. 우리 차를 세우고 앞 유리의 티켓을 확인하더니 엄지척했다. 우리도 손을 흔들고 오스트리아를 떠났다.

드라이브 중에 오스트리아 경내 휴게소에서 커피를 한 잔하고, 국경선을 넘어서 헝가리에서 또 휴게소에 들렀다. 헝가리 고속도로 티켓을 사서 부착해야 하기 때문이었다. 그런데 거긴 티켓을 팔지 않았다. 대신 자동차 번호를 알려주니까 등록을 해주었다. 이후에는 거칠 것이 없었다. 막 달리는데, 이 나라의 자동차들은 빨리 가지 않아 거의 모든 차를 추월했다.

날씨가 흐렸지만 선글라스를 끼고 앞만 보고 운전한 덕에 단숨에 부다페스트에 들어왔다.

수도 부다페스트는 동부의 페스트와 서부의 부다 지역이 도나우강을 사이에 두고 마주 보고 있다. 구릉이 있는 서부의 부다 지역에는 왕궁이 있고, 평평한 동부 지역에는 헝가리 국회의사당이 있다.

먼저 서부의 구릉에 올라 어부의 요새(Halászbástya)와 마차시성당(Mátyás Templom)을 봤다. 어부의 요새는 입장권을 사서 전망을 원 없이 즐기고 멋진 풍경은 사진에 담았다. 다들 감탄했다. 이렇게 전망이 좋을 줄은 몰랐던 것 같았다. 여행 온 사람이 부다페스트를 좋아하니 여행계획을 짠 나 역시 기분이 좋았다.

어부의 요새 입구의 레스토랑에 들어가서 식사했다. 어린 돼지고기 감자 요리, 치킨 요리, 리조또, 굴라슈 수프와 빵, 닭고기 수프를 주문해 먹고, 와인 한 잔을 곁들였다. 와인은 약간 시지만 전반적으로는 부드럽고 상큼

마차시성당

부다성

중앙시장 입구와 시장의 춤추는 시간

면서 가격을 문의하는 사이 6시가 되어 문이 닫혔다.

급하게 이것저것을 구경하고 물어도 보고 막 살려는 기세였으나, 문 닫을 시간이 가까워지자 하나둘 사기를 포기했다. 물건 가격을 물어보고는 대체로 비싸다는 의견이었다. 마트에 가서 빵을 조금 산 뒤 차에 올라 숙소인 피그 트리 하우스 부다페스트로 갔다. 숙소는 단순하지만, 그런대로 묵을 만했다. 더블베드에 책상과 의자, 미니 냉장고와 TV, 화장실과 샤워시설, 수건이 갖추어져 있었다. 다만 게스트 하우스임에도 주방 공간이나 물 끓이는 포트 등은 갖추고 있지 않았다. 그냥 자는 곳이었다. 리셉션에 부스를 설치해 와인을 팔고 있었다.

부다페스트는 야경이 전세계적으로 가장 좋은 것으로 알려져 있다. 당연히 일행들은 구경나가려고 했다. 운전하느라 힘들었던 나는 쉬고 나머지 사람들은 리셉션 직원을 통해 택시를 불러 선착장으로 갔다. 큰 유람선을 타고 다뉴브강을 올라가고 내려오며 국회의사당, 섕체니다리 등 불밝힌 야경을 본 뒤 또 리셉션 직원을 통해 택시를 불러 숙소로 돌아왔다.

역시 젊은이가 일행 중에 있다 보니, 야간투어, 밤경치까지 보는 듯했다. 밤에도 홉온, 홉오프(Hop-on Hop-off) 시티투어 버스가 있으니 시 야경을 보면서 돌 수 있고, 또 도나우강에 가서 배를 타고 야경을 즐길 수도 있었다.

부다페스트에 와서 아쉽지만, 국회의사당(Országház)과 시타델라(Citadella)는 멀리서 바라보는 데 그치고, 세체니 다리(Széchenyi Lánchíd)는 지나가면서 봤다. 이때 따라온 자녀가 이 도시의 역사에 얽힌 에피소드를 이야기하면서 관광을 도와주었다.

설명에 따르면, 세체니 다리의 사자상을 조각한 사람은 자기 작품에 극도로 만족하고 있다가, 뜻밖에 다른 사람으로부터 사자상에 혀가 없다는 말을 듣고 그 말이 온 나라로 퍼져나가 마치 자신의 조각상이 잘못 만들어진 것처럼 알려지고 마는 것에 상심한 나머지 자살했다고 말했다. 일행은 그 말을 듣고 사자상을 들여다보더니, 역시 그렇구나 라고 한마디씩 했다.

또 시타델라의 꼭대기에 있는 깃털을 든 동상은 소련군이 독일군을 물리치고 나라를 되찾은 기념으로 세웠다고 설명했다. 헝가리 정부는 소련의 위성국에서 벗어날 무렵 이 동상을 없애버릴까 생각했는데, 일부에서 그

부다페스트시 전경

것도 역사의 일부라는 주장을 하자, 헐지 않고 오늘에 이르러 여지껏 볼 수 있다고 말했다. 동상을 여성과 깃털로 형상화함으로써 그나마 더 오래 살아남은 게 아닌가 하는 생각이 들었다.

성 이슈트반성당(Szent István Bazilika)은 가지 않았고 영웅광장 역시 안 보게 됐다. 관광지에 중국인이 너무 많았다. 곳곳에서 들리는 중국인들의 목소리가 너무 크고 시끄러워서 신경에 거슬렸다. 또 뷰가 좋은 곳에서 사진을 찍으려는데 중국인들이 오랫동안 차지하고 안 비켜주어 마음이 편치 않았다.

숙소의 리셉션을 지키는 직원에게 와인 추천을 부탁했다. 그렇게 선정된 와인은 HIDASPETRE였다. 한 잔을 달라고 하는데, 리셉션의 아가씨는 와인잔을 요구하는 것으로 듣고 레드와인 한 병을 따서 잔과 함께 가져왔다. 병을 따고 말았으니 어쩌겠는가? 그러나 마셔보니 맛은 좋았다. 적당한 바디감과 부드러움을 겸비했다.

일행들은 부다페스트를 보고 인상이 좋았는지 다들 호평이었다. 일행은 숙소의 직원이 친절하고 그녀의 안내로 밤에 배를 타고 야경을 보았던 것이 아주 좋았다고 말했다. 일행중 한 사람은 오스트리아의 빈보다 헝가리의 부다페스트가 더 낫다며 경치와 전망 뷰에 대해 감탄을 거듭했다. 인상이 얼마나 강했던지 가족 누구와 통화하면서 헝가리 부다페스트에 다시 오자고 할 정도였다.

헝가리에서 발칸반도의 크로아티아로

부다페스트의 아침 기온은 9도, 바르샤바는 10도, 서울은 여전히 이곳보다 높은 23도를 기록했다. 부다페스트에서 네 시간 거리의 크로아티아 자그레브까지 가는 길은 고속도로가 닦여 있어 편리했다. 숙소에서 도시를 빠져나갈 때가 8시 반이라 교통체증이 심했지만, 도나우강을 건너 서쪽의 부다에 들어서니 길이 뚫렸다. 도시를 벗어나서 조금 달린 뒤 아내에게 운전대를 넘겼다. 길이 복잡하지 않고 차량 행렬이 뜸할 때여서 아내가 무난하게 운전했다. 곧 국경선에 도착했고 아내가 주인공이 되어 헝가리-크로아티아 국경선을 통과했다. 아내는 운전자로서 헝가리, 크로아티아의 체크포인트 관리와 인사를 나눴다.

국경선 관리가 렌터카가 폴란드 마크를 단 것에 호기심을 보이자 아내는 인근 나라별 인사말을 가지고 긴장을 풀며 대화를 나눴다. 이렇게 편한 체크 포인트 통과가 없었을 정도였다. 크로아티아 관리는 한국인에게 매우 우호적이었다. 여권에 도장을 찍어서 우리에게 돌려주었고 그것으로 통과였다. 국경선을 넘자, 바로 점심시간이라 휴게소에 들르고 싶었지만, 크로아티아에서는 국경선 인근에 통행하는 사람이 적은 탓인지 휴게소가 없었다. 한참을 달려가다가 휴게소를 만났고 거기서 샌드위치를 먹으며 환전했다. 조그만 카페여서 파는 것은 샌드위치와 케이크뿐이었다. 아내는 블로그에서 봤다며 고속도로 통행료를 내는 톨게이트에서 환전이 되며 비율도 괜찮다는 이야기를 듣고 거기서 돈을 바꿨다.

이날은 숙소로 바로 직행했다. 여장을 풀고 천천히 관광해도 늦지 않을 것으로 봤다. 그것은 크로아티아의 수도 자그레브가 큰 도시가 아니고 또 볼거리가 많지 않고 한 곳에 몰려 있었기 때문이다. 숙소는 게스트하우스인데 도착해보니 아무도 없었다. 주인도 손님도 안 보였다. 전화하니 게스트하우스 주인 아주머니가 3분 만에 달려왔다. 젊은이가 앞에 서고 아내와 일행이 주인아주머니와 활기찬 대화, 즐거운 대화를 하고 공용 주방에 대한 설명을 듣고 차를 주차하고 방을 배정받는 것이 순식간에 모두 이뤄졌다.

주인으로부터 숙소에서 올드타운에 가는 길과 볼거리까지 듣고 짐을 내렸다. 아내는 호텔보다 이와 같이 인간적으로 주인 여성과 대화하는 것을 좋아했다. 환경도 주택가이고 정원이 있어 좋아 보였기 때문이다. 거기에다 주인이 밝아 마음에 들었다. 일단 짐을 방에 두고 걸어서 관광지로 향했다. 거리는 트램 철로 공사를 하고 있었다. 과거 한때 공산국가인 유고연방

자그레브 대성당

성 마르카교회

전망대에서 본 자그레브 시내

자그레브 거리

소속으로 그때의 건물인지 많이 낡아 보였다.

시내에 사람들이 많았는데, 역시 중국인 관광객이 압도적이었다. 가는 곳마다 중국인인데, 우리까지 합류하니 현지 사람들은 이곳에 웬 아시아인이 이렇게 많냐고 할 것 같았다. 자그레브 대성당(Zagrebačka katedrala)과 성 마르카교회(Crkva sv. Marka), 광장, 다운타운 이런 게 전부였다.

마르크성당으로 올라가는 길에 태극기를 걸고 운영하는 가게를 봤지만 안 들렀다. 태극기가 반갑고 우리 한글이 색다르게 느껴졌지만, 그 가게가 현지인의 것보다 더 나을 거라는 생각이 안 들어 그냥 지나갔다. 미안하지만 그게 외국 다녀본 개인적 경험에서 우러난 결론이다. 일행들도 약속이나 한 듯이 선뜻 들어가 보자고 말하는 사람이 없었다. 그냥 데면데면 "여기도 태극기가 걸렸네, 기념품 가게인가 봐."라고 말하는 정도였다. 이날 1만 보 이상을 걸었다. 숙소로 돌아와 공용 부엌에서 마트에서 산 돼지고기를 굽고 상추와 삶은 양배추를 가지고 쌈을 사서 먹었다. 이때 소박해 보이는 대머리 현지인 아저씨를 만났다. 그는 내 일행이 공용 부엌에서 식사를 준비하고 있을 때 창가에 와서 소스(된장) 냄새가 좋다고 말하더니, 저기 주차해 있는 폴란드 차를 가져온 사람이냐고 물었다. 그렇다고 하니 자기도 폴란드에 8년간 있었다고 하면서 무척 반가워했다. 폴란드 말을 할 줄 아는지 물었으나, 내가 모른다고 하자 퍽 아쉬워하는 표정을 지었다.

식사 후 숙소에 들어와 어제 한 잔만 마셨던 헝가리 레드와인을 마저 마셨다. 아로마를 맡아 보고 맛을 음미하니 중간 정도 진했는데, 와인 품평을 하는 사이 한 병을 다 비워버렸다. 술을 마시고 기분이 좋아지면 말이 많아진다. 내가 와인에 대해 말을 많이 했는지 일행이 강의를 잘 들었다고 말했다.

아침에 숙소에서 모여 컵라면과 밥을 먹고 목적지로 삼은 플리트비체로 가려고 했다. 그런데 체크아웃을 해줘야 할 주인아주머니가 안 보였다. 이 숙소의 아주머니는 들어올 때도 없더니, 나갈 때도 안 보였다. 할 수 없이 투숙할 때처럼 주인에게 전화해서 체크아웃하겠다고 하니, 열쇠를 방에 놓고 가면 된다는 취지로 말했다. 우리 일행을 바이 바이 하러 오기 어렵다는 의미로 자기를 만나려면 30분은 기다려야 한다고 말했다.

일행은 체크아웃하는데 반 시간을 기다려야 한다고 하니 다들 좀 시무룩해졌다. 오늘은 그 유명한 플리트비체 국립공원을 구경하러 가는 날이기 때문이다. 그렇게 기다리려는데, 주인아주머니가 헐레벌떡 뛰어오며 우리를 향해 하는 말이 미소짓게 만들었다.

열쇠를 방에 놓고 가라고 했다가 가만 생각하니 돈을 안 받았다는 걸 알고 이렇게 부리나케 30분이 아니라 3분 이내 뛰어왔다는 것이다. 쾌활한 그 주인아주머니는 돈을 받고 영수증을 끊어주고는 바이 바이. 우리도 그제야 새 목적지로 출발할 수 있었다.

차 안에서 나눈 수다 몇가지를 나열해본다

첫째, 옷을 잘 입자!

유럽에 와서 보면 이곳의 여성들은 의류의 경우 어깨선을 드러내고 등과 가슴 부분을 과감하게 노출한다. 그렇게 함으로써 폴란드 여성은 옷을 잘 입기로 유명해졌다. 반면, 우리나라에서 옷을 사러 가보면 솔직히 옷 속에 갇히는 느낌이 든다. 틀 지워진 속에서 선택하는 거라 재미가 없고 색상도 대체로 어두운 것으로 그게 그거여서 사기 싫어진다.

그러나 유럽에서는 옷의 스타일이나 색깔이 다양하고 재단도 과감하므로 여기 있을 때 옷을 좀 더 구입해야 되겠단 생각을 하게 된다.

둘째, 서양요리를 알고 각자 자기가 좋아하는 것을 개별적으로 주문하자!

유럽에 온 한국사람은 음식이나 요리와 관련해서 한국식대로 먹으려는 경향이 강하다. 여성, 주부들은 더 그렇다. 반면, 유럽 사람은 철저하게 개인주의라 각자 개인적으로 주문하고 자기 것만 먹는다. 그런데 우리나라 사람은 요리 하나의 음식양이 많다며 사람 숫자만큼 주문하지는 않고 여러 개를 시켜서 테이블의 음식을 나눠 먹으려고 한다.

유럽에 관광 온 사람은 각자 자기 요리를 개별적으로 주문하면 좋겠다. 우리나라 단체 여행객은 종종 어느 한 사람이 일행을 대표해서 주문사항을 종합해서 말하려고 하는 경향이 있다. 그러면 주문받는 현지 직원은 상당히 혼란스러워한다. 그동안 단체 주문을 받아본 적이 없기 때문이다. 다시 한 번 더, 유럽 사람들은 아시아적인 집단문화에 극히 생소하다는 사실을 상기시키고자 한다.

물론 영어 되는 사람이나 가이드가 말이 안 통하고 서양 요리에 대해 잘 모르는 우리나라 관광객을 대변해서 주문하다 보니 그렇긴 하지만, 그 사례를 최소화하는 게 좋을 듯하다.

유럽에서는 레스토랑에 가서 먼저 음료수를 주문한다. 다음으로 수프를 주문하거나 빼고, 그 다음으로 메인 디쉬(쇠고기, 돼지고기, 닭고기, 피자, 스파게티, 리조또)를 주문한다. 디저트는 케익, 아이스크림 등을 개인별로 주문한다. 그러나 현실에서는 이게 잘 안되었다. 이번 여행 일정 동안 남자인 나는 혼자 주문해서 먹었고 여성으로 이뤄진 아내와 일행 네 명은 단체로 여러 요리를 시켜서 나눠 먹었다.

셋째, 체크인은 한 사람이 대표로 하자!

숙소에 도착하면 체크인하는 사람을 제외하고는 소파에 앉아 있는 게 바람직하다. 아니면 좀 떨어져 서 있거나. 유럽 사람은 카운터에 손님 여럿이 몰려오면 좀 당황한다. 위협을 받는다고나 할까. 그러니 한 사람이 체크인하고 다른 사람은 쉬거나 딴전 피우고 있으면 된다. 레스토랑이나 카페에서 먹고 마시고 나올 때도 카운터에 몰려갈 필요가 없다. 테이블 담당 직원이 와서 계산서를 보여주면 돈이나 카드를 주어 계산하도록 하고 돌아올 때까지 앉아 있으면 된다. 요금 지불과 영수증을 받는 것이 모두 테이블에서 이뤄지므로 카운터로 일행이 몰려갈 필요가 없다. 항의할 경우에도 여럿이 가지 않도록 한다.

유럽 사람과 대화할 때는 여럿이 몰려간다고 해서 일이 빨리 촉진되는 것이 아니다. 도리어 위협적인 행동으로 인식하여 상대가 심각하게 나올 수 있다. 그냥 한 사람이 가서 공손하게 말하면 일이 더 잘 진행됨을 알아야 한다.

환상적으로 아름다운 플리트비체와 라스토케

자그레브에서 자동차로 한 시간 반을 운전하면 라스토케(Rastoke)에 도착하고 거기서 다시 30분을 달리면 플리트비체 국립공원(Plitvička jezera)에 도달한다. 라스토케로 가는 국도변을 가다 보니, 한국어로 된 가게가 눈에 띄었다.

속도를 늦추고 들어가려다 보니, 출입하는 한국인의 눈동자가 번들거리고 행색이 안 좋아 보였다. 내가 잠깐 차를 세우자, 현지인으로 보이는 자가 가게 뒷편 또 다른 건물에서 우릴 향해 손짓하며 들어오라고 했다. 알고 보니, 약 파는 자들인데, 한국인 단체 관광객을 상대한다고 했다.

라스토케 마을

바로 출발해 라스토케 마을로 들어갔다. 맑은 물속의 라스토케 마을을 보니 찜찜한 기분이 좀 사라졌다. 라스토케는 예쁜 시골 마을을 계곡의 폭포 한가운데에 갖다 놓은 듯한 모습이었다. 일행은 진짜 가보아야 할 목표-플리트비체-를 두고 앙증맞은 이 마을을 보는 데 시간을 다 뺏기고 말았다. 웬일인지 라스토케 마을을 샅샅이 다 살펴봤다. 굴이 있다는 곳으로 내려가면서까지 다 봤다. 군데군데 석회굴의 특징인 종유석 등이 보였으나 사실 굴은 아니었다.

이곳에 송어를 키우고 송어 요리를 하기에 식사를 주문해놓고 기념품을 보러 갔다. 그러나 볼 게 없어 금방 돌아왔다. 레스토랑은 조금 이른 시간 탓이었는지 한가하다가 우리가 주문해서 송어 3개를 튀겨오고 감자에 수프, 야채를 준비하느라 바빠 보였다. 물과 와인 한 잔 값을 포함해 다섯 명이 먹은 음식값이 8만 원이 넘었다. 수수한 인상의 아주머니, 음식 맛은 좋으나, 비싸게 받는다는 느낌이 들었다.

한국, 중국 단체 관광객들은 우르르 왔다가 사라졌다. 그들은 동굴을 볼 시간적 여유가 없는지 그냥 왔다가 대강 훑고는 사라졌다. 사진만 찍고 갔다는 것이 정확한 표현이다. 식사 주문이나 커피 마시는 것도 안하고 떠나버렸다. 아내와 일행은 그제서야 아차 하며 여기 너무 오래 있었다며 급히 나왔다. 그리고는 진짜 놓쳐서는 안되는 플리트비체로 향해 달렸다.

늦게 오자마자 플리트비체 공원 1스테이션에 차를 주차하고, C코스를 걸어 청색의 투명한 물을 보면서 트레킹을 했다. 많은 사람이 우리가 온쪽으로 내려가는데, 우리는 반대로 올라갔다. 발 아래 시퍼런 물이 있고 곳곳에 단층의 폭포들이 있어 멋진 경치를 보여주었다. 물 위의 구름다리 같이 만든 자연적인 통나무 다리가 있어 물 위를 걷듯이 감상할 수 있게 해주었다. 한참 걸어서 P3에 도착하고 이어 배 타고 P2에 가서 상류에 있는 폭포들을 마저 보았다. 하나 같이 절경이고 깨끗함의 극치라고 할까, 명경지수가 따로 없었다. 하나 옥의 티는 동양인, 아마도 한국인 미국인 관광객들로 보이는 젊은이들이었다. 미국에서 왔는지 영어로 말하는 한국인들은 관광지에서 맨날 킥킥, 키득키득 댔다. P3에서 줄 서 있는데 유독 시끄럽고 큰 소리로 떠들었다.

위로 올라가면서 폭포와 물을 보다가 시간을 보니 더 올라가서는 안 되겠다 싶어 서둘러 내려왔다. 한순간에 주위에 사람이 안 보였다. 너무 늦었다. 배를 타는 곳에 오니 우리 외에 한 사람이 더 있을 뿐이었다.

6시 10분 전에 P1에 오니 스테이션 원에 가는 버스가 5시 반에 종료됐다네. 어디로 가야 할지 몰라 직원에게 물어서 길을 알아냈다. 호반을 낀 오

플리트비체의 아름다운 폭포

플리트비체의 청색 투명한 물과 관광객들

솔길을 걸어서 한 시간을 걸어야 했다. 어둑한 오솔길을 가는데 그래도 반대편으로 가는 사람도 있어 덜 쓸쓸했다. 오솔길을 내가 선두에서 속보로 트레킹해서 일행을 안내했다. 일행의 젊은친구는 여유가 있었다. 별로 두려워하지 않고 사진을 찍으며 따라왔다.

어둠이 깔리는 속에 한 시간 이상 걸어서 주차해놓은 곳으로 돌아오니 한숨소리가 절로 났다. 다들 잘못했다고 말했다. 라스토케를 안가도 됐다는 의견이 주를 이뤘다. 어둠 속에서 차를 빼 10분 거리의 숙소로 갔다. 플리트비체 부근 숙소인데, 거기서 보니 보스니아 헤르체고비나와의 국경선에 가까웠다. 내가 일행에게 여행을 이렇게 본전 다 뽑아내는 식으로 하는 건 처음이라고 말하자, 모두 웃었다.

비싼 공원 입장료였지만, 공원 안 물을 끼고 놓은 통나무길, 자연스럽게 조성된 돌 자갈길과 경계석, 맑은 물과 일급수 고기들을 본 일행들은 나무다리길 밑으로 물이 흐르는 것, 녹청색의 물, 여러 갈래로 떨어지는 폭포, 맑은 물, 산책 길에 연신 감탄했었다. 우리가 묵을 숙소는 1층 방 한 개와 2층 더블베드 2개에 부엌이 있는 큼지한 곳이었다. 침실이 따로 있고 거실과 부엌이 있어 요리하고 식사하기 좋았다. 숙소에 보일러가 가동되지 않았으나 이불이 두터워 덮고 자니 춥지 않았다. 저녁에 숙소 부엌에서 양배추 삶은 것과 각종 밑반찬으로 성대하게 식사했다. 헝가리 레드와인 사온 것으로 나눠 마시며 한 병을 뚝딱 해치웠다. 이날은 2만 보 이상을 걸어 힘들었는지 다들 식사를 잘하고 와인도 다 비웠다.

아침에 일어나보니, 게스트하우스 숙박이지만, 사실상 농가숙박이라고 해도 틀린 말은 아닌 게 동네 깊숙이 위치해 있었다. 숙소가 전망이 좋은 곳에 있는 것이 아니고 여러 주택 중의 하나였다. 처음 밤에 투숙할 때 주인 되는 사람이 나와서 인사를 나누었고, 아들인지 젊은이가 나와 방 소개를 한 후 내다보지 않았고, 우리가 체크아웃할 때도 아내가 굳이 문을 두드려 간다고 작별 인사를 했지만, 감사해하거나 나와서 손을 흔들지는 않았다. 처음부터 내가 그냥 가자고 했다. 슬라브족은 수줍음을 탄다고. 또 다른 투숙객도 그냥 가더라고 말해주었다. 그러함에도 결국 인사하고 간다더니 반응이 열렬하지 않자 아내도 시무룩해졌다. 크로아티아에서 아쉬운 것은 자그레브의 게스트하우스처럼 헤어질 때 주인의 환대, 환송이 없었다는 점이라고나 할까.

여행의 반환점을 돌았다. 맨 남쪽까지 내려왔고 이제 다시 북상할 일만 남았다. 일전에 바르샤바에 거주하는 대학 선배 부부가 크로아티아를 다녀온 이야기를 해줬다. 거기에 갔을 때 두브로브니크(Dubrovnik)가 그렇게 아름다울 수 없더라고 하면서 스플리트(Split)는 그에 미치지 못한다고 말했다. 아쉽지만, 여행계획상 도저히 그곳에 갈 시간이 남아 있지 않았다.

관광지에서 한국인으로 보이는 자들이 악마의 발톱이란 약을 팔았다. 플리트비체에서 나오면서 들어갈 때 봤던 그 찜찜한 장소를 다시 보니 관광버스 한 대가 세워져 있었다. 약을 팔겠지. 패키지 관광은 그래서 문제다. 이런 자들을 끼고 있는 우리 여행사들이 공적인 책임을 외면하는 게 심각하다. 크로아티아에는 중국인, 한국인 일색으로 넘쳐났다. 라스토케에서만 일본인 단체관광객을 봤다.

TV 방송에서 '꽃보다 할배'를 방영하고 대한항공이 직항로를 열자 여행사가 패키지 상품을 내놓아 관광객을 유치하는 등 이상 과열 증상을 보였다.

석회석으로 인한 자연적 지형지물, 풍부한 물이 볼거리를 선사했지만,

전통의 유럽국가를 능가하는 건 아니었다. 그랜드캐년에 비하면 별것 아니라고도 할 수 있었다. 아내와 일행은 때깔이 좋아 보이는 귤을 보고는 남은 동전을 쓰겠다며 사서 먹어봤는데, 겉보기와 달리 몹시 시어서 먹기 어려웠다.

크로아티아-슬로베니아 국경선

자그레브에서 얼마 안 가니 슬로베니아와의 국경선이었다. 슬로베니아는 도널드 트럼프 전 미국 대통령의 영부인 멜라니아 트럼프(Melania Trump)의 모국이다. 냉전 시기 서유럽에 가장 가까운 나라였다. 이탈리아, 오스트리아와 접경한 나라로 오늘날 구유고연방 국가 중 가장 서유럽적이고 선진적이었다.

아내가 운전했다. 크로아티아에서 슬로베니아로 들어가는 체크포인트 부스가 두 개가 있는데, 한쪽은 기다리는 줄이 길고 다른 한쪽은 줄이 짧았다. 유럽연합 나라의 국민을 위한 체크 포인트에 선 줄이 짧았다. 그쪽으로 차를 가져갔다. 체크 포인트에서는 도착하는 대로 우리들 여권에 도장을 찍어주어 빨리 국경선을 건널 수 있었다.

슬로베니아에 들어오니, 확실히 안도감이 들었다. 더 밝고 더 단정하고 농촌풍경도 더 아름답고 정리가 잘 되어 있었다. 세련됐다고나 할까. 휴게소에 들러 7일 고속도로 티켓을 사서 붙이고 식사했다. 카페테리아에서 호박, 쇠고기 수프, 샐러드와 삶은 소세지, 치킨, 빵을 사서 먹었다. 슬로베니아의 수도 류블랴나에 가서 느긋하게 제대로 먹자는 의견도 있었으나 이곳에도 먹는 사람들이 많고 시간도 이미 12시를 넘겼기에 그냥 먹자고 해서 요기하고 커피를 마셨다. 일행의 자녀 덕에 마키야또 커피를 사서 다들 즐겁게 마셨다.

카페테리아의 소박해 보이는 아가씨가 날 보더니

"Do you need my help?"

라고 물었다. "May I help you?"라고 할 것을 그렇게 물은 것 같았다.

"Help?" 웃으며 "Yes. I need your help"

하면서 음식을 주문했다. 여기에 막판 해프닝이 하나 더 발생했다. 편안해 보이던 카페테리아 리셉션 직원과 음식 재료를 챙기던 다른 소박한 아가씨가 갑자기 눈이 커지고 놀라며 급하게 밖으로 뛰어나갔다. 알고 보니 누군가 계산을 안하고 나간 듯했다. 유럽에서 이런 일은 거의 일어나지 않는데 처음 본 일이다.

슬로베니아의 수도 류블랴나

수도 이름 류블랴나(Ljubljana)는 아름답다는 뜻이다. 도시의 중앙 높은 산에 성(Ljubljana Castle)이 있고 사바강 좌우로 도시가 이쁘게 형성돼 있다. 용의 다리(Dragon Bridge), 류블랴나성당, 성프란체스코성당(Franciscan Church of the Annunciation), 삼중교(Triple Bridge), 티볼리공원(Tivoli Park), 프레세렌광장(Prešeren Square), 중앙시장이 있다.

중앙시장에는 마침 도착한 날에 농민시장이 열리는지 몹시 붐볐다. 농산물을 파는 곳에 시민들이 많이 나오니까 벌써 먹거리를 만드느라 잔칫집처럼 고기와 소시지를 굽는 등 연기와 맛 있는 냄새가 풍기고 떠들썩한 사람들 소리로 관광객을 끌어당겼다.

투어를 시작했다. 먼저 공원에서 이 나라 사람들이 존경하는 시인의 동상과 그 시인이 흠모했지만 끝내 결혼으로 이어지지 못한 이야기의 여자 주인공의 모습을 보았다. 시인은 소박한 모습이고 여인은 목을 쭉 뺀 귀족 집안의 도도한 자태를 지니고 있었다. 서로 맺어지기 어려워 보였다. 쉼터, 장터, 카페와 레스토랑, 벤치, 성과 주택이 이어져 있고 한편에서 이런 풍경을 놓고 그림을 그리는 동양인이 있었다. 강 주변에 볼거리가 몰려 있었고 사람이 많았다.

산에 올라가 성을 봤다. 아내와 일행이 성 안을 들여다보는 동안 그는 벤치에 앉았다가, 조금 한기를 느끼곤 햇볕 있는 벤치로 자리를 옮겨있다가 잠깐 눈을 붙였다.

내려와서 농민시장을 보러 가니 아쉽게도 철수하는 중이었다. 미루어놓고 나중에 오겠다고 한 것이 너무 늦었다. 그러나 아직 진열대를 거두지 않은 가게가 있어 가봤다. 그 과일가게 여주인은 처음 환대했다. 그러나 숙성된 것을 고르려고 서양자두를 만지자, “돈 터치”하면서 거부했다. 그 말에 돌아섰다. 그런데 아내와 일행이 간 다른 과일가게의 남자 주인은 오히려 과일을 먹어보라며 선심을 베풀었다. 일행들은 그 집에서 서양자두와 여러 과일을 샀다.

호텔 체크인하러 갔다. 숙소는 도로 옆에 널찍하게 있으면서 규모가 적당히 크고 깨끗하며 잘 갖추어져 있었다. 리셉션 직원이 나와 아내의 숙소를 리셉션 바로 뒤의 방을 주자 바꿔달라고 했다. 다행히 3층인가 전망 좋은 곳을 주어서 기분 좋게 투숙했다. 다들 숙소에 도착하니 호텔 밖으로 나가려고 하지 않았다. 호텔 레스토랑에 가서 앉으니, 종업원이 와서 손님을

류블랴나성과 성에서 내려다본 시내

성 프란체스코성당

위한 특별 제안이라며 야채와 쇠고기수프, 그리고 돼지고기에 베이컨을 얹어 만든 스테이크, 화이트와인을 내놓기에 그대로 식사했다. 1인당 주요리는 13유로였다. 야채수프가 괜찮았고 쇠고기도 좋고, 고기 스테이크는 두툼하지 않았다. 그리곤 일찍 들어가 류현진 경기 하이라이트를 보고 누웠다.

창밖을 보니, 초저녁에 자리가 많던 주차장에 차들이 촘촘히 들어섰다. 늦게 다니는 여행객이 많은 것 같았다. 숙박업은 이렇게 손님이 하나둘씩 들어오면 장사는 절로 되겠다는 생각이 들었다. 호텔에 메모지와 볼펜이 없었다. 와이파이가 되고 노트북을 들고 다니니까 호텔측에서 오프라인으로 갖추던 것을 도외시하는 듯했다. 가끔은 필기구가 필요한데… 호텔은 쾌적하고 잠자리가 아주 편했다. 직원들이 친절하기도 하고 식사도 괜찮았다. 달걀 요리와 커피 서비스를 해주고 다른 식재료도 신선해서 먹기 좋았다. 조용한 호텔이고 친구들에게 추천해줄 만한 곳이었다.

블레드성

알프스가 녹아 만든 블레드호수(Lake Bled), 일명 알프스의 눈동자, 호수 안에 블레드섬이 있고 블레드성 수영장이 있다, 도착하니, 멀리 알프스의 눈덮인 영봉이 병풍처럼 둘러쳐 보이고 발 아래에는 너른 호수에 작은 섬이 있는 환상적인 곳이었다.

보트를 빌려 뱃놀이했다. 내가 다섯 명이 탄 보트의 노를 저었다. 무게감을 느끼다 보니 힘써 노를 저어도 쏜살같이 나아가진 않았다. 호수 어디라고 못 가는 건 아니지만, 자세히 보니 호수 한가운데는 수영장처럼 줄이 처져 있고, 조정 경기에 대비해서 연습하는 배들이 빠른 속도로 오가고 있었다. 그쪽으로는 가면 안 될 듯했다. 성당이 있는 섬이 저만치 멀리 떨어져 있었다. 그쪽으로 가다 보니 섬에까지 갔다 오려면 한 시간을 넘겨야 할 듯했다. 포기하고 호수 한가운데로 나와서 주변 풍경이나 절벽 위의 성을 보고 돌아오기로 했다.

그리고는 별장들이 지어져 있는 호수 변 풍경을 구경하며 돌아올 무렵이었다. 혼자 얼굴이 벌겋게 될 정도로 노를 저었는데 계속해서 노젓기가 힘들었다. 또 배가 무겁다 보니 한 번 속도를 내서 탄력을 붙이니 배를 멈추기가 쉽지 않았다. 보통 노 젓는 사람은 진행방향으로 등을 돌리고 가므로 앞이 잘 안 보이고, 호수라서 별다른 장애물이 있을까 하고 열심히 노를 저었다. 그런데, 어느 순간 배의 진행 방향 쪽을 보니 호수 일부를 막아 만든 수영장의 펜스 관 같은 것이 떠 있었다.

"앗. 큰일났다!"

그쪽으로 부딪힐 것 같았다. 얼른 배의 방향을 돌리려 하고 노를 역으로 저어 배의 진행을 멈추려 했다. 그러나 5명이나 탄 무거운 배는 나의 노력에도 불구하고 그대로 내달려 그 관 위에 올라타고 말았다. 배가 물 위에 반쯤 뜬 관 위에 올라가자 노를 젓고 저어도 좀체 내려오지 않았다. 그렇다고 배 위에서 어찌해 볼 도리는 없고 계속 노를 저어 관으로부터 배 바닥이 떨어져 나오게 해야 했다. 졸지에 배의 선장이라도 된 양 아무도 주의를 기울이지 않는 가운데 혼자 위기를 돌파하느라 가슴을 졸였다. 다행히 계속 노를 젓자 마침내 배가 물 위로 내려왔고 다시 돌아올 수 있었다.

보트에서 내려 숲속 블레드성(Bled Castle)에 올랐다. 호수에서 숲속 길을 따라 제법 거리가 되는데 계단이 있어 쭉 올랐다. 정상에 가보니 버스들과 승용차들이 주차해 있었다. 차로도 올 수 있는 곳이었다. 성 안에 들어가는데 11유로, 1만 원 이상이라 포기했다. 한국인 단체 관광객들이 꼭대기의 성에 많이 몰려들고 있었다. 그들은 성 안에만 들어가서 볼 뿐, 주변을 산책하거나 정취를 느끼고 감상에 젖는 시간도 없이 그냥 돌아가는 것을 보니 안타까웠다.

어느 한국인 부부는 짬을 내 오솔길로 들어가 보고 숲속으로 걸어보는 사람도 있었다. 장시간 차를 타고 오며 시달린 나머지 맑은 공기를 쐬고 부부 단둘이라도 좀 쉬어가고 싶었던 것 같았다. 여기는 구경할 게 많은 게 아니다. 산책하고 뱃놀이하며 쉬어가는 곳이다. 슬로베니아, 크로아티아는

블레드호수와 섬과 블레드성 박물관

한국인 단체 관광의 요람인 듯 우리나라 사람들이 곳곳에 많이 보였다.

이탈리아 베네치아가 목적지인데, 그 전에 와인 투어의 기분을 낼 겸 프리울리 베네치아 줄리아 지방의 우디네(Udine)를 거치려고 한 것이 험난한 여정이 되고 말았다. 해안길이 아닌 산길을 타게 됐고, 그러다 보니 뜻밖에 오스트리아를 거쳤다. 줄 서서 돈을 내고 긴 터널을 지나 오스트리아 경찰의 고속도로 티켓 검사를 받고 이탈리아로 넘어왔다.

우디네에서 프리울리 지역의 와인을 구경하려고 했는데, 쇼핑몰 리들(Lidl)에서는 현지 생산 와인이 없었다. 가게 문을 여는 이탈리아 사람의 안내로 큰 하이퍼마켓에 가니 지방 와인이 많았다. 술을 사는 여성으로부터 와인을 추천받은 것 중에 40유로 와인은 비싸서 빼고 나머지 두 병을 샀다. 오늘 고속도로에서 운전하며 이탈리아 경찰차 때문에 약간 놀라 긴장했다. 내가 큰 트럭을 추월하려고 1차선을 달리는 가운데 터널을 만났다. 그 터널 입구에는 이탈리아 경찰차가 서 있었다. 이를 본 내가 주춤하면서 경찰차를 의식, 더 추월하지 않고 트럭 뒤에서 달렸다. 그런데 뒤를 보니 서 있던 경찰차가 출발하는 게 보였다. 내가 터널이 끝나는 지점까지 트럭을 따라가다가, 경찰차가 내 차 뒤에 다가오는 걸 보면서 트럭을 앞질러 1차선으로 나가 추월했다. 그런데 내 뒤에 오던 경찰차도 나를 따라 추월선으로 따라오더니 내가 2차선으로 가서 달라자 날 앞질러 추월해 나갔다.

"내가 아니었구나."

한숨 쉬고 휴게소가 보이길래 얼른 요기하러 들어갔더니, 거기에 그 경찰차가 있고 건물 안을 들여다보니 경찰 둘이 서서 샌드위치인가를 먹고 있었다. 식사하러 온 듯했다. 나와 일행도 차에서 내려 함께 카페테리아에서 식사했다. 혼자 운전하면서 두 번씩이나 길을 놓치는 바람에 여정이 길어지면서 휴게소에서 점심, 저녁을 한꺼번에 해결했다. 파스타, 피자, 쌀요리 등 곡물을 많이 먹었다. 아내와 일행은 샐러드를 먹으며 테이블에 풍부하게 놓인 발사믹 소스를 넣어 먹으며 무척 즐거워했다. 나중에 폴란드에서는 이런 게 놓여 있지 않은 걸 알고 아쉬워 할 정도였다.

길에서 시간을 많이 보냈다. 길을 잘 몰라 헤매었고 우디네 부근에서 큰 교통 정체로 늦어지고 쇼핑으로 시간을 보내며 마지막에는 비까지 퍼붓는 가운데 야간운전으로 간신히 베네치아 외곽에 들어왔다. 이탈리아 톨게이트에도 프랑스 시스템을 도입했는지 자동에 무인이어서 많이 불편했다. 통행권을 넣고 돈을 내고 거스름돈을 꺼내는 것이 운전석에서 키가 맞지 않아 불편했다. 그러나 프랑스처럼 화장실은 공짜였다.

숙소인 베네치아 호텔 리셉션의 할아버지 할머니 나이대의 부부 주인은 친절했으나, 방은 영 아니었다. 영세하게 구두쇠처럼 운영하는 듯했다. 세 명을 트리플룸이 아닌 더블룸에 베드 하나 더 놓는 것으로 했다. 이런 방은 유럽에서 거의 처음이었다. 또 방에 난방이나 환기장치가 가동되지 않았다. 여기 호텔 전자제품은 중국제 하이얼(Haier)인데, 여행하며 처음 봤다.

본 사람마다 좋았다는 수상도시 베네치아

아침에 일어나니 기온이 15도였다. 베네치아는 육지로부터 떨어진 섬과 같은 곳, 날씨는 예측불허이고 바람이 불었다. 호텔의 음식 맛은 좋았다. 빵, 치즈, 살라미, 오렌지쥬스에 포도는 달고 멜론 등은 신선했다. 치즈가 종류도 많고 맛도 좋아 이것저것 맛보게 되었다. 이탈리아는 음식은 대체로 괜찮았다. 식사하고 오자마자 호텔 와이파이가 안되었다. 숙소에서 체크아웃을 하니까 주인이 내 차를 더 이상 호텔 내에 주차할 수 없다고 말했다.

아침 식사가 좋았지만, 부탁하는 말에는 이해관계가 끊어졌다는 듯이 단호하게 잘라 선을 그었다. 이게 이탈리안 상술, 외국인 대하는 스타일인가? 호텔 주인은 길가에 차를 세워도 된다고 말했다. 그러나 길 양옆을 보니 이미 다른 차들이 세워져 있어 빈자리가 없었다.

할 수 없이 베네치아로 차를 가져가서 세워야 할 듯했다. 베네치아 섬 안의 주차료는 한 시간에 5유로였다. 차를 타고 베네치아 공용주차장을 향했다. 거기 주차장에 차를 세우고 화장실에 가니 1유로였다.

"젠장! 호주머니 돈을 다 털어가는구나."

입장권을 산 뒤 수상버스를 이용해 성마르코 대성당으로 갔다. 가장 먼 쪽에 있어 거의 30여 분간 배를 탔다. 산마르코 대성당(Basilica di San Marco), 산마르코 광장, 두칼레궁전(Palace Ducale), 탄식의 다리(Bridge of Sighs), 일명 카사노바의 탈출 다리를 보고 골목길을 따라가며 구경했다.

카날 그란데(Canal Grande), 섬과 섬을 잇는 리알토 다리(Rialto Bridge)를 걸으며 베네치아로 묘사될만한 장면, 바다가 건축물, 수상택시, 곤돌라, 물살 가르며 오가는 배들, 관광객 인파들, 화려한 상점의 물건들을 사진에 담았다.

길거리 레스토랑에서 스파게티와 피자를 먹어 배를 채운 뒤 투어를 계속했다. 인파 속을 뚫고 지나다니는 게 조금은 피곤했지만, 베네치아의 매력 때문에 활력을 얻곤 했다. 내가 예상했던 것보다 훨씬 좋았다. 그러나 다음에 또 올까? 아무래도 섬이 다 그렇겠지만 답답해서 싫고 비싼 비용

베네치아 운하를 오가는 배의 모습

두칼레궁전

그림 같은 풍경을 보여주는 카날 그란데에서

리알토 다리

산마르코 광장의 인파

등이 가지 못하게 막을 듯했다.

베네치아는 관광상품으로 도배되어 있어 하나의 삶의 터전이라기보다는 비슷한 물건의 전시장으로 보여 질리게 하는 점이 있었다. 비슷한 가게들에 비슷한 물건, 기념품으로 도배되어 있었다. 곤돌라나 수상택시 등 비싼 배가 갈 때 보면 대개 승객은 동양인이었다. 레스토랑에서 종업원이 주문 확인시 손가락으로 가리키며 주문사항을 다시 확인하는 데 뜨끔 놀랐다. 손가락으로 날 가리켰을 때 기분이 안 좋았던 건 손가락질이 우리나라에서는 예의가 아니기 때문이었으리라.

나의 일행은 에너지가 넘쳤다. 한 바퀴를 돌았지만, 안 본 것이 있다며 다시 돌아가자고 해서 돌았던 코스로 배를 타고 갔다. 추운 줄 몰랐다. 알고 보니 10월 7일을 기준으로 유럽의 온도가 한국보다 높았다. 직전까지는 한국의 온도가 더 높았는데, 이제 거꾸로 됐다. 이탈리아의 문화는 사람이 횡단보도에 있어도 차가 멈추지 않았다. 운전자가 그냥 차를 몰고 지나가므로 보행자는 차를 조심해야 했다.

내가 빌린 차는 이탈리아제 피아트(Fiat)였다. 주유소에서 기름을 넣고는 지저분해진 자동차를 세차하긴 그렇고 몇몇 곳만 닦았다. 여행하느라 벌레들이나 오물이 많이 묻어 있었기 때문이다.

포도밭이 펼쳐진 이탈리아 북부의 소아브와 토마시

포도를 많이 재배하는 이탈리아 북부 베로나(Verona)시 외곽 소아브(Soave)에 갔다. 이곳에서 농가 숙박을 위해 포도밭 한 가운데로 들어왔다. 베네치아에서 샅샅이 훑어보는 식으로 다 구경하고 오느라 늦었다. 날이 어둑해진 저녁 7시경에야 도착했다.

숙박 장소는 기대했던 대로 포도밭 한 가운데, 아니 높은 곳의 동네가 모여 있는 곳의 한 곳으로 농가답게 큰 공간이 있었다. 주인아저씨가 친절하고 오랜 친구처럼 대해주어 감사했다. 방을 하나씩 소개하면서 설명해주는데 그 방이나 주방 등이 모두 넓고 좋았다. 2층으로 되어 밑에는 거실 겸 주방이 있고 위에는 침대와 화장실, 샤워실이 있었다.

와인 소개를 부탁했더니 반지하실에서 남겨진 와인을 보여주었다. 화이트와 발폴리첼라 레드 하나씩 샀는데, 둘이 11유로였다. 5유로 하는 화이트와인을 마셔봤는데, 산도가 조금 느껴지는 게 부드러웠지만, 이탈리아 휴게소 카페테리아에서 마셔본 화이트와인만 못했다. 한 잔씩 하고는 더 마시지 않았다. 대신 내가 추천해서 일행이 사놓은 프리울리 레드와인을 마셨다.

잠금 장치를 하고 문을 따고 하는 부분에서 우리와 유럽의 문화가 달라 늘 애를 먹었다. 잠을 자려다가 열쇠를 못 찾아 주인아저씨를 다시 불렀지만, 그 사람은 불평 없이 해결해주고 가는 모습이 고마웠다. 그 주인은 늘 자기 영어 실력이 안 된다며 겸손해하는 태도가 인상적이었다. 리셉션 등록, 와인값 계산, 인근 와인숍 안내 등 모든 것은 아침에 자기 딸이 처리할 것이라고 말한 후 헤어졌다.

아침 식사하러 가서 굿모닝 인사하니, 주인집 딸이라고 한 직원이 이탈리아식으로 인사를 했다. 서로 엇갈리는 인사가 마치 프랑스에서 영어로 인사하면 프랑스말 인사가 돌아오는 것과 같았다.

조식은 거의 컨티넨탈 브랙퍼스트 수준으로 부실하게 느껴졌지만, 경치와 전망이 이 부족함을 채워주었다. 신선하고 싱싱한 석류 열매가 인상적이었다. 여기서 서비스해 준 것은 커피와 차인데, 내가 특별히 계란 스크램블을 부탁해 후라이를 얻어먹은 후 다른 이들도 주문해서 먹었다. 식사가 부실해서 일행은 이탈리아를 떠나기 전에 피자를 하나 더 먹자고 말했다. 숙박비가 192유로가 나왔다. 아내가 이 금액이 맞냐고 물었지만, 틀림없었다. 비싸지만 가치가 있을 것 같고 뷰가 좋아서 선택한 숙소였다.

식사장소에서 먼저 와 있던 독일인을 만났다. 아내가 특유의 친화력으로 어디서 왔냐고 물었다. 바바리아주의 맨 북쪽에 산다고 말했다.

아내가 독일 베를린, 포츠담, 쾰른, 라인강변을 관광하면서 좋았다고 하자, 그 독일인은 미소를 짓는 데 그쳤다. 내가 뮌헨, 독일말로 뮤니히를 언급하자 환한 미소가 번졌다. 자기 고향 바바리아주의 주도이기 때문이다. 와인을 좋아하는냐고 물었더니, 자기는 맥주를 더 좋아한다고 말했다. 그리고 지방마다 맥주가 다르고 각각 자체의 맥주를 가지고 있다고 말했다. 여기 이탈리아의 유리공장에 기술자로서 3일간 와서 일해주고 있다고 말했다.

800킬로미터에 이르는 길을 자가용 운전을 해서 이 농가 숙박을 하며 일하러 다닌다고 말했다. 일하러 가야 하지 않냐고 말했더니, 지금은 식사중이라고 말했다. 독일에서는 7시에 일을 시작하는데 이 나라는 늦게 일한다며 독일은 노동의 강도가 높다고 말했다.

리셉션에서 알려준 주소를 찍어 소아브 읍내로 들어갔다. 주위는 온통 포도밭이고 거리는 한적했다. 관광객은 우리뿐인 듯하고 특히 동양인은 전혀 볼 수 없었다. 도시가 아름다웠다, 성곽이 오래 전의 웅장함을 간직한 채 있는 올드타운의 모습, 주위 산과 포도밭이 너무 좋았다. 일행도 연거푸 감탄했다.

이곳에서 와인을 사가기로 했기에 와인숍을 찾다가 마침 아내가 알아낸 성당 앞의 그 매장에 들렀다. 와인 시음을 하고 몇 개를 골랐다. 나오다가 어느 매장에 예쁜 시계가 걸려 있었다. 일행 중의 한 사람이 그것을 사려고 하는데 가게 주인은 월요일 오전 탓인지 문을 열지 않았다. 아쉽지만 시간을 지체하기 어려워 그 정도로 마무리하고 다시 드라이브를 시작했다.

유명한 토마시 아마로네(Tomassi Amarone)와인을 사려고 토마시란 도시를 찾아가는데, 내비게이션이 와이너리가 아닌 산 높은 곳으로 안내했다. 구글이 겨우 차 한 대가 지나갈 시골길로 안내해서 도착한 곳은 높은 알프스산에서 뻗어나온 구릉지였다. 알프스산 자락이라 멀리 경치를 보니 그 자체도 장관이었다.

포도밭이 있는 토마시로 갔다. 거기서 와인숍을 찾아가는 동안 현지에 사는 사람의 친절한 안내를 받았다. 시골 슈퍼마켓에 들러 그들의 넉넉한 시골 인심을 느끼며 잠깐 쉬었다가 다시 와인숍이 있는 곳으로 내려왔다. 꼬불꼬불한 길을 달려 도시로 내려오니 사람들이 더 많이 살고 그곳에서도 젊은이의 도움을 받아 와인숍에 들어가 아마로네 와인을 구입했다. 시음을 할 수 없어 와인 맛을 확인할 수 없었지만, 아마로네 방식으로 만든 레드와인이었다.

점심시간이라 가급적 피자나 스파게티를 먹으려고 거리의 레스토랑을 찾았지만, 안 보였다. 있다고 해서 차를 세워보면 문이 닫혀 있었다. 이탈리아인데 이렇게 식당을 찾기가 어려운 이유가 뭐지 했더니, 일행은 관광지가 아니기 때문이 아닐까 했다. 결국 고속도로 휴게소에 들러 샌드위치를 먹는 것으로 해결했다. 샌드위치는 짜지 않고 맛있었다.

소아브 지역 조용한 타운의 모습

와인 상점과
농가 펜션 주변의 포도밭

알프스 산속의 오스트리아 인스브루크

이탈리아 북부에서 오스트리아로 가면 산속에 인스브루크(Innsbruck)가 나온다. 1964년과 1976년 두 차례 동계올림픽이 열린 곳이다. 이탈리아 북부가 잘 산다고 하지만, 여기 산은 수려하고 강물이 세찬 것이 거의 휴양지 같아 부자들이 살 것만 같았다. 이런 곳에 살면 남부와 비교했을 때 얼마나 쾌적하겠는가 하는 생각이 들었다.

일행 중 한 사람은 자동차 여행이 여러 가지 것을 체험하고 다양한 것을 볼 수 있어 좋다고 했다. 대중교통이나 패키지여행에서 느낄 수 없는 현지 작은 도시의 모습, 선물가게, 와인마시기, 현지 레스토랑에서 식사하고 커피와 음료 등 모든 게 좋았던 것 같다. 체험 여행을 하면서 자신의 진솔한 느낌이나 생각, 마음을 드러낸 듯했다. 여기 도로에는 차가 밀려도 트럭이나 트레일러들은 2차선에서만 다니고 1차선으로 들어오는 경우가 없었다. 2차선에 줄이 많이 길어도 트럭이나 트레일러는 2차선을 벗어나지 않고 1차선에는 승용차들만 줄을 섰다. 이런 게 역시 선진국이 아닌가 하는 생각이 들었다.

여기 국경선에는 규제가 거의 없었다. 이탈리아와 오스트리아 사이에는 장벽이나 경찰이 안 보였다. 거의 같은 나라인 양 통과했다. 슬로베니아와 오스트리아 사이에는 체크인하고 점검했던 것과는 양상이 달랐다.

인스브루크에 오자 바로 호텔에 차를 주차한 뒤 체크인하고 시내 관광에 나섰다. 시가 크지 않았기 때문이다. 5시를 넘었기에 해가 있는 동안 명소를 보고 사진에 담고자 서둘렀다. 강이 하나 있는데 물살이 아주 셌다.

아마도 만년설이 녹아 내려오는 듯했다.

아내의 안내로 명소를 찾아다녔다. 인스브루크의 역사를 기록한 박물관인 황금지붕(Golden Roof)과 장크트 야코프 대성당을 보고, 시내 중심가에 들어가 걸어서 구경하고 다른 관광객이 다니는 곳을 따라가 보았다. 레스토랑에도 카페에도, 기념품 가게에도 동양인이 너무 많아 우리 일행은 아예 현지인의 관심을 끌지 못할 정도였다.

어스름 무렵에 명소관광을 끝내고 시내 중심부 마리아 테레지아 거리(Maria-Theresien-Strasse)에 있는 스와로프스키 매장에 갔다. 잠깐 들어가서 보니 중국인들이 매장을 휩쓸고 있었다. 더워서 나왔는데, 일행 중에는 스와로프스키 장식품에 관심을 가지는 사람이 있어 쇼핑했다. 스와로프스키 매장 부근은 패키지 여행의 가이드들이 담배 피며 관광객이 쇼핑하는 동안 기다리는 곳이었다.

아쉽지만, 보지 못한 곳은 궁전(Hofburg Innsbruck), 암브라스성(Ambras Castle), 크리스탈박물관(Swarovski Crystal Worlds)이었다. 기회가 되면 다음에는 꼭 보고 싶다.

숙소에서 다리를 건너면 맘마미아라는 피자집이 있어 자리를 만들어달라고 해서 일행 다섯이 앉았다. 피자와 스파게티 볼로네즈, 해물 리조또를 주문해서 먹으니, 거의 우리나라에서 먹는 것과 같을 만큼 입맛에 맞았다. 다들 맛있게 먹었다. 내가 청구서를 달랬더니 그 직원은 아내에게 영수증을 내밀었다.

"아니 어떻게 이 사람(아내)이 돈 낼 줄 알았냐?"고 물었더니, 보스로 보이더라나. 내가 그 직원에게 아내를 가리키며 당신이 이 사람을 보스로 알아봐 줘서 아주 행복해한다고 말했다. 또 내가 그 직원에게 당신이 보스가 누구인가를 아는 걸 보니 우리 한국말을 알아듣는 게 아니냐고 말했더니 웃었다.

36.7유로가 나온 것에 아내가 40유로를 주었다. 봉사료 포함인 셈이다. 음식이 매우 훌륭하다는 뜻으로 "베리 나이스!" 내 한국의 친구들에게도 이 식당을 소개 및 추천하겠다고 말하니 그 직원은 감사를 표시했다. 그러나 문화적 차이 때문인지 서로 이해가 안 되는 부분에서는 잘 통하지 않기도 했다. 맥주를 한 잔 시키고는 그 한 잔을 일행이 나눠마시려고 빈 컵 세 개를 더 달라고 했더니, 그 직원은 물을 담은 컵 세 개를 들고 왔다. 빈 컵을 달라는 말이 잘 전달되지 않았다. 아니 맥주 한 잔을 나눠마신다고는 생각하지 못했을 듯하다. 그런 사례를 본 적이 없었을 테니…

내가 우리 테이블을 맡은 직원을 보고 맥주를 따르는 제스처를 쓰며 빈 컵 세 개를 다시 부탁했더니, 가져오겠다고 하고선 다른 손님을 상대하다가 늦어지더니 마침내 가져왔다. 이런 사례를 보면, 우리나라 사람은 유럽에 온 이상 가급적 유럽 문화에 맞추어 우리식을 자제하고, 유럽문화체험을 통해 여기 사람들을 이해하면 좋겠다는 생각이 들었다.

숙소에 돌아와 함께 이탈리아에서 구입한 이탈리안 샴페인 프로세코(Prosecco)를 마셨다. 현지인이 좋다고 추천한 것이다. 샴페인이 산도가 높은데, 예상대로 일행들은 프로세코가 시다며 그리 좋아하지 않았다.

오스트리아 인스브루크에서 독일을 거쳐 체코 프라하로 갔다. 약 5시간 반 정도 걸리는 거리를 아내와 번갈아 운전해서 저녁 5시경 들어갔다. 독일인은 속도제한 표지판을 보면 영락없이 속도를 늦췄다. 내가 독일인 차량을 앞서서 가든, 그 차들이 내 앞을 달리든, 혹은 독일인 차가 내 뒤를 맹렬하게 따라오든, 속도를 제한하는 곳에 오면 독일 차들은 필히 속도를 줄였다. 그 덕에 스피드광이 아닌 내가 잠시 독일인 차량을 앞서기도 하고 독일인 차량과 거리를 벌리기도 했다.

독일에 들어와 뮌헨을 지나는 길의 휴게소에서 돼지고기 스테이크와 감자, 치킨과 감자, 쌀 요리, 스파게티 볼로네즈를 주문해 먹었는데 휴게소이지만 맛이 괜찮았다. 일행은 음식 맛을 보고 이야기하다가 독일 한 도시라도 보고 가자는 말이 나왔다. 그러나 이미 뉘른베르크를 지난 뒤였다.

그래서 프라하로 직행했다. 프라하 관광에 대단히 만족해하는 것을 본 이후로는 독일의 한 도시를 가지 않기로 한 결정이 옳았다는 생각이 들었다.

동유럽 여행의 필수 코스 체코의 수도 프라하

프라하 초입에서 호텔로 가려다가 생각을 바꿔 해지기 전에 프라하성을 보도록 그쪽으로 운전해 갔다. 아내와 일행을 고지대의 프라하성에 내려주었다. 해가 있는 동안 성에 들어가서 아내의 안내로 구경했지만, 나중에 보니 막 어둠이 깔리던 때라 충분히 보진 못한 표정들이었다. 이어 다른 관광객들처럼 프라하성에서 걸어 내려와 블타바(Vltava)강의 카를교(Charles Bridge)를 걸었다. 일행에게 어디가 좋았냐고 물었더니, 강변 난간에서 프라하성을 보는 뷰가 좋았다고 말했다. 나도 예전에 강변길에서 사진을 찍었던 기억이 난다.

혼자 차를 호텔 지하 주차장에 넣고 숙소에서 쉬려다가 일행이 한식당에서 만나자고 해서 20분 거리의 운전을 해서 찾아갔다. 일행은 걸어서 강변을 따라 식당에 도착했다. 그동안 하루 한끼 한식을 우리손으로 마련해

프라하성

서 먹다가 처음으로 한식당 '밥(RYZE)'에 갔다. 나는 된장찌개, 아내는 갈비탕을 먹었다. 일행은 비빔밥을 먹었다. 음식이 좋았다. 한국에서 먹는 것만큼이나 우리나라식이어서 다들 즐겁게 맛있게 먹었다. 일행은 밤에 야경을 보고싶어 했다. 여행이 끝나가는 것을 연장하고 싶은듯 밤 관광도 놓치기 싫어했다.

프라하에서 자동차 운전하기가 쉽지 않았다. 도시에 들어가고 나오는 지하도로가 있는데, 올드타운 중심가로 가는 진입로이지만, 길을 잘못 들면 나갔다가 다시 돌아와야 하는 수가 있었다. 그런 일을 겪었다. 프라하는 비보호좌회전에다 트램 길이 중첩되어 있어 운전하기 불편했다. 일방통행도 많아서 끝까지 가서 돌고, 유턴해야 할 경우가 많아 신경을 곤두세워야 했다. 체코에 와서 교통사고를 세 번이나 봤다. 대개 차량간 접촉사고였다. 차가 부딪쳐서 찌그러져 있거나 파손되어 있고, 운전자인지 사람이 차 밖에 누워 있었다. 차 여러 대가 앞차의 꽁무니를 들이받아 서 있기도 했다. 그런 곳에는 경찰과 구급차가 출동해 있고 길이 막혔다.

유럽연합 가입 후 갑작스레 차량이 많아지면서 지나칠 만큼 차량들이 앞차에 붙어 다니고 속도를 내면서 사고가 빈발하는 듯했다.

프라하호텔에서는 리셥센 직원의 착오로 전망 좋은 곳에서 투숙했다. 내가 혼자 먼저 와서 리셉션의 직원에게 예약한 이름을 대고 방을 요청하니 766호실을 주었다. 다른 일행이 숙소를 배정받아 나가고 이어 내가 받은 방이었다. 아마 나를 같은 일행으로 본 듯했다. 나중에 아내와 일행이 돌아와 방을 요청했을 때 3으로 시작되는 방을 준 것을 보면 7층의 방은 원래 내게 주려던 것이 아니었던 것이 분명했다.

호텔에서 있었던 또 하나의 에피소드다. 아내와 함께 짐을 들고 엘리베이터를 타고 내려갔다. 어느 뚱뚱한 외국인 아주머니가 헐레벌떡 우리가 탄 엘리베이터에 오르더니 올라가는 5층을 눌렀다. 내려가는 차가 올라갈 리가 없다. 엘리베이터가 내려가자, 그 아주머니

"울랄라…"

우리나라 사람들이 흔히 쓰는 말과 같은 말을 하자, 나와 아내가 빙긋 웃었다. 그 아주머니 역시 우리에게 미소를 지었다.

또 하나의 사건은 옷을 잃어버린 일이었다. 여행이 끝나가는 프라하에 오고서야 옷이 하나 없어진 것을 알았다. 얼마 전에 구입한 푸른색의 셔츠였다. 아내와 확인해보니 이탈리아 소아브의 숙소에 두고 왔다. 옷장 안에 걸어놓고 왔다.

"아! 아깝다. 부부가 서로 크로스체크를 했어야 하는데…"

아내는 전화해서 소포로 보내주도록 요청하자는 의견이었지만, 난 관뒀

고지대에서 내려가며 보는 프라하성과 성 비투스 대성당

다. 결국 내 푸른 셔츠는 베네치아에서 한 번 입고 끝나버렸다. 다음날 일행은 호텔에서 아침 식사를 하고 8시 조금 넘은 시간에 관광에 나섰다. 자동차로 저지대의 시계탑과 비투스 대성당(St. Vitus Cathedral), 올드타운 광장이 있는 곳에 일행을 내려주고 프라하성에서 차를 세워놓고 기다렸다.

프라하에는 세계에서 온 관광객들로 붐볐다. 얼마 후 일행이 걸어서 프라하성으로 왔다. 식사하러 레스토랑을 찾았다. 관광지 부근 레스토랑인데 음식이 맛 없어 시킨 음식을 스파게티 빼곤 거의 남겼다. 돈은 8만 원이 들어갔는데, 아쉬웠다. 이번 여행에서 유일하게 안 좋은 식당이었다.

폴란드의 심장 바르샤바로 돌아오다

프라하에서 폴란드 바르샤바로 올 때 고속도로에서 어느 순간 국도로 바뀌는 구간이 있었다. 국도는 시골 마을과 농촌 들판을 거쳐 길이 좁은데다 구불구불해서 불편했다.

"왜 여긴 고속도로 연결을 안 하는지…"

이렇게 천천히 가서 언제 바르샤바에 들어갈까 아득하기만 했다. 눈에 익은 굴곡을 드라이브하면서 한편으로 단풍을 감상하다 보니 어느새 국경선을 지났다. 폴란드에 들어서자마자 마트에 들어갔다. 대형 쇼핑몰에서 이것저것 구경하는 재미가 있고 아내는 차 안에서 먹을 과일을 사고자 했다. 오샹에 들러 이것저것 쇼핑을 했다. 일행은 장보는 것이 즐거운지 상당한 시간을 그곳에서 보냈다. 내가 답답해서 먼저 밖으로 나와 벤치에 쉬다가 졸았다.

아내에게 운전을 맡기고 잠에 취해 좀 쉬었다가, 바르샤바까지 마지막 2시간 50여 분 남겼을 무렵 내가 운전대를 잡았다. 날은 이미 어두웠고 갈 길은 멀어 두 눈을 부릅뜨고 고속 주행했다. 일행은 내가 운전하는 동안 이야기꽃을 피우며 내 운전을 도왔다.

일행은 돌아와서 여행에 대한 소감을 한마디씩 했고, 또 우리 부부에게 운전하느라 수고했다고 말해주었다. 나와 아내는 서울서 가져온 밑반찬으로 여행중 잘 먹었다는 말을 했고, 모두들 중간중간 직접 밥을 해 먹어서 좋았다고 말했다. 일행들은 이구동성 이번 여행코스에 있는 오스트리아 빈, 헝가리 부다페스트, 체코 프라하, 슬로베니아 류블랴나, 이탈리아 베네치아가 최고였다고 말했다. 그 중에 이탈리아 소아브는 자동차 여행으로만 가 볼 수 있는 곳이어서 의외의 소득이었다고 말했다. 토마시에 가느라 산길을 여행해 본 것도 이색 체험이었다고 했다.

여행온 사람은 보는 것을 사양하지 않았다. 가자고 하면 싫다는 사람이 없었고, 명소를 관광하는 것을 생략하려고 하면 말없이 보겠다는 의사를 멈추지 않았고, 꾸준히 걸어 다녀도 불만이 없었다. 심지어 "여기는 뭐가 있죠?"라는 질문을 해서 안 볼 수 없게 만들곤 했다. 결국 경유지나 다름없는 인스브루크를 보고 체코 프라하를 그럭저럭 돌아봤다.

그렇게 긴 여행 일정을 마치고 아파트에 들어오는 순간 일행의 박수를 받았지만, 자동차에게 감사해야 할 만큼 먼 길을 드라이브했다. 아무 탈 없이 집에 돌아와서 기뻤다. 일행들도 운전하는 날 배려해주었고 그런 덕에 졸지 않고 잘 왔다.

일행은 귀국하기에 앞서 바르샤바의 쇼핑몰에 있는 로스만(Rossmann)에 들어가 산양 크림(Ziaja)과 아이크림을 사고 양이 부족해 까르푸에 가서 추가로 샀다. 그리고 초코렛, 과자, 허브차 등을 선물로 샀다. 아내의 친구가 나에게 수고했다고 옷을 사주었다. 공항으로 태워준 뒤 작별 인사를 했다. 나중에 귀국한 나와 아내는 유럽에서 함께 했던 일행의 초대를 받아 식사를 같이했다. 그 사이 추억이 된 여행이야기를 하면서 즐거운 한때를 보냈다.

부부만의
루마니아, 헝가리, 슬로바키아 여행

9월 말 아내가 가보지 않은 나라에 가보자고 해서 루마니아와 불가리아를 자동차로 여행하는 계획을 짜봤다. 그러다가 불가리아까지는 너무 멀다고 생각해 루마니아까지 가는 방향으로 여행 계획을 수정했다. 구경할 곳을 고르면서 그 곳에 대해 공부했다. 대사관 홈페이지와 관광 도서를 참고하고 블로그 등을 통해 여행 경험담을 읽고 메모했다.

유럽 체류의 마지막 시기에 하는 여행이라 폴란드 친구, 지인들과 헤어질 시간이 필요하므로 처음에는 길게 여행 일정을 짰다가, 축소해서 나중에는 간소하게 일정을 짰다. 그러다 보니 숙소 예약이 늦어졌다. 그러나 비수기라 별로 걱정하지 않았다.

여행 첫날 묵을 곳으로 슬로바키아 타트라 지역의 호텔을 예약했다. 짐을 챙겨 오전에 출발하면 저녁에 닿는 장소였다.

우리나라 TV방송에서 추천한 슬로바키아의 타트라산

오전 10시 조금 넘어 집을 나섰다.

슬로바키아를 여행하기로 한 것은 그동안 체코, 헝가리에는 가면서 이 나라는 가보지 않았기 때문이었다. 마침 그 무렵 우리나라의 공영방송에서는 슬로바키아 관광을 특집 프로그램으로 소개하고 있었다. 그 프로를 보니, 우리나라 방송사 관계자와 출연진이 숙소의 주인과 인터뷰하는 장면이 있었는데, 호감이 가서 메모해놨다가 그 호텔을 예약했다.

드라이브해서 찾아간 숙박 장소는 슬로바키아의 말라 파트라(Mala Fatra) 국립공원, 조금 더 북쪽에는 경관보호지역이 있는 곳이었다.

바르샤바에서 남쪽으로 내려가면서 약간 서쪽으로 쳉스트호바, 카토비체를 거쳐 슬로바키아 국경선을 건너 6시간을 운전해서 갔다. 아내가 중간에 한 번 운전해주었지만, 슬로바키아로 접어들 때는 눈이 따가웠다.

저녁 6시가 다 되어 호텔이 있는 테르초바(Terchova) 지역에 도착했다. 폴란드의 겨울 스키 타는 관광지인 자코파네보다 서쪽에 있었다. 슬로바키아로 보면 체코와 폴란드 국경선이 있는 북쪽에 있었다. 숙소는 슬로바키아 관광청이 자기 나라에 관광을 많이 오라고 우리나라 기자들과 여행사 직원을 초청해서 묵고 간 곳이었다. 예약한 장소에서 체크인하려니 리셉션 여자 직원이 왠지 냉랭해 보였다. 전화를 받는 중이라 그렇겠지 하고 벽에

호텔 보보티가 있던 말라 파트라 국립공원 풍경

놓인 광고물을 보려니 그 여자는 통화를 다 했는지 어떤 용무냐고 물었다. 방을 예약해놓았다고 말하니, 예약된 것이 없다고 말했다.

순간 무슨 말을 하나 하면서도 예약이 진짜 안 되었으면 어쩌나 하는 생각이 들어 아찔했다. 밤은 깊어가고 곡은 운전으로 지쳐 당장 숙소에 들어가서 쉬어야 하는데 들어갈 숙소가 없다니. 그런데 스마트폰으로 확인해보니 진짜 이날로 예약이 안 되어 있었다. 4개월여 여행을 다녔지만, 그동안 예약을 잘못한 적은 없었는데, 10월 17일로 예약한 줄로 알고 있었는데, 예약해놓은 것을 보니 다음 달인 11월 7일로 예약되어 있었다. 어쩌겠는가? 별수 없이 빈방이 없냐고 물었더니 "Full!"이라며 없다는 대답이 돌아왔다.

한국에 소개되기까지 한 숙박 장소이건만 전혀 한국 사람을 환영하는 분위기가 아니고 무뚝뚝하고 불친절했다. 우리 여행사 관계자와 기자들이 묵었고 국내에 소개되기도 했지만, 정작 가보니 생각했던 것과 전혀 달랐다. 그 여자는 방 없다고 말하기 무섭게 이내 또 전화기를 붙잡고 통화에 매달렸다. 어쩌겠는가? 우선 화장실을 물어서 갔다 오고는 한숨을 돌렸다. 소파에 앉아서 걱정하는 아내를 달래며 스마트폰으로 테르초바의 숙박 가능한 호텔을 알아봤다. 다행히 호텔은 많았다. 그중에서 리스트의 맨 위에 있고 가장 큰 호텔인 보보티(Boboty) 호텔을 예약했다.

구글 내비게이션으로 호텔을 찾아갔다. 그런데 내비게이션이 자꾸 계곡 골짜기 안으로 들어갔다. 마을 가까운 곳에서 쉬면 좋겠는데, 어디로 가는지. 계곡을 통과하고 한숨을 쉬는데 산의 중턱에 호텔이 있었다. 그 호텔이 환하게 불을 켜놓고 있지 않았다면 다시 호텔을 취소하고 다른 호텔로 갈 뻔했다. 슬로바키아를 도와준다는 느낌으로 이 나라를 여행 일정에 넣었건만 궁합이 안 맞는지 계속 어긋났다.

산길을 올라가 호텔 리셉션에 들어가니, 갑작스런 나의 등장에 여직원이 크게 놀라는 표정이었다. 그녀 역시 "방 없다"라고 말하려다가, 내가 헬로, 하이 등 말로 편하게 대하자 하루 묵을 거냐며 그럼 숙박비가 70유로라고 말했다. 내가 부킹닷컴으로 예약했다고 하면서 스마트폰에 찍힌 예약서의 금액 55.20유로를 보여주자 컴퓨터를 보더니 맞다고 말했다. 넘겨짚기로 70유로를 부른 건가?

"예약 없이 오면 70유로란 의미 아닌가?"

슬라브족은 수줍음을 타는 편이라 외국인의 갑작스런 출현에 움찔하는 인상이었다. 일단 묵을 곳을 정했으니 다행이었다. 슬로바키아는 관광홍보에 애쓰는 듯하지만, 막상 하루를 묵어가고자 하니 그들 관광업 종사자들은 TV에 나온 것과 달리 그다지 열과 성을 다하는 모습은 아니었다.

객실 안에 마실 게 없어 차 안에서 먹고 마실 것을 가져왔다. 아내는 침대가 편하지 않다는 한마디를 했다. 난 잠을 잘 잤으니 그런지는 몰랐다. 호텔의 아침 식사는 유럽에 와서 먹은 것 중에 가장 안 좋았다. 치즈는 오래됐는지 축 늘어졌고 쥬스는 어느 것을 마셔도 물에 탄 듯 싱겁기 그지없었다. 어서 떠나고 싶어졌다.

얼른 이 호텔을 나가야 기분이 좀 나아질 듯했다. 이곳에 와서 인상적인 것은 없었다. 그냥 산속으로 강원도 산골의 어느 곳 같았다. 조금 풍경이 나은 곳을 골라 사진을 몇 장 찍고는 운전해서 나왔다. 숙소를 벗어나 산속 약간 평지로 나오는데 거대한 공장이 있었다.

"여기 웬 공장이 있나?"

봤더니 기아자동차였다. 인구 8만 명의 산업도시 질리나(Žilina) 지역에 공장을 세웠다는 말을 들었지만, 실제 공장 현장을 보긴 처음이었다. 솔직히 여행하면서 질리나에 간다고 생각하지 않았다. 그냥 슬로바키아의 명승지, 자연공원 같은 곳을 볼 것만 머리 속에 그렸다. 그러다보니 산속에 있는 기아자동차공장을 보고 뜻밖이라고 생각했다. 나중에 보니 기아공장은 질리나시 외곽 평지 끝에 위치했는데, 산속에서 나온 내가 그곳을 신 세상을 만난 것처럼 놀랐던 듯했다.

도로에는 기아, 현대차가 다른 어떤 곳보다 많이 다니고 있었다.

"음, 자동차 조립공장이 여기에 있으니, 관계가 있겠지."

계속 드라이브하면서 보니, 지나가는 곳이 유럽에서는 드물게 산과 구릉으로 이뤄진 지형임을 알 수 있었다. 산을 넘다가 정상에서 잠시 차를 세웠다. 주위를 보니 슬로프가 있었다. 겨울에 스키를 타는 곳임을 알았다.

그러나 오가는 사람은 거의 없었다. 오토바이를 세워놓고 쉬다가 막 출발하려는 사람이 있을 뿐이었다.

이런 산중에 트레일러가 과속으로 다니고 있었다. 크락숀을 누르고 난폭운전을 했다. 뒤를 따르면서 보니, 트레일러 운전자가 빈 컨테이너를 싣고 가는지 큰 차를 마치 승용차를 다루듯 했다. 산길에서 저 큰 트레일러를 운전하면서 어떻게 속도를 빨리 낼 수 있는지 의아했다. 그럼에도 그 질주하는 트레일러를 추월하는 승용차가 있었다. 그다음에 보니, 트레일러 운전자는 갑자기 순한 양처럼 속도를 내지 못했다. 왜 그런가 하고 보니 앞에는 아주 천천히 운전하는 승용차가 있었기 때문이었다.

트레일러는 거친 숨을 몰아쉬는 야수처럼 중앙선을 침범하며 좌우로 뛰쳐나갈 기세였지만, 앞차가 비켜주지 않는 한 나아갈 수 없었다. 반대편 차선으로 차가 계속 오니 그냥 뒤따라갈 수밖에 없었다. 그러다가 트레일러가 앞차를 추월했다. 속도를 늦춰야 하는 마을 부근인데 트레일러가 승용차를 추월하는 희한한 일이 벌어졌다. 거구를 흔들며 중앙선을 넘어 달려가서는 승용차를 앞섰다. 그러나 추월과정에 워낙 트레일러가 길고 반대편 차선에 차들이 오자 승용차를 덮치듯 추월했다. 다행히 브레이크를 잡아 부딪치는 사고는 없었으나 트레일러는 여전히 위험한 게임을 했다.

겁이 없는 트레일러 운전자와 자존심이 센 승용차 운전자의 대결이었다. 그러나 이러한 시소게임은 앞에 로터리가 나오고 제각기 흩어지면서 끝이 났다. 유럽에서는 좀처럼 보기 힘든 상황을 보았기에 기억에 오래 남았다.

슬로바키아에는 산들이 많다. 유럽의 대평야만 보다가 이곳을 보니 길이 왕복 2차선으로 우리나라 국도와 다를 바가 없었다. 계절적으로 나뭇잎

이 노랗게 물들어 보기 좋았다. 드라이브하기 좋았으나 속도를 내지 못하는 것이 흠이었다.

길 가는 도중에 약국에 들러 약사에게 눈이 빨갛고 장거리 운전을 해서 눈이 좀 불편하다고 했더니 하루 세 번 넣으라며 안약을 주었다. 안약은 뚜껑을 열면 한 달만 유효하다고 말했다. 매우 친절했다. 안약을 대강 넣으니까 약사는 눈 아래 꺼풀을 내리고 넣으라고 조언해줬다. 눈이 불편하고 신경이 쓰였는데, 안약을 넣고 편해졌다.

마을에 선거 후보자 얼굴을 붙인 트럭이 스피커로 연설하면서 지나갔다. 후보자는 타고 있지 않았으나 녹음된 연설을 틀어주는 듯했다.

예쁜 성이 있는 슬로바키아의 보이니체

보이니체(Bojnice)를 소개하는 이유는 그곳에 슬로바키아에서 가장 멋진 성이 있기 때문이다. 바로 보이니체성이다. 국도의 꼬불꼬불한 길을 운전해 도착했더니 유료주차장이 반겼다. 주차료는 4유로였다. 아내가 깎으려고 3유로에 하자고 했지만 먹히지 않았다. 유료주차장의 화장실을 쓰려고 하니 또 40센트를 내라고 했다.

"으~ 장사에 윤리도 없나?"

프랑스나 이탈리아는 고속도로에 통행료를 받는 대신 화장실은 공짜로 제공하고, 이웃 폴란드는 아예 주유소에서는 화장실이 공짜다. 그런데 여긴 주차비를 내는데도 화장실이 유료다.

보이니체성 내부는 가이드 투어가 진행됐다. 슬로바키아어로 설명하는

보이니체성과 호수

보이니체 마을

가이드 투어라 나와 아내는 성 안에 들어가는 대신 밖을 돌면서 성 외부와 해자, 주위 공원을 보고 휴식하는 것으로 대신했다. 여행하면서 가끔은 레스토랑을 잘못 고른 적이 있던 우리는 지나가는 현지 사람에게 맛있는 레스토랑을 추천해달라고 부탁했다. 이곳에 산다는 슬로바키아의 젊은 부부는 이제 막 4~5살 된 아이들을 데리고 가면서 아주 유창하게 좋은 레스토랑이 두 군데가 있다고 말했다.

지나가던 두 여성도 호기심을 나타내며 영어로 조언을 해주려고 나섰다. 하나 같이 영어를 잘했다. 그들이 소개한 맛있는 식당으로 가서 수프와 슈니첼을 주문해서 먹었다. 슈니첼은 일반적인 것과 달리 감자 팬케익 같은 것으로 감싼 돼지고기를 구워준 것이었다. 고기에 바른 것이 튀김가루가 아니라 감자전 같은 것이어서 정말 두꺼웠다. 요리가 푸짐하고 맛있었다. 지금쯤 그 레스토랑은 맛집으로 유명해졌을 것이다. 그만큼 훌륭한 요리였다. 역시 현지인이 추천한 레스토랑에 가면 실패하지 않는다는 것을 재확인했다. 식당 이름이 Panský pivovar Bojnice라고 하는데, 소규모 가족 양조장으로 다섯 가지 종류의 맥주를 양조해서 판매하고 있었다.

슬로바키아 국경에 있는 헝가리 도시 에스테르곰

보이니체에서 식사하고 헝가리의 에스테르곰(Esztergom)을 향해 출발했다. 헝가리에서 수도 부다페스트를 빼고 가볼 만한 곳으로 고른 도시였다. 이날 숙소는 부다페스트의 다뉴브강보다 상류에 있는 세 도시를 보기 위해 바츠(Vac)에 잡았다. 게스트하우스 숙소에 6시에서 7시 사이에 도착하기로 약속해놓은 상태라 서둘렀다.

유럽에서 도로를 달리다 보면 왕복 2차선에 아스팔트가 아주 좁게 깔려 있다. 조금만 차선을 맞추지 못하면 바퀴가 흙바닥으로 떨어져 위험했다. 한 차선에 차 한 대가 겨우 지나가는 편이라 굴곡진 곳이나 커브 길에서는 위험했다. 에스테르곰을 가까이 가서 보니, 중앙에 다뉴브강이 흐르고 강 중앙이 국경선이었다. 슬로바키아에서 철교를 지나면 바로 헝가리였다. 헝가리로 들어가니 기분이 좋아졌다.

슬로바키아는 은근히 불편했는데, 이곳에 오니 스타일이 마음에 들었다. 강변 높은 곳에 성당 겸 요새가 있고 정상에는 전망이 아주 훌륭했다. 차를 세워놓고 아내와 함께 걸어서 다녔다. 부다페스트 인근에서 꼭 가볼 만한 장소라고 할 수 있다. 사진을 찍고 산책을 하다가 5시가 넘어가자 바츠로 출발했다.

밤에 바츠 숙소로 가면서 전화를 걸었으나 연결이 안되었다. 전화번호가 사용하지 않는 것이라는 메시지를 받았을 때 당황했다. 아이 돌보는 현지 사람에게 물어봐도 사용 안하는 전화라고 말했다. 게스트하우스의 대표 전화번호가 제대로 맞지 않는다는 게 말이 되나? 숙소에 못 찾아 들어가는 게 아닌가 걱정하면서 도착해보니, 리셉션에서 나온 남자 친구가 “기다리고 있었다”며 체크인하고 우릴 숙소로 안내했다.

영어를 잘하는 친구라 소통에 지장이 없었다. 그의 소개로 숙소 옆에 있는 경양식 집에서 레드와인 한 잔과 샌드위치를 주문해서 먹었다. 아내는 숙소에서 한국식으로 밥을 해 먹자고 했지만, 헝가리식을 먹는 것도 괜찮다며 또 저녁인데 와인을 맛보지 않을 수 없지 않냐며 약간 쌀쌀했지만 밖에서 외식했다. 숙소는 반지하인가. 아니 0층인데 전망이 없는 곳이었다.

이 시간에 와서 뭘 더 기대하겠는가. 그냥 잠을 잘 수 있으면 됐지. 다행히 조용하고 방 구조가 정사각형이어서 적당히 괜찮았다.

그곳은 바로 앞이 다뉴브강으로 강을 건너주는 배의 접안 장소이기도 했다. 숙소 뒤편에는 올드타운이 있어 걸어서 구경할 수 있다는 말도 들었다. 다뉴브강 가라서 그런지 수도물은 세차게 나왔다. 조용한 것도 장점이었다. 아내도 휴식 취하기 좋은 장소라고 말했다. 초저녁에 잘 되던 와이파이가 12시 넘어 새벽이 되자 잘 안되는 건 문제였다. 개발이 덜 된 나라가 만만한 듯하지만 실은 불편하다. 자꾸 독일과 비교가 됐다. 독일은 숙소가 꽤 괜찮고 의외로 잘 해주고 통 크게 서비스해주는 맛이 있다. 또 나가면 온통 쇼핑하고 싶을 만큼 화려하고 돌아보는 재미가 있다. 그러다가 살 만한 것이 있어 사기도 했다. 그러나 슬로바키아, 헝가리를 보면 눈에 안 들어온다. 심지어 부다페스트를 보고 헝가리의 작은 도시를 보니까 비교가 되었다. 앞으로는 작은 도시부터 보고 부다페스트를 봐야 할지 모르겠다.

헝가리의 그림 같은 소도시 센텐드레, 비세그라드, 괴델레

센텐드레(Szentendre)는 부다페스트에서 20킬로미터 가량 떨어진 타운으로 다뉴브 강변에 형성된 작은 도시다. 이 타운의 역사는 로마시대로 거슬러 올라간다. 그때는 로마의 전초기지였다. 이후 오늘날의 헝가리를 만든 민족인 마자르족이 살았고, 또 한때 세르비아인, 독일인이 살던 곳이었다. 동네가 이쁘고 건물이며 골목길, 수많은 박물관, 갤러리, 야외시장이 강변 마을에 형성되어 있었다. 마침 중국인 단체 관광객들이 여행 와 있었다. 동네에는 조그만 가게들이 줄지어 있고 여러 가지 관광 상품을 전시, 판매하고 있었다. 우리는 동네를 걸어서 둘러본 뒤 사람이 적은 드라이브 코스나 강변으로 걷다가 노천 레스토랑에서 쉰 후 다음 도시로 떠났다.

비세그라드(Visegrád)는 탈공산 체제전환 한 나라의 협력체로 유명한 비세그라드 그룹에서 등장하는 도시다. 이곳은 길쭉하게 도시가 이어져 있고, 산 위의 요새와 왕궁이 볼거리다. 왕궁은 14세기 왕들의 저택으로 지어졌다. 이곳이 유명해진 것은 1991년에 역사적인 비세그라드 정상회담이 열렸기 때문이다. 당시 동유럽 공산권 국가이던 폴란드, 헝가리, 체코슬로바키아 정상들이 만나서 소련 붕괴 후 민주주의로 돌아가는 문제를 논의했다. 현재는 체코슬로바키아가 두 나라로 분리 독립하면서 비세그라드 그룹의 회원국은 폴란드, 체코, 슬로바키아, 헝가리 4개국이다.

조그만한 도시가 중부 유럽의 대표적인 정치협력체의 상징 도시로 유명해졌고, 이 협력체를 통해 네 나라는 정치, 경제, 문화면에서 상호협력하고 서로 지지한다. 유럽연합에 가입해서도 이들 네 나라는 결속하는 모습을 보이며 지역협력의 모범적인 모습을 보이고 있다.

이 도시는 자동차 여행을 하는 운전자에게 조용하고 쉴 곳이 많아 좋았다. 도시가 다뉴브강의 오른쪽에 형성되어 있으며, 강변으로 산책길과 쉬어갈 곳이 있다. 이 소도시의 강변 레스토랑에 들어가서 식사했다. 난 유명한 헝가리의 굴라슈수프를, 아내는 송어튀김을 주문해서 먹었다.

다음에 만난 타운은 이름이 특이한 괴델레(Gödöllő)다. 헝가리의 수도 부다페스트에서 30킬로미터 북동쪽 지역에 있으며 괴델레 궁전이 볼거리다. 19~20세기 헝가리 군주들의 여름 별궁으로서 헝가리에 가장 큰 궁이고 바로크와 로코코 양식의 건축으로 지어진 걸작품이다. 우리가 들렀을 때는

센텐드레

비셰그라드

괴델레

수리중이었다. 괴델레는 중세부터 농업과 무역의 중심지였다. 1858년 헝가리 혁명 때 중요한 역할을 했지만, 지금은 관광객이 많이 찾는 곳이다.

그외 이곳 지역의 역사와 문화를 보여주는 그라살코비치(Grassalkovich) 박물관이 있고, 인근 지역에 카롤리(Károlyi)성, 공원과 숲, 하이킹 코스가 있다.

헝가리 최남단 솔노크로 가는 길

헝가리 남쪽, 무명의 도시 솔노크(Szolnok)로 가면서 머리가 무겁고 마치 내키지 않는 걸음을 떼는 것처럼 기운이 나지 않았다. 아마도 더 남쪽 미지의 나라 루마니아로 가는 걸음이어서 그랬던 것 같다. 거기에다 만일 여행하는 일행이 네댓 명이 되었더라면 서로 의지하면서 장거리 여행에 큰 힘이 되었을텐데, 부부 둘만 가려니 여행의 흥은 나지 않았다.

드라이브하는 중에 국도의 마을 앞으로 들어가는데, 마주 오는 대형 트럭이 상향등을 깜박거렸다.

“음, 이건 맞다면 앞에 경찰차가 있다는 건데”

속도를 늦췄다. 그리고 천천히 가보니 반대편 마을입구에 경찰차가 있고 세워져 있는 승용차 한 대도 보였다. 경찰에 걸린 듯했다. 모처럼 대형 트럭 운전자에게 감사해야 했다. 폴란드에서도 마주오는 차가 헤드라이트를 깜박이면 대개는 앞에 경찰차가 단속하고 있다는 신호였다.

헝가리에 와서 도로변 유료주차를 하려고 티켓을 끊으려다 말고 주차해 놓은 차들을 보니 티켓이 보이지 않았다. 아내가 헝가리는 불법주차를 엄격히 단속하지 않는다고 말했다. 그래서 안심하고 그냥 주차했다.

솔노크 숙소에서는 열쇠의 사용법이 달라 혼선을 겪었다. 아내는 문이 잠기지 않는다고 말했다. 내가 해도 열쇠가 겉돌고 마찬가지였다. 리셉션의 여직원을 불러 키가 제대로 작동되지 않는다고 말했더니, 손잡이를 한 번 위로 올린 다음 열쇠를 돌리니 잠겨졌다. 폴란드 등 다른 나라에서는 이렇게 한 적이 없어 용법을 모르는 게 당연했다.

숄나크의 아파트 숙소는 1층 건물인데 와보니 부엌이 없었다. 음식을 만들어 먹을 수 없었다. 헝가리의 동쪽, 루마니아와 가까운 곳인 이곳 숙소에서는 리셉션 옆 큰 방에 빨래해 놓은 시트와 배개피 등을 널어 말리고 있었다. 세탁을 외부에 맡기지 않고 숙소 리셉션 옆 방에 말리다니… 우리나라의 미용실이 수건을 가게 앞 길거리에서 말리는 것과 비슷한 느낌이었다. 여기 오기 전까지 유럽에선 보지 못하던 모습이었다.

주위가 공원 같아 대낮에는 좋을지 모르겠으나 밤에는 돌아다니기 좋지 않을 듯했다. 다행히 불을 밝힌 큰 다리가 시내 중심지로 연결되어 있어서 도시로 접근하는 데 어려움은 없었다.

헝가리 솔노크에는 비행기와 무슨 관련이 있는지 모르지만, 거리에 헬리콥터가 걸려 있고 마트에 비행기가 천장을 장식하고 들판에 비행기가 놓여 있는 등 비행기가 흔했다.

헝가리에서 조금은 낯설은 나라 루마니아로

헝가리 솔노크의 숙소에서 체크아웃 할 때 아내에게 시내라도 보겠냐고 물었더니, 그냥 가자는 의견이었고 나도 꼭 볼 정도는 아니라는 생각이 들어 그냥 출발했다. 나오다가 마트에 들러 과일을 조금 사서 출발했다.

헝가리에는 철도 건널목에 백색등이 깜박거리고 있으면 지나가도 좋다는 표시다. 적색등이 깜박거리면 정지하라는 신호지만, 여긴 정지하든 가도 되든 불이 깜박이는 것이 특징이었다. 솔노크에서 헝가리-루마니아 국경선까지 길은 국도였으나 통행 차량이 별로 없어 많은 시간이 걸리지 않았다. 유럽에서도 보기 드문 일직선으로 뻗은 도로였다. 운전하기 좋았다. 2시간 정도 달렸는데, 국경선을 앞두고 루마니아로 가는 고속도로로 연결되었다. 루마니아는 과거 공산권 국가 중에는 폴란드 다음으로 인구가 많은 나라다. 그렇다 보니 지원금이 우선적으로 나오는 듯했다. 아마 유럽연합 자금으로 도로를 만든 듯했다. 국도에 없던 트레일러가 여기 고속도로에서 볼 수 있었다.

국경선에서는 루마니아가 헝가리와 같은 유럽연합 소속 국가임에도 여권만 달랑 보고 통과시켜주지 않았다. 헝가리-크로아티아, 크로아티아-슬로베니아는 여권에 스탬프를 찍어주는 것으로 그쳤으나, 여기에서는 루마니아쪽에서 여권에 차량 등록증까지 요구했다. 그리곤 차를 주차하고 기다리고 말하는 등 말이 잘 안 통하면서 루마니아 관리가 고압적인 태도를 보였다. 자칫 감정이 상할 뻔했다.

"니네 나라에 안 가면 될 것 아니냐."

이런 생각이 들었다. 나중에 다른 직원이 와서 여권과 차량등록증을 돌려주며 방문 목적을 묻기에 투어한다고 했더니 고개를 끄덕였다. 루마니아는 유럽연합 가입에 따라 솅겐협정(Schengen Agreement: 국경선 개방) 가입이 의무화되어 있으나 아직 가입하지 않고 있다. 이유는 아마도 유럽연합의 경계선 국가로 국방, 치안이나 보안상의 이유일 것이다.

국경선 체크포인트 통과를 하면서 기분이 나빠진 탓에 고속도로를 달려도 기분이 즐거워지지 않았다. 거기에다 고속도로 통행료 차량등록을 하지 못하고 달리는데, 카메라가 일정한 거리마다 설치되어 차량을 주시한다고 생각하니 영 기분이 살아나지 않았다. 휴게소도 없고 주위가 주말인데도 고속도로에는 차량 통행이 뜸했다.

날씨는 매연인지 기후탓인지 모르지만 온 천지가 흐렸다. 남쪽으로 계속 내려오면서 온도가 올라가고 더워지면서 분위기는 조금씩 바뀌었다. 날이 덥다 보니 옛날 이곳으로 진격한 독일군이 단추를 풀고 옷을 벗어젖혔던 마음을 이해할 것 같았다.

고속도로는 정말 흠잡을 데 없이 잘 되어 있었으나, 운전자를 위한 편의시설은 거의 없었다. 휴게소도 없고 졸음운전 방지 주차할 곳도 없고 황량한 대지 위에 도로만 세워져 있는 꼴이었다. 하나 눈에 띄는 것은 목적지 안내 표지판이 고속도로를 달릴 경우와 고속도로를 벗어난다고 안내할 때의 표지판의 색깔이 다르다는 점이었다.

통행권 차량등록을 위해 주유소를 찾다가 한참 달린 후에 교통안내 표지판에 주차 및 주유소가 있다는 곳이 있어 들어갔다. 아직 건물이 세워지기 전이어서 그런지 가건물이 주유소와 매점을 대신하고 있었다. 처음에는 이런 곳에 주유소가 있는 줄 모르고 주유소를 찾다가 못찾고 나가려던 순간 아내가 에스토니아에서 온 사람에게 물어 주유소가 있다는 사실을 알았다. 먼저 매점에 가서 7일짜리 고속도로 통행 차량등록을 하고, 그 다음으로 주유소에 가서 기름을 넣었다. 주유를 어떻게 하는지 물었더니, 앞차 운전자가 친절히 안내해 주면서 "니하오"하기에 내가 "안녕하세요."라고 말했더니, 어디서 왔냐고 물어 코리아라고 말하니, 김치가 좋다며 치켜세웠다. 김치를 아는 것만도 대단하게 느껴져 반가웠다.

루마니아에서 시간 조정이 됐다. 한 시간 더 빨라졌다. 오후 1시가 여기에서는 오후 2시였다.

코르빈성과 데바

데바(Deva)로 가다가 코르빈성(corvin castle)으로 방향을 바꿨다. 후네도아라(Hunedoara) 지역에 있어 후네도아라의 성으로 부른다. 현지어로 'Castelul Corvinilor'다. 멀리 남쪽으로 갈 길이 머니 그 전에 봐두는 게 좋을 것 같아 성을 찾았다. 루마니아는 아내 말대로 우크라이나보다 형편이 더 안 좋아 보였다. 북쪽 헝가리와의 국경선에서 내려오는 동안 줄곧 평원이 펼쳐졌는데 들판은 매우 황량했다. 밭으로 이용된다는 것 외에는 나무

천혐의 대형 요새 코르빈성

가 거의 없고 있어도 관목 수준으로 낮았다. 숲은 아예 없었다. 황무지고 사람들이 별로 살지 않았다. 멀리 집들이 보였지만, 대개 단층으로 낮았고 붉은 기와는 다른 유럽과 같았지만, 대체로 이쁘지 않았다.

철도 건널목에 차단기가 내려졌다. 병사들과 장갑차 등을 실은 기차가 길게 나와서는 레일을 바꿔 다시 돌아오는데 시간이 10분 아니 20분은 걸리는 듯했다. 세상은 바뀌어 빠른 자동차로 오가는 판에 이렇게 낡은 방식으로 차단기를 내려 길을 막으니 일부 운전자들은 차량을 유턴해서 가버리기도 했다.

데바쪽으로 가니 평지가 산이나 언덕으로 바뀌고 여기에 사람들은 사는데 이번엔 큰 화력발전소 같은 게 있어 전력생산을 위해 불을 때는 것 같

시설이 좋고 꽃으로 장식된 숙소

왔고 송전망이 구축되어 곳곳에 송전탑이 있고 사회주의 시절 공장을 많이 운영했던지 버려진 폐공장과 낡은 건물들이 을씨년스러운 풍경을 만들어내고 있었다. 도착할 때까지 주위를 봐도 도저히 성이 있을 것 같지 않았다. 그런데 성이 있었다. 성은 위엄이 있고 축대를 높이 쌓고 성 앞에 물이 흘러 요새처럼 볼 만 했다.

숙소는 데바 시내의 'Villa Brussels'이다. 벨기에 브뤼셀은 내가 가족과 함께 4개월을 지낸 곳으로 이름이 친숙해서 들어갔는데, 진짜 나이스한 곳이고 안에는 비슷하게 오줌싸게 동상도 있었다. 주인이 음료수를 권하고 숙소 안에 주차가 되고 방도 2층을 주는 등 만족했다. 숙소에서 영화를 보니, 여기서는 슬라브족 국가와 달리 자막이 나왔다. 폴란드는 물론, 같은 슬라브족 국가인 슬로바키아, 체코, 우크라이나에서는 대사를 읽어주었다. 더빙 대신 자막 방송을 하는 것을 보니 유럽은 멀고 동양에 가까워지는 징표로 보였다. 또 하나 한국과 비슷한 것은 다른 유럽과 달리 이곳에는 비닐

하우스가 많았다. 비닐이 벗겨진 채 틀만 앙상하게 남은 곳도 있었다. 겨울 채소를 재배하는 듯했다. 실제 그 속에 식물이 있는 곳도 있었다.

숙소 리셉션에서 레스토랑을 추천받은 곳은 뵈르드(Bord)였으나, 찾지 못해 다른 곳으로 갔다. 시내 중심가의 피자집인데 스테이크도 되는 Casa Rustica였다. 난 스파게티, 아내는 쇠고기스테이크를 먹었다. 이곳도 사실은 현지 사람의 추천을 받아서 갔다. 역시 사람들이 많고 음식맛도 괜찮았다. 소스 등 곁들이는 양념 주문을 직원이 잘못 이해해서 얹어주는 게 달라서 아쉬웠지만, 그래도 아내는 좋아했다.

다음날 데바에서 숙소 주인으로부터 극진한 마중을 받으며 출발했다. 아침 식사는 지극히 평범했지만, 주인아주머니는 우리를 보자마자 손을 잡고 환영하면서 잘 잤는지 인사하고 식사를 권하고 자리를 잡아주는 등 배려해주자 기분이 좋아졌다 여주인은 리뷰를 잘해달라는 말까지 했다. 숙소 평가를 의식하고 있었다. 이후 나갈 때까지 주인은 한결같이 돌보아주었고 사진을 찍자는 것에 호응하는가 하면 우리 사진도 찍어주었다. 그렇게 숙소를 나서기는 처음이었다.

드라큘라로 유명한 브란성과 루마니아 중앙 도시 브라소브

루마니아의 트란실바니아(Transylvania)에 있는 유명한 드라큘라성을 구경하러 나섰다. 브라소브(Brașov)로 구글 내비게이션을 해놓고 출발하니 고속도로와 국도 등 주도로로 안내했다. 도시와 도시 사이의 내비게이션은 큰 길로만 다니게 해서 좋았다.

브란성

그런데 약 40여 분을 남기고 브란(Bran Castle)성으로 구글 내비게이션을 했더니 시골길로 안내하기 시작했다. 73A 도로였다. 차량이라곤 한 대도 없는 길로 안내하다가 조금 더 가니 마을들이 이어지면서 그나마 사람 사는 곳으로 안내하다가 좌우에 산을 둔 계곡 길로 접어들었다.

"브란성 가는 길이 왜 이렇게 해가 빨리 지고 축축한 계곡길일까?"

옛날 마차를 몰아가는 모습을 생각하니 이 길이 드라큘라의 성으로 가는 음산한 길 같이 느껴져 얼른 이곳을 벗어나야겠다는 생각이 들었다. 그렇지만 점심시간이 되었다. 한 시간 빠른 탓에 일어나 조금만 지체하면 바로 오전 9시, 10시가 되었다.

그래서 브란성에 가기 전에 레스토랑에 들렀다. 식당 이름이 Restaurant Mama Leti였다. 다행히 그곳은 맛집이었던 듯 식사하는 현지인이 많았고 우리도 그들처럼 탐나 보이는 요리를 주문했다. 돼지갈비와 홈메이드 소세지를 먹었는데 아주 맛있었다. 아쉬운 것은 레스토랑에서 보낸 시간이 너무 많았다는 점이었다. 메뉴 보는 시간에다 식사 주문하기, 요리가 나올 때까지 기다리기, 다 먹은 접시를 치우게 하고 영수증을 달라고 한 뒤 돈 내고 나오기까지 많은 시간이 걸렸다.

브란성이 있는 곳으로 왔다. 4시 전인데도 문이 닫혔다.

"아! 이렇게 일찍 마감하는가?"

주위를 돌면서 성을 사진에 담는 거 외에는 할 일이 없었다. 길가에 주차하는 것이 유료라서 돈을 냈다. 성 안에는 못들어가지만, 주위라도 봐야 하겠다 싶어 돌아봤다. 브란성은 실제 모습이 작았다. 위치도 훌륭하지 않았다.

드라큘라의 성은 산꼭대기 높은 곳에 있고 울창한 숲으로 둘러싸여 있는 것이 아니라 가보니 냇가를 끼고 있지만, 평지에서 산속 길을 가는 초입에 서 있었다. 거대한 성이라기보다는 작은 저택 같았다. 그런 성이라면 빨려들 것 같지 않고 안에 뭐가 있어 봐야 얼마나 있겠나 이런 생각이 들었다.

브람 스토커(Bram Stoker)의 유명한 소설 드라큘라 백작'에 영감을 준 14세기 이래 요새치곤 아쉬웠다. 아내도 마찬가지로 작은데 실망했다. 내일이라도 다시 와서 안에 들어가볼까 하고 물었더니, 아내는 그러고 싶지 않다고 말했다.

루마니아 도로 풍경은 공장 등 공산주의 잔재가 아직 많이 남아 있었고 날씨도 비가 오면서 흐려 주위가 온통 회색빛이었다. 들판이나 산에 나무가 거의 없는 것은 수목이 잘 자라지 않는 토양이거나 그런 기후여서인지 혹은 모두 베어버린 것인지 알지 못하겠지만 어쨌든 황량했다. 숲이나 푸른 풀밭 대신 말라버린 풀이 황량함을 더했다. 산이 볼 게 없고 나무도 안 보이니 쉴 데가 없는 것처럼 경치를 삭막하게 만드는 것 같았다.

길가에 감자를 망태기에 넣어 파는 사람이 많고 계곡에 방목하는 말과 양들을 많이 봤는데, 가다 보니 말이 끄는 수레가 아직도 교통수단으로 사용되고 있었다. 거의 6대나 봤다. 믿을 수 없는 현실이었다. 비닐하우스도 많았다. 거기서 온실 식물을 키워서 내다 파는 듯했다. 산길을 가다 보니 목동이 소를 방목하고 있었다. 그날은 일요일이라 사람들이 옷을 빼입고 성당을 다녀오는 듯했다. 모자를 쓰고 나름 차려 입은 게 분명해 보였다.

브라쇼브 숙소로 잡은 Belfort 호텔로 향했다. 마침 그 호텔은 시 중심가에 있었다. 리셉션의 여직원이 매우 친절했다. 차를 호텔 영내에 주차시키고 키를 받은 뒤 지도로 안내해준 대로 시내 관광에 나섰다.

카르파티아산맥에 둘러싸인 브라소브는 과거 독일 민족이 만들었다고 한다. 그래서 그런지 도시 곳곳에 위엄 있는 건물들이 보이고 유명하다는 고딕 양식의 검은 교회(Black Church)도 있었다. 차 없는 거리가 도시의 중심이고 도로 끝에 화려한 건물과 전통 음식점으로 둘러싸인 의회 광장이 중앙에 분수를 두고 연결되어 있고 마지막에 검은 교회가 있었다. 도시 전경을 전망할 수 있는 탐파(Tâmpa)산이 있고, 중세 요새인 브라쇼브 시타델(citadel)이 있었다.

호텔 리셉션 여직원에게 루마니아의 좋은 레드와인을 소개해달라고 했더니, 자기보다 남편이 전문가라며 전화로 묻더니 세 가지를 적어주었다. MINIMA MORALIA, SEGARCEA, CRAMA OPRISOR였고, 이어 와인가게 STR. George Baritiu m7까지 소개해주기에 가서 메모해준 것을 보여주고 구입하려는데 비쌌다. MINIMA MORALIA 까베르 소비뇽 120레이, 26유로 정도 하니 루마니아에서 비싸긴 했다. 그렇지만 구입했다. 한 아이가 길거리에서 아내에게 꽃을 사라고 했다. 안 샀지만, 이런 일을 시키는 어른이 있지 않을까 생각도 었다. 아직 후진적인 게 사라지지 않은 듯했다.

저녁식사는 호텔 여직원이 소개해준 레스토랑 두 곳 중 한 곳으로 갔다. 이름이 Sergiana, 지하에 있었지만 손님이 무척 많았다. 아내가 배부르다고 해서 수프만 시키고 난 양고기구이와 레드와인 한 잔을 곁들였다. 와인은 아로마가 특히 좋았고 맛이 괜찮았다. 이번에 우리를 맡은 레스토랑 남자 직원은 양고기 그릴에 놓을 사이드 디쉬로 첫 번째 버섯과 두 번째 감자를 놓을 것인지 물었는데, 아내는 감자를 삶은 것으로 달라며 Boiled, Steamed를 발음했다. 그런데 우리 담당 직원은 그 말을 못 알아듣고 화난 표정으로 돌아가 다른 동료에게 우리와의 소통을 의뢰했다. 그 과정에 아내는 그 종업원의 다혈질적인 모습에 기분이 상했다. 아내는 삶은 감자를 좋아한다. 튀긴 것은 기름이 많다고 안 좋아한다. 그래서 생긴 트러블이다.

이번 경우를 봐서 알겠지만, 내가 국경선에서 루마니아 관리가 자기 말을 빨리 알아듣지 못하는 나에게 발끈하던 일이 연상됐다. 루마니아 사람들은 일반적으로 다혈질적인가? 식당 종업원마저 다혈질적으로 나오는 것을 보고 그런 생각이 들었다.

호텔 여직원이 추천해준 레스토랑 다른 한 곳은 Sub Tâmpa이나, 산을 오르내리는 케이블 기차 타는 곳이고 밤에 차가 없어 가기 어려웠다. 사진 찍기 좋은 장소를 추천해달라고 했더니, 시타델라와 다른 한 곳은 그 반대편 지역에 있는 높은 곳을 말해주었다.

호텔은 겉보기에 좋아 보였으나, 소음이 있었다. 방음이 안 되거나 부실했다. 밤늦은 시간에 쿵쿵 울림이 느껴지고 마이크로 말하는 게 들렸다.

"나이트클럽이 있어 밤늦게까지 노는가?"

도심 중앙의 높은 곳에 있는 브라쇼브 요새

유럽에서 처음 겪어봤다. 잠은 잤고 새벽에 그런 소음은 들리지 않았지만, 편치 않았다. 이 호텔에는 다리미가 있었다. 이거 하나는 특이했다. 덕분에 물세탁을 하고 밤새 말렸던 남방셔츠를 다렸다. 아내도 구겨진 옷을 다리미로 폈다.

아침식사 장소인 6층 레스토랑은 전망이 좋았다. 사진 찍을 장소로 멀리 갈 필요 없이 이곳 호텔 6층 레스토랑이어도 충분할 것 같았다. 식단은 빵과 치즈, 햄, 버터, 오이와 토마토, 피망 같은 야채와 쥬스, 커피로 이뤄졌고 평범했다.

밤에 조금 고민했던 것은 루마니아의 남쪽으로 더 내려가야 하는가와 수도 부쿠레슈티를 보고 갈 것인가의 여부였다. 너무 내려가면 가는 만큼 돌아올 것을 생각해야 한다. 운전하는 시간이 그만큼 늘어난다. 그것이 부

브라쇼브 시내

담이었다. 난 돌리고 싶었다. 더구나 난 이미 부쿠레슈티에 가봤기 때문이다. 아내는 루마니아의 수도 부쿠레시티가 2시간 반 거리라 아쉬움이 남는 표정이었지만, 바르샤바에 가서 챙겨야 할 일이 있다고 설득해 더 내려가지 않기로 했다.

돌아가는 길에 가까이 있는 시나이아(Sinaia)와 펠레슈성(Peleș Castle)을 들르기로 했다. 먼저 시나이아를 보고 펠레슈성에 가 본 다음 남은 관광지라 할 시기쇼아라(Sighișoara)에 가서 묵기로 했다. 시기쇼아라가 돌아가는 길에 있었기 때문이다. 그렇게 마음을 정한 다음 차를 몰고 나와 전망이 좋다는 브라쇼브 시타델에 올랐다. 그러나 생각만큼 전망이 좋았던 건 아니었다. 돌아다니며 사진을 찍고 차를 몰아 시나이아로 향했다.

도시를 벗어나는 운전을 하면서 보니 브라쇼브가 굉장히 컸다. 올드타운이 있지만, 한쪽에 아파트 등 현대적인 도시 거주지도 꽤 넓었다. 내비게이션이 없었다면, 이 도시를 빠져나오려고 엄청나게 고생했을 듯했다. 브라쇼브에서 나오는 길에 보니 사슴 동상이 서 있었다. 도시 입구에 서 있는 걸 보니 브라쇼브의 상징 동물 같았다.

루마니아에는 주인 없는 개들이 많이 배회한다. 대개는 큰 개이고 애완견들은 아니다. 우리나라 농촌에서 키우는 크기의 개들이다. 버림받은 개들 같으나 사나워 보이지 않고 그냥 도로가에 누워 있거나 개들끼리 동네 골목길 등지를 다니고 있었다. 도로변에는 사람들이 꿀이나 과일을 팔고 있었다.

눈 덮인 산 경치가 인상적인 시나이아와 산속의 펠레슈성

시나이아로 운전해 가다가 보니 차들이 많아서 엄청나게 붐볐다. 길이 하나라 오가는 차량 행렬이 길었던 게 아닌가 생각된다. 왕복 2차선 도로의 한 차선을 막고 공사중이어서 더 막혔다. 이 나라도 폴란드와 마찬가지로 유럽연합의 자금 지원을 받아 도로공사가 곳곳에서 벌어졌다.

운전해 가면서 보니, 멀리 높은 산이 있고 거기에 만년설이 있었다. 얼마 안 가 부슈테니(Bușteni)라는 곳에 다다랐다. 높은 산이 멋있게 솟아 있어 알프스 산의 어느 타운에 와 있는 느낌이었다. 이곳에 차를 세워놓고 돌아다니며 사진을 찍고 햄과 소세지가 들어 있는 빵을 사먹었다. 커피도 한 잔 했는데, 빵은 맛있었으나, 커피는 로스팅을 많이 했는지 맛이 별로였다.

시나이아에 들어가서는 어딜 갈지를 몰라 고민하다가 구글 내비게이션

시나이아 옆 부슈테니와 시나이아 수도원

펠레슈성

에 나오는 수도원에 가보기로 했다. 원래 시나이아는 수도원이 많은 곳으로 들었기 때문이다. 펠레슈성(Peleș Castle)에도 올라가 구경했다.

수도원을 찾아 구경한 다음 시기쇼아라로 향했다. 점심은 아침에 먹은 포만감이 있어 먹지 않고 사놓은 빵과 과일을 먹으며 운전했다. 이곳은 옛날로 되돌아간 느낌을 주었다. 약수터 같은 데서 생수를 받아먹는 모습이 그렇고, 도로에서 차를 태워달라고 서 있는 사람들이 그랬다. 차를 태워달라는 사람 중에는 다수가 여자들이었다. 낯선이에 대한 두려움 없이 겁내지 않고 차를 빌려 타려는 그들이 순수해보였다.

동네 자동차 운전은 조심해야 한다. 보행자가 횡단보도를 갑자기 건너는 상황이 생겨 급히 차를 세워야 했고, 보행자 때문에 앞차가 갑자기 서면 나도 급정거했다. 앞차와 거리를 두지 않으면 사고를 낼 수 있겠단 생각이 들었다. 호텔에 차를 세우면서 앞만 의식하고 뒤로 빼다가 뒤에 가는 보행자를 놀라게 하고 나도 놀란 적이 있었다. 차들이 양보하지 않아 힘들었다. 주차했다가 차를 빼려는데 뒤에서 오는 차들이 단 한 대도 서주지 않았다. 차들이 오가지 않을 때까지 기다려야 했다. 커브길에도 속도를 늦추지 않는 차들이 중앙선을 침범하는 경우가 있어 안전운전을 해야 했다. 비보호 좌회전을 한다고 서 있는 차들을 조심해야 한다. 속도를 내서 달리다가 한눈 팔면 그 차를 들이받을 수 있기 때문이다.

도로에 말이 끄는 수레가 다니는 것도 위험 요소였다. 추월 금지선을 어기고 추월하는 차들도 심심찮게 보였다. 자전거나 오토바이 타는 사람들을 보면 안전장비 없이 타고 다녔다. 횡단보도 앞에 아주머니가 아이를 데리고 서 있길래 정지했더니 아이의 엄마는 횡단보도를 건너며 고맙다는 인사를 했다.

드라큘라가 태어난 시기쇼아라

시기쇼아라로 가는 길은 황무지 사막을 지나는 듯했다. 그러다가 어느 순간 구릉지로 바뀌자, 비탈과 산의 꼬불꼬불한 길을 헤쳐가며 달렸다. 이 나라에는 터널을 볼 수 없었다. 산에 난 험한 길을 달렸다. 그러다가 약간 높은 지대에 고성이 하나 보였다.

가보니 루피아 요새(Rupea Citadel)이었다. 전망이 좋아 주위 경치를 사진에 담으려고 올랐는데, 직원이 있고 입장권 10레이를 받고 있었다. 2유로, 약 2,500원, 아내가 들어가기를 주저했으나, 높은 데에 올라가야 사진을 찍을 수 있다고 설득해서 들어갔다. 요새는 옛모습을 재현하는 듯했으나 건물 내부 설계를 모르는 듯 외성과 내성은 흉내만 낸 듯했다.

거기서 현지 단체 학생 관광객을 만났다. 학생들은 나와 아내를 보고 지나가는 말로 "니하오", "곤니찌와"라고 했다. "안녕"이라고 했으면 치하하려 했지만, 다른 아시아 나라의 인사말이라 그냥 웃으며 지나쳤다.

시기쇼아라 입구만 해도 낡은 공장과 버려진 시설 등 살풍경했지만, 시내로 들어와 멋진 건물들이 보이면서 역시 그래서 이곳이 유명한 줄을 알았다. 아내와 드라이브하면서 유럽의 여자에 대해 말했다.

여러 군데 다녀봤지만, 우크라이나 여자가 가장 예쁘다는데 의견이 일치했다. 루마니아 여성은 오동통 스타일로 그런대로 예뻤다.

유럽은 와인과 치즈를 빼면 허전하다. 레스토랑, 까페마다 와인 리스트가 없는 데가 없고, 빵이나 과자마다 치즈가 안 들어가는 제품이 없었다.

시기쇼아라(Sighișoara)에 와서 마트에 가니 이탈리아산 쌀을 팔았다. RISO Scotti 사의 루마니아 전통 양배추 쌈 요리 Sarmale용이었다. 월남쌀이 아닌 우리나라와 같은 쌀이어서 반가운데 특히 맛이 궁금해 한 봉지를 샀다. 1킬로그램에 6.39레이였다. 우리나라 돈으로 1,777원이었다. 한국 슈퍼에서 산 일본쌀이 5킬로그램에 130즈워티, 우리나라 쌀은 10킬로그램에 100즈워티였다. 킬로그램당 일본쌀은 7,800원, 우리나라 쌀은 3,000원이었다. 루마니아에서 파는 이탈리아 쌀은 가격 경쟁력이 있었다. 나중에 집에서 밥을 해 먹어보니 맛도 좋았다. 아내도 호평이었다. 품질경쟁력도 있는 셈이다.

루마니아는 서양 자두가 유명하다. 자두의 대국답게 마트에서 딱딱한 것을 사 먹었는데도 폴란드에서와는 달리 달고 맛있었다. 안이 황금색이었다. 역시 이 나라는 자두의 국가였다. 더 많이 사먹지 못한 게 아쉬웠다.

산 위에서 내려다본 시기쇼아라 시내

숙소인 코로나 호텔은 시내에서 가깝고 내부에 요가하는 사람이 있고 정원에 풀장이 있는 등 모양은 갖추고 있었다. 방이 넓은 것을 보니 과거 건물을 재활용하거나 사회주의 시절에 만든 게 아닌가 하는 생각이 들었다.

TV를 보니 우리나라 사람이 인터뷰하는 장면이 보였다. 아마도 이 나라 언론인이 우리나라를 방문해서 취재하고 방송 보도하는 듯했다.

더블룸 35유로라고 하니 아내가 호텔인데 너무 싸다며 놀랐다. 비수기라서 할인이 적용됐다고 말했다. 아내는 여행은 비수기에 해야 한다고 말했다. 호텔 등 숙소 할인이 되면서 가격이 싸지고 투숙객이 적어 쾌적하게 다닐 수 있기 때문이다.

별 4개 호텔이라는데 와이파이 신호는 약해 스포츠 하이라이트를 보는데 자꾸 끊어지고 제대로 보기 어렵더니 밤에는 아예 신호가 끊어졌다. 숙소 안 공기가 찬데 저녁식사로 라면과 밥을 먹은 게 부족했던지 공복이 느껴졌다. 호텔에서 아침식사를 했다. 갈수록 먹을 게 없었다.

시기쇼아라의 원래 도시인 올드타운을 올라가 봤다. 시기쇼아라 시타델라가 있고 산 위에 멋진 도시가 형성돼 있었다. 외곽에 성벽을 쌓고 내부에 도로와 각종 첨탑, 건물이 이어져 있고 가장 높은 곳에 성당이 세워져 있었다. 드라큘라(왈라키아 공국의 공작 블라드 3세 드러쿨레아 Vlad III Drăculea) 동상도 있었다. 방어 목적으로 세워진 도시다웠다. 성곽 안을 구석구석 누비고 정상의 성당까지 돌아본 다음 내려왔다.

루마니아 수도로 내려가지 않고 헝가리로 돌아오다

일찍 서두른 탓에 9시를 넘은 시각에 헝가리를 향해 출발했다. 루마니아를 떠나면서 이쁜 도시들이 헝가리 부다페스트 인근의 작은 도시들보다 더 낫다는 걸 알았다. 그만큼 볼 만했다. 그럼에도 루마니아에서의 관광은 그리 편하지 않았다. 들어오기 불편했던 만큼 나가는 것도 어려울 것이라는 생각 때문에 머리 속에는 늘 부담 같은 것이 있었다. 여기서 사고를 내면 안 된다거나 트러블이 생기면 곤란하다는 등 생각을 떠올리며 조심했다.

시기쇼아라를 떠날 때 비가 왔다. 그 도시를 떠나면서 빗방울이 적어지더니 점차 괜찮아졌다. 고속도로가 부족해 꼬불꼬불 왕복 2차선으로 서로 상대편 차선으로 추월하는 길이 많고 빗길에 미끄러질까 우려도 됐다. 거

시계탑 옆 역사박물관

의 유턴하는 정도의 커브 길에는 운전대를 꼭 붙잡고 버티기하며, 울퉁불퉁 도로, 구릉지 언덕과 내리막길 등 온갖 사고 위험을 안고 헝가리로 북상했다. 차가 많이 막혔다. 도로공사와 교통사고가 원인이었다. 마침 주유소가 있어 들어가니 데스크의 주인아저씨가 보통의 경우와 달리 반겼다. 나 역시 편한 마음에 주문하는 등 대화하면서 다음의 말로 그 아저씨의 스피킹에 치하를 해주었다.

"You speak English well."

그러자 아저씨는 옆에 있는 아가씨를 가리켰다. 그녀가 영어를 더 잘한다는 뜻 같았다. 그 아가씨를 쳐다보니, 미소를 띨 뿐 말을 하지 않았다. 아내와 커피를 시켜서 마시고 크로와상을 사 먹었다. 조금 쉰 뒤에 나가려고 하자, 그 아저씨는 날 향해 손을 흔들어 작별인사를 해주었다. 아내는 내가 주인아저씨에게 영어를 잘한다고 칭찬해주어서 기분이 좋아진 게 아니냐고 말했다. 마을에 접어들면 속도를 늦추고 벗어나면 속도를 내면서 북상했다. 커브길 이 심하고 위험한 길이라 아내에게 운전을 맡기기 어려웠다.

루마니아에 색다른 것들이 있었다. 주택의 지붕을 두 개 겹쳐 쌓은 게 많이 보였다. 기울기를 달리해서 지붕이 두 개 겹쳐 보였다. 그리고 주택 지붕 위에 십자가가 있는 것도 인상적이었다. 월남치마 같은 통치마를 입은 여자들이 가끔 눈에 띄었다. 인도계 아니면 아랍계인지, 루마니아 전통 옷인지 알기 어려웠다.

파헤쳐 놓은 밭을 보면 토양의 색이 유난히 검었다. 전체적으로 기름진 토양인지 모르지만 흑토였다. 유럽 다른 나라들과 달리 바람이 많이 불었다. 말은 여전히 교통수단이 되고 있었다. 말 한 마리, 두 마리가 끄는 수레에 부부가 타고 짐을 싣고 아스팔트 길을 오갔다. 철도 건널목에 막히면 오래 기다리는 것을 감수해야 했다. 기차가 오기 훨씬 전부터 차단기를 내려서 통행을 막으므로 지겨울 만큼 기다리는 시간이 길었다. 트레일러나 대형 트럭이 왕복 2차선 도로에서 종횡무진 달리는 것도 특이했다.

점심시간에 레스토랑에 들어가지 않고 운전을 계속했다. 야간운전을 피하려면 최대한 날이 밝은 시간에 멀리 가야 했다. 다행히 아침에 먹은 게 있어 그리 배고픈 줄을 몰랐다. 그래도 2시경이 되자 휴식이 필요해서 혹시 휴게실이나 레스토랑, 까페가 있는지를 살폈다. 마침 산속 언덕을 지나는 중에 레스토랑이 나타났다. 아내도 점심식사 생각이 있었으므로 차를 세우고 레스토랑으로 들어갔다.

루마니아 말로 입구 유리에 뭔가 걸려 있었지만, 안에 사람이 있는 걸 보니 장사를 하는 듯했다. 들어가서 유리에 붙인 말이 무슨 뜻인지 물었더니 'OPEN'이라고 했다. 수염이 멋진 한 아저씨가 테이블에서 우리와 영어로

국경 체크 포인트

소통했다. 아마 이 사람이 없었다면 제대로 된 주문을 하지 못했을 것이다. 이 사람에게 우리가 여행을 다녀온 도시를 말하니, 아름다운 곳이라고 말했다.

내가 폴란드에 머물면서 여기로 여행을 왔다고 말하니, 자신도 오토바이로 여행을 갔으며 폴란드를 통과한 적이 있다고 말했다. 나중에 헤어지면서 좋은 하루를 보내라는 인사까지 해주고 먼저 떠났다. 괜찮은 남자였다.

식당 주인에게 통역을 거쳐 수프를 이야기하니 없다 하고, 슈니첼 하니까 치킨 하겠냐고 하기에 아내가 포크로 바꿔 주문했다. 난 루마니아 전통요리를 달라고 했더니 수프에 끓인 듯한 콩에 돼지고기 삶은 것을 얹어 내놓았다.

아내는 맛있다고 했지만, 전통요리의 돼지고기에는 살코기 외에 껍데기와 비계가 들어 있어 적당히 발라가며 먹었다. 나중에 나올 때 보니 음료수

값까지 포함해 11유로 정도가 나왔다. 카드가 안 된다는 업소는 드문데 여기는 안 된다고 해서 현금을 지불했다. 유로화를 주고, 이 나라 화폐 레이를 거스름돈으로 받았는데 4대 1로 환전해주었다. 길거리 환전에서는 급한 쪽이 손해를 보게 되어 있다.

오늘의 가장 큰 일은 헝가리-루마니아 국경 통과였다. 루마니아 관리들은 어쩐 일인지 관광하는 사람에게 여권만 보면 되지, 차량을 운행한다고 차량등록증에 운전면허증까지 달라고 해서 장장 15분이나 지체하면서 검사하고는 스탬프를 찍어주었다. 뒷차들에게 미안했다. 트렁크를 보자는 말에 아내가 트렁크를 열어주고 관리가 그 안에 여행용 슈트케이스와 가방, 비닐봉투가 든 것을 보고는 미소 지으며 그냥 닫아도 된다고 했다. 쉽게 해결해서 좋았다. 국경통과시 검문은 헝가리 관리라고 해서 예외는 아니었다. 솅갱조약 밖에서 사람이든 물건이든 들어오면 유럽연합 전 나라에 다 갈 수 있으므로 통제를 강력하게 하는 듯했다.

나중에 폴란드 친구에게 헝가리-루마니아 국경선에서 있었던 이야기를 하니, 대개 유럽연합으로 담배와 술이 허용한 이상으로 들어오는지를 집중 단속다고 말했다. 루마니아 여행은 역사적으로 유명한 관광도시를 돌고 사진에 많이 담아온 것이 소득이었다.

헝가리의 유명한 와인 산지 토커이

헝가리에 들어오니 도시와 도로가 잘 정비되어 있고 단정해서 루마니아에 비하면 선진국이었다. 운전하는 것도 편안했다. 금방 고속도로가 나오고 운전하기 좋아지자 얼었던 기분이 풀렸다.

라디오 방송 Retro가 들을 만했다. 줄곧 노래를 들려주고 그 중에 올드팝송이 많고 신나는 음악이어서 드라이브하면서 듣기 좋았다. 스모키(Smokie)의 I'll meet you at the midnight를 즐겁게 들었다.

드라이브하다가 차단기 없는 철도 건널목에서 처음으로 빨간색 불이 깜박깜박하는 상황을 맞았다. 차를 세워놓고 좌우를 보니 오는 기차는 없었다. 그냥 건넜다. 그러다가 휴게소를 찾는다며 지나온 길을 다시 돌아가려고 종전의 그 건널목에 다시 오니 여전히 빨간 불이 깜박였지만 기차는 오지 않았다. 이번에도 건널목을 건너려고 했다. 그런데 기차가 기적 소리를 냈다. 움찔해서 서 있으려니 기차가 서서히 다가왔다. 기차가 지나갔다. 그러나 빨간불의 깜박임은 계속됐다. 차 한 대는 지나가려고 하다가 멈췄다. 여전히 빨간불이었기 때문이다. 기차가 저 멀리 가고서야 빨간불이 바뀌었다. 빨간불이 엄청나게 길었다. 그러나 모든 차들이 재촉하지 않고 기다려줬다.

약 1시간을 더 달려 토커이(Tokaj)에 왔다. 토커이는 헝가리의 수도 부다페스트에서 훨씬 더 동쪽에 있다. 슬로바키아와 우크라이나, 루마니아와 접하는 국경선 지역에 있다. 토커이는 당도로 와인을 분류하고 와인 색깔이 골드색인 토커이 와인으로 유명하다.

'토커이성'이란 뜻의 Tokajvar호텔에 체크인하고 인근 피자집에서 식사한 뒤 숙소로 들어와 쉬었다. 난 인터넷, 아내는 TV를 봤다. 2층 숙소는 인근에 기차가 지나다녀 소음이 없지 않았으나 대체로 괜찮았다. 다만 샤워실의 물이 원활하게 빠지지 않았다. 이곳 역시 배관 문제가 있는 듯했다.

호텔에서는 특산물인 와인을 취급했다. 리셉션에서 체크아웃하면서 '토

포도밭과 토커이 와인을 즐기고 있는 동상

커이 와인 5'인가를 샀다. 1만 원 조금 넘는 가격이므로 비싸지 않았다. 숙소에서 나와 토커이 거리를 살펴봤다. 조용한 동네이고 시간이 멈춘 듯한 침묵 같은 것이 사람을 나른하게 했다. 아내는 뒤에 산이 있고 앞에 강이 있는 이 마을이 참 마음에 든다고 말했다. 우리나라 사람이 최고의 터로 보는 배산임수(背山臨水), 옛날이었으면 동네가 살기 좋았으리란 생각이 들었다.

토커이박물관에 갔으나 문을 닫았고 대신 산쪽으로 와인숍이 있어 들어가 테이스팅을 해봤다. 5인가 하는 토커이와인을 맛보니 달달했다. 귀국할 때 가져갈 양이 정해져 있어 사지는 않았다. 길거리에서 중국인 여자를 만났다. 상하이에서 헬싱키를 거쳐 부다페스트에 들어왔다며 현지에 중국인 친구가 있다고 말했다. 서울에서 왔다고 하고 아내가 말을 걸면서 대화하게 됐다.

동네 앞의 강으로 가봤다. 강변에 배들이 많이 매여 있었지만, 사람은 없었다. 사진을 찍고 출발했다. 토커이를 출발해 오는 길은 좌우가 모두 포도밭이었다.

헝가리에는 유대인들이 종종 눈에 띄었다. 작은 키에 검은머리, 검은옷, 검정색 모자를 쓴 유대인, 거기에다 좌우로 머리를 땋아내렸다. 제2차 세계대전 기록사진에 나오는 폴란드 유대인들의 모습과 다르지 않았다. 종교인인지 모르겠으나 유난히 눈에 띄는 모습을 하고 있었다.

헝가리와 슬로바키아에서 보면 키 작고 얼굴이 까만 사람들이 눈에 많이 띄었다. 현지 사람은 아닌 듯하고 아랍계인지 모르겠지만, 동네나 중심가를 배회하거나 지나가는 사람을 쳐다보고 혹은 길을 청소하고 있었다.

헝가리도 루마니아 못지않게 바람이 많이 불었다.

헝가리에서 슬로바키아를 거쳐 폴란드로

헝가리를 지나 간선도로를 따라 폴란드의 동쪽 제슈프(Rzeszów)로 가려다 자코파네(Zakopane)로 방향을 바꿨다. 아내가 아무래도 경치나 볼거리가 관광휴양도시 자코파네가 더 낫지 않겠나 하는 의견을 냈기 때문이었다. 당일 예약했다. 숙소 이름은 Apartamenty Rubin이었다.

가는 시간은 4시간 정도 걸리므로 여유가 있었다. 급하게 가는 차는 먼저 가도록 하면서 편하게 드라이브하면서 경치를 즐기고 대화를 나누며 휴가다운 시간을 보냈다. 헝가리에서 바람이 많이 불었는데, 슬로바키아에 와서도 그 바람은 그치지 않고 오히려 더 강해져 자동차가 바람에 휘청거릴 정도였다.

점심은 슬로바키아의 주유소 겸 레스토랑에서 했다. 슈니첼이라고 말하니 알아듣는 돈까스 같은 것을 두 개 시켜서 먹었다. 또 폴란드어로 젬냐끼라고 하니까 삶은 감자가 왔고 맛있는 샐러드를 곁들여 즐겁게 식사했다. 덩치 큰 여성은 영어를 하지 못하고 알아듣지 못하면서도 당당하게 주문을 받는 게 인상적이었다.

체코슬로바키아 사람들에 대해서는 떠도는 이야기가 있다.

주로 유럽에 사는 우리나라 사람이 겪어보고 하는 말인데, 체코 사람에는 게르만 피가 섞여 있다는 말이었다. 검증된 이야기는 아니다. 다만, 독일인처럼 행동하고 독일인 같다는 인상 때문에 그런 말이 있는 듯했다. 약간은 오만하고 잘난 척하고 무례한 끼가 있다는 것으로 좋은 뜻에서 하는 말은 아니다. 그때 만난 여성도 꼭 그랬다. 씩씩하고 덩치 큰 여성인데, 음

가을에 슬로바키아와 폴란드의 국경선을 지나며 본 타트라산의 눈 덮인 모습

식을 가져다줄 때마다 내가 땡큐 했지만 무응답이었다. 그렇다고 상처받을 필요는 없다. 그런 슬로바키아 종업원의 태도가 마음에 안 들었지만, 주문한 것을 제대로 이해해서 가져왔고 식사도 좋았으며 가격도 착했으므로 만족했다. 음료수까지 포함해 가격은 11유로였다.

자코파네의 독특한 나무집

슬로바키아의 산길을 거쳐 폴란드의 자코파네에 들어갔다. 폴란드쪽으로 오면서 타트라산의 자락을 보니 눈이 수북이 쌓여있었다. 평지에는 풀이

전통 주택

자라 푸르고 나무들이 이제 단풍이 되어가는데 멀리 산에는 벌써 첫눈이 왔는지 눈 덮인 모습이 장관이었다.

제수프로 가지 않고 자코파네로 오길 잘했다는 생각이 들었다. 눈 내린 모습을 보면서 기분이 좋았는데 그것은 한여름 속에서 보낸 해외여행 중에서 만난 첫눈이었기 때문이다. 눈에 덮인 산이 멋져서 몇 번이나 차를 세우고 경치를 사진에 담았다. 바람이 세차게 불었지만, 잠깐 홀 옷을 입고 밖에 나와 사진을 찍었다.

자코파네 숙소로 들어갔다. 밖은 바람이 불고 눈비가 오는 등 여러 가지로 산책할 여건이 못 되어 숙소에서 지내기로 했다. 먼 여행 끝이라 밥을 해 먹기도 그렇고 해서 숙소의 레스토랑에서 식사했다. 코트렛트 사보뷔와 피에로기 즈 세렘 하나씩과 수프 하나, 카페라떼 한 잔, 하우스와인 화이트 두 잔에 100즈워티, 3만 원이 나왔다.

와인을 마셨다고 음식값이 슬로바키아와 차이가 났다. 친절하고 친밀감을 표시하며 공손한 폴란드 사람이 가져온 음식 맛은 보통인데 돈은 비싸게 받았고, 거만하고 잘난 척하며 말이 안 통하는 슬로바키아 휴게소이지만 음식의 맛과 가격은 좋았다. 이곳 자코파네 숙소는 밖에 영하 1도까지 떨어졌다는데, 방에는 아무리 찾아봐도 난방장치가 안 보였다. 보일러나 온도조절장치, 온풍기 같은 게 갖춰져 있지 않았다. 어떻게 방을 데우는지 모르겠다. 그냥 두툼한 이불에 의존하라는 건지 알 수 없는데, 아내가 이불을 만져보더니 두툼하지 않다고 말했다. 생수 두 병 외에는 냉장고며 아무것도 없었다.

나중에 잠자리에 들어가 본 아내는 이불은 따뜻하다고 말했다. 예상대로 폴란드는 이불이 좋다. 과거처럼 두툼하지는 않지만 가벼우면서도 춥지 않았다. 별도의 난방을 해주지 않는 데도 잘 수 있는 이유라고 할 수 있겠다. 와이파이가 인색했다. 접속이 잘 안되거나 되었다가 끊어졌다. 이 숙소에 우리 부부만 투숙한 듯했다. 주위가 전부 숙박 목적의 집들이었지만, 평일탓인가 투숙객이 적었다.

새벽 5시경 잠을 깼다. 자코파네 기온이 0도였다. 이렇게 추운 지방에서 난방이 안 된다니, 창을 통해 한기가 들어오고 방은 찬데 오직 이불만 덮고 자야 했다. 바르샤바보다 4도나 낮은 지방에서 난방 대책이 침대 이불뿐이라니 의아했다. 집을 번듯하게 지어놓고 숙박과 레스토랑을 하는데 주인 남자 한 명과 고용인 겸 주방에서 일하는 아주머니 한 사람뿐이었다.

아침에 체크아웃하면서 냉장고에 붙이는 마그넷 2개가 마음에 들어 샀는데, 개당 14즈워티였다. 나중에 시내에서 같은 물건을 보니 8즈워티였다.

자코파네는 다른 폴란드 지역과 달리 아주 독특한 스타일의 건축으로 유명하다. 바로 우리가 흔히 보아온 목재를 이용한 주택, 아시아식 지붕 형식을 취한다는 점이다. 남부 산악지역에 거주해온 사람들이 해오던 전통적인 방식으로 알려져 있다.

이곳에 갈 때마다 목조 가옥을 보면서 뭔가 익숙하다고 느꼈던 것은 그 방식이 내가 흔히 보아온 것이라는 점, 유럽의 일반적인 집과 다르다는 점이고 또 일본의 탑 형식으로 짓는 목재 건축과 닮았다는 점이다. 일본은 비가 많이 오고 섬으로 인해 바닷바람이 많고 지진 같은 자연재해를 예상하는 탓에 지붕이 가파르고 흔히 목재 건축을 하며 돌로 만든 성곽도 무너지지 않게 비스듬하게 쌓는다.

그런데 자코파네의 목조주택을 보면 탑 형식이라 일견 일본의 천수각을 보는 듯했다. 혹시 일본이 유럽과 교류하면서 유럽 건축에서 힌트를 얻어 천수각을 짓기 시작한 게 아닌가 하는 생각이 들었다. 건축양식으로 보면, 합각 지붕이라는 점이 우리나라 한옥과 닮았고, 맞배 및 박공지붕이라는 점에서 한중일 기와집과 닮았고, 지붕에 작은 박공지붕을 여러 개 올리는 것을 보면 일본의 천수각과 닮았다.

맞배지붕은 건물의 모서리에 추녀가 없이 용마루까지 측면 벽이 삼각형으로 된 지붕을 말한다. 박공은 맞배지붕의 측면에 한자로 팔(八)자 모양, 인(人)자 모양의 두꺼운 널을 붙이는 것을 말한다. 합각지붕은 지붕의 위 절반은 박공지붕, 즉 삼각형으로 되어 있고 아래 절반은 네모꼴로 된 것을 말한다.

그 외 자코파네 전통건축 양식의 특징으로 기둥이 노출되어 있다는 점, 나무로 조각된 것을 장식으로 많이 사용한다는 점이다. 조각과 문양, 기교에 따라 화려함을 주고 개성을 강조한다. 또 건물에 다양하게 발코니와 베란다를 붙인다는 점이다. 마지막으로 나무와 돌, 슬레이트 같은 천연 재료를 많이 사용한다는 점이다.

크라쿠프에서
바르샤바로 오는 길

자코파네 관광을 마치고 구글 내비게이션에 바르샤바를 찍고 가는데 크라쿠프 부근 링에서 헷갈렸다. 여기는 고속도로 같지만 아닌 듯했다. 링에서 크라쿠프 시내와 곳곳에 연결되어 있어 진출입이 잦은 곳이었다. 신호를 받아야 하지만 때로는 그냥 비보호 좌회전이나 알아서 진입하거나 횡단해야 하는 등 운전 위험이 무척 많았다.

이 도로를 달리다가 주유소 겸 식당으로 들어가 식사했다. 아내는 버섯수프에 샤슈윅과 감자, 샐러드를 먹었고, 난 시큼한 수프에 향신료를 뿌린 연어 살코기 삶은 것과 감자, 잡곡을 먹었다. 폴란드 음식은 언제나처럼 만족스러웠고 배가 부르니 피곤해서 아내에게 운전대를 맡겼다. 아내는 운전을 잘 했으나 길이 갈리고 진출입르가 복잡한 곳에서 어려워하고 특히 좌우로 차들이 지나가는 곳에서 빠져나가고 비보호 회전이나 유턴 등을 부담스러워했다. 구글 내비게이션도 힘겨운지 안내가 겉돌았다.

내가 운전대를 잡고 크라쿠프 외곽 한적한 시골길과 골목길을 통해서 바르샤바로 가는 메인도로로 빠져나갔다. 크라쿠프와 바르샤바는 옛수도와 현수도인데, 서로 일직선 연결하는 고속도로가 없는 게 아쉬웠다. 현재 크라쿠프에서 바르샤바로 가는 길이 너무 복잡했다.

마침 날씨도 좋지 않아 가는 날에 비가 오락가락하면서 시야를 방해하고 바람이 엄청나게 불어 차가 휘청휘청했다. 저녁 8시 조금 넘어서 바르샤바 외곽에 도착했는데, 이날 시내에는 무슨 일이 있었는지 교통이 울시누프에서부터 꽉 막혔다가 비스와강을 건너 테레스폴로 진입하는 초입에야 풀렸다. 왜 퇴근시간이 한참 지난 7시 넘어서도 차들이 이렇게 많은지 알 수 없었다. 좌우를 보니 이 도로만이 아니라 모든 도로의 차들이 서행하고 있었다. 이 와중에 어느 차는 길 한복판에 고장이 나서 서버렸다. 이런 일은 믿기 어려운 폴란드적인 상황이다.

밤 8시 10분경에 집에 도착했다.

아내에게 수고했다고 말하니 반대로 내가 수고했다고 말했다. 그리고 또 하나, 긴 여행 동안 우리를 태우고 다닌 피아트 자동차와 구글 내비게이션에게 진심으로 감사하는 마음을 가졌다. 차는 여행기간 한 번도 고장난 일 없이 우리를 태우고 다녔고, 구글 내비게이션은 낯선 나라를 드라이브하는 우리에게 엄청난 고마움을 주었다. 내비게이션이 없었다면 이렇게 여행한다는 것은 상상하기도 어려웠을 것이다.

구글 내비게이션은 너무 똑똑하다고할까 스마트해서 문제인 점은 있었다. 쉽게 길을 안내해서 좋다고 따라가 보면, 시골의 버려진 길이나 동네 골목길 같은 경우가 많았다. 길로 표시되어 있으면 무조건 단거리로 안내를 하는 점도 문제였다. 도시에서 다른 목적지로 갈 때는 중간 목적지까지만 찍어서 가고 처음부터 최종 목적지를 찍지 않는 게 좋다는 생각이 들었다. 최종 목적지는 아주 가까이에 가서야 내비게이션을 찍는 게 좋았다. 너무 멀리서부터 호텔이나 캐슬을 찍으면 시골 통행이 없는 길로 안내하는 경우가 있기 때문이다.

여행을 하고 집으로 올 때도 마찬가지였다. 일단 바르샤바를 찍고 오다가 시내에 진입하면서 구-동-집주소 순으로 목적지를 좁혀나가는 것이 좋겠다는 생각이 들었다. 그렇지않으면 메인도로를 벗어나 통행이 적은 길, 지방도로로 가서 운전이 힘든 적이 있었고, 어떤 때는 통행이 적은 캄캄한 곳으로 안내하여 당황하기도 했다.

핵을 포기한 구소련공화국 우크라이나, 벨라루스에 가다

가을이 끝나는 10월 말경 인천국제공항에서 핀항공(FINNAIR)을 탔다. 좌석이 총 8줄로 비행기가 작은 데도 조종을 잘하는지 흔들리지 않았고 큰 비행기와 다르지 않게 잘 갔다. 옆자리 남자에게 프랑스 파리로 가는데, 왜 헬싱키에 가는 비행기를 탔느냐고 물었더니, 직항보다 싸기 때문이란다. 파리 남쪽 고성이 있고 르와르강이 흐르는 곳이 자기 고향이라며 가족과 한국에서 10일 투어하고 돌아가는 길이란다. 동대문 숙소가 괜찮았다며 남산타워 등 주로 서울에서만 관광했다고 한다. 6년 전에 혼자 서울에 왔고 이번에 가족과 함께 여행을 왔다고 말했다.

옆자리 사람과 대화하는 사이에 핀란드 헬싱키에 도착했다. 프랑스 사람과 헤어져 민스크에 가는 비행기에 올랐다. 작은 비행기의 스튜어디스는 승객에게 사탕 하나와 물을 주었다. 저가 항공처럼 느껴졌다. 내 옆자리의 키가 큰 사람에게 인사를 나누어보니 핀란드 배구 클럽 스태프였다. 난 그것도 모르고 자유분방한데다 일행 중에 흑인이 있는 걸 보고 미국서 왔냐고 물었다. 아니고 핀란드 사람이라고 했다. 이어 농구팀이라는 말을 듣고 선수냐고 물었더니, 자기처럼 나이 든 선수는 뛰기는 그렇다며 하하~ 함께 웃었다. 그 친구는 유머가 있었다. 유럽에 배구 챔피언스 리그가 있어 남자팀, 여자팀이 각각 겨루는데 민스크에 가서 다음날 5시에 벨라루스팀과 경기하고 수요일 떠난다고 말했다. 터키에서 활약하는 우리 김연경 선수를 아느냐고 물으니, 본 적이 있다고 했다.

벨라루스와 핀란드의 관계에 대해 물었더니, 두 나라 사이에는 서로 비자가 필요하다며 1년 이상 장기 비자도 된다고 말했다. 사우나를 뭐라고 부르느냐고 물었더니, 사우나라고 해서 함께 웃었다. 그 사람은 휴대폰에서 부인과 자녀 사진, 요트를 보여주고 스키 타는 모습도 보여주었다.

핀란드에는 산이 없고 언덕뿐이라 크로스 컨츄리가 발전할 수밖에 없고 자기도 학교에 다닐 때 크로스 컨츄리로 학교에 다녔다고 말했다. 요트는 주로 바다에서 타고 해안에는 아버지가 소유한 별장 같은 집과 땅이 있어 여름에 많이 간다고 했다. 사진까지 보여주면서 좋아했다. 공항 체크인하고 들어온 뒤 악수하고 작별했다.

벨라루스의 수도 민스크

벨라루스 입국은 어느 정도 예상했지만, 권위주의적이고 고압적이었다. 그렇게 생각한 것은 예전 소련 붕괴 후 독립한 우크라이나에 입국할 때도 사람을 의심해서 소지품까지 검사당한 경험이 있기 때문이었다. 민스크공항의 여성 관리가 내 여권을 돋보기로 훑어보는 것을 지켜보면서 불쾌감이 들었다. 이들은 한국의 명성이나 경제력 수준, 세계적인 지명도를 전혀 고려하지 않는 듯해서 기분이 복잡했다.

민스크공항

세관에 신고할 물건이 없다고 파란 문을 선택해서 나오는데, 세관 관리 역시 믿지 못하는지 빨간 데서 나오더니 그쪽으로 오게 해서 엑스레이 짐 검사를 받게 했다. 짐을 검사하고 또 다시 여권을 보면서 확인했다. 면세점에서 사 온 주류 두 개를 확인하고 현금 소지액을 묻더니 가능하다며 보내주었다. 공항 밖에는 이미 어레인지 해놓은 기사 있는 렌터카가 기다리고 있었다. 인사를 하고 악수를 나눈 뒤 함께 타고 공항을 빠져나갔다. 공항에서 시내로 가는 길 주변은 집이 없는 벌판이었다. 그러다가 불빛이 많아지고 차들이 씽씽 다니는 시내로 들어왔다.

숙소는 빅토리아(Victoria) 호텔이다. 현지인 가이드가 체크인을 하는 데 시간이 많이 걸렸다. 예약을 했는데도 이름을 찾을 수 없다며 다시 방을 잡았다. 리셉션 직원은 여권, 즉 도큐먼트(immigration) 카드를 보자더니 적었다. 시간이 걸릴 수밖에 없었다. 공안 국가답게 입국과 출국, 체류에는 다

근거가 필요하고 여권 등 서류를 요구했다. 서류를 보관하던지 적어두어야 문제가 없다. 그래서 리셉션의 직원이 행정적인 처리에 시간을 소모했던 것이다.

민스크는 평야다. 언덕조차 없다고 할 만큼 너른 평야에 건설된 도시다. 이 도시에 오기 전에 민스크 이야기를 많이 들었다. 우크라이나의 수도 키이우와 달리 볼 것이 없다는 이야기였다. 호텔에 짐을 내려놓고 나와서 민스크 시내 벨라루스 KGB 건물 앞에 있는 레스토랑에 들어갔다. 식당 이름을 기억하고 싶었지만, 알파벳을 적기 어려워 포기했다.

버섯수프에 돼지고기 목살 요리를 먹고, 크렌베리 쥬스와 맥주를 마셨다. 다른 친구가 보드카를 주문해 마셨지만, 냉장고에서 가져오지 않았는지 미지근해서 별로였다. 수니첼, 소세지 요리 등 모두 먹음직했다. 요리를 보니, 버섯, 비트뿌리 수프가 폴란드와 비슷하고 슈니첼, 목살 등은 폴란드에서 먹는 것과 닮아 내겐 적응이 필요 없었다. 숙소는 사회주의식은 아니고 그냥 사무실 같은 곳을 잠자리로 꾸며놓은 듯했다.

다음 날 아침에 호텔 뷔페식당에 가니, 요리가 훌륭하게 잘 차려져 있어 배불리 먹었다. 빵에 쌀을 삶아놓은 것, 오트밀 수프, 각종 치즈에 햄, 소시지, 쥬스에 커피를 가져다 먹었다.

오전에 기념탑을 구경하고 레닌광장으로 조금 걸었는데 11월 초이다 보니 제법 추웠다. 오페라 하우스는 20세기 초에 지어졌고 다행히 제2차 세계대전 기간에도 독일군이 파괴하지 않았다고 한다. 독일사람이 문화를 사랑해 공연장이나 성당 같은 곳은 파괴하지 않았다는 것이다. 오페라 하우스는 소련공산당 지배 시절에는 회의장이나 업무공간 등으로 쓰긴 했지만, 파괴하지 않아 현재에 이르렀다. 커피숍에 들어가 카페라떼를 마시고 따뜻

한 곳에서 이야기를 나누며 창밖으로 도시 풍경을 구경했다.

오후에는 수도 민스크 외곽으로 나가 이 지역에서 유명한 고성을 관람했다. 이름이 미르성이었다. 미르성을 다녀오면서 보니, 왜 유명한 줄 알았다. 이 나라 홍보 영상에서 큰 비중을 차지할 정도로 위상이 있었다. 다녀오길 잘했다는 생각이 들었다. 기념품점에 들러 여러 가지 기념품을 샀다.

저녁에 스시집에 가서 김밥 같은 마키를 먹고 화이트 와인을 마셨다. 렌터카 운전기사는 붉은색의 크렌베리 쥬스인가를 좋아한다고 해서 나중에 조금 나누어 마셔보니, 달콤 상큼한 것이 좋았다. 그의 말로는 현지에서 나는 것으로 만들었다고 한다. 나도 주문해서 마셨다.

승리광장에 갔다. 전쟁 때 이곳에서 폴란드, 벨로루시, 우크라이나 사람들이 많이 죽었고 그래서 죽은 자의 살던 곳으로 돌아간다는 의미에서 그곳의 흙을 담아와서 쌓아둔 곳이 있는데 언덕이 되었다고 한다. 또 아프가니스탄에서 죽은 병사들의 어머니가 아들을 슬퍼하며 흘린 눈물의 섬이 있다고 해서 찾았다. 조형물은 참전병사 3만 명 가운데 780명의 장병이 전사했음을 상징한다. 1979부터1989년까지 10년 동안 전쟁을 했다. 눈물 흘리는 조형물의 어머니 표정은 바로 진혼곡이리라.

한편 시내 사거리 중심에는 꺼지지 않는 불이 있다고 해서 찾아가 봤다. 수도 민스크의 중앙에 있었다. 그런데 그곳의 잘 닦인 길은 독일이 사죄하는 마음으로 벨라루스에 만들어주었다고 한다. 민스크 원래의 도시는 제2차 세계대전 때 독일군의 침공 및 전투 와중에 완전히 파괴되었다. 현재 보이는 것은 모두 새로 지은 건물들이다. 벨라루스에는 볼 것이 없다고 말하는 데 결국은 전쟁이 남긴 상처라고 할 수 있다.

벨라루스의 렌터카 기사는 아주 긍정적이고 외국인과 잘 어울리는 사람

제2차 세계대전 승리 기념탑과 조형물

유명한 미르성

인데, 그는 이제 자기나라 사람들은 독일인을 포함해 어느 특정 나라 사람을 미워하지 않는다고 말했다. 또 벨라루스아인이 러시아 사람을 좋아하는 것은 아니며, 두 나라 사이 경제적 유대나 관세동맹, 국경개방으로 서로 상대 나라를 맘껏 다닐 수 있게 해놓았을 뿐 특별히 더 좋아하는 것도 아니라고 말했다.

젊은이를 중심으로 벨라루스 고유 언어를 쓰려 하고, 민족 정체성을 찾으려고 하나, 이미 러시아어를 쓰고 있고 러시아어가 벨라루스어와 함께 국어가 된 상황에서 평화롭게 갈 뿐이라고 말했다.

고속도로를 씽씽 달려봤다. 그런데 이런 우대는 자국민과 경제동맹을 맺은 나라 국민만 가능하다고 말했다. 다른 나라 사람들은 통행료를 내야 한단다. 그래서인지 중간에 카메라가 설치되어 있었다. 길을 달리면서 보니 고속도로나 시내도로에서 경찰이나 경찰차를 좀체 보기 어려웠다. 과거 러시아나 이 나라, 우크라이나는 경찰이 위세를 떨치던 곳이 아니었나?

운전기사의 말로는 대통령이 경찰 등 누구든 관광객이나 외국인을 힘들게 하지 말고 만약 외국인과 싸우면 자국민을 영창에 가두게 하는 법을 만들었다고 했다. 이건 엄청난 변화였다. 다만 공항의 세관원이나 관리들은 여전히 권위주의로 외국인을 대하고 불심검문하듯이 서류나 짐을 검사했다. 횡단보도 앞에서는 사람이 우선한다더니, 고성 앞 횡단보도에서 그런 대접을 받지 못했다.

곳곳에 레닌의 얼굴, KGB를 만든 폴란드 출신 제르진스키의 동상과 KGB 건물, 소련군을 상징하는 영장, 훈장 같은 것이 널렸고 기념품 가게에서도 넘쳐났다. 가장 인상적이었던 것은 소련군의 키 큰 모자였다. 그 면적 넓은 모자를 쓴 관리는 거의 소련, 권위주의, 구체제를 상징하는 것 같아 시선을 끌었다.

대한민국 사람으로서는 벨라루스의 여러 기념비나 제2차 세계대전 승리, 영웅을 기리는 곳에 등장하는 소련군대의 복장, 우리나라 사람이 따발총으로 부르는 자동소총, 붉은 별이 편하게 보이지 않았다. 그들에게는 자랑스러운 모습일지 모르나, 우리에게는 북한군의 6·25 기습 남침과 공산주의의 표상으로 보이기 때문이다.

레스토랑에서 만나는 와인은 품질이 좋으면서 값은 한국의 절반 수준이어서 즐길 만했다. 칠레 화이트 와인 그랑 비냐 또르레가 3만 5천 원, 비냐 마이포 샤르도네이가 2만 5천 원이었다. 한국 식당에서는 두 배 가까이는 할 것이란 생각이 들었다.

호텔에 사우나가 있었으나 우리와 많이 달랐다. 사우나에 갈 때는 객실의 수건을 가져가야 하고 슬리퍼도 필요하다고 말했다. 룸서비스에서 슬리퍼를 가져다주었다. 그러면 이제 탈의하고 들어가면 되는 줄 알았으나 가보니 사우나는 없고 수영장 같은 것이 있었다. 그 속에는 여자도 있고 아이들도 있었다. 이곳이 사우나가 맞나? 맞긴한데 수영복이 있어야 한다는 안내를 받았다. 옷을 벗다가 그만두었다. 벨라루스에서는 사우나에 들어갈 때 수영복을 입고 들어가야 한다는 사실을 안 것이 소득이었다. 나중에는 수영복을 들고 와야겠다.

벨라루스는 화이트 러시안이다. 그래서 이 나라의 여성들이 예쁘다고 알려졌지만, 내가 보기엔 특별하지 않았다.

우크라이나 수도 키이우

민스크에서 비행기를 타고 우크라이나 키이우(Kyiv, Kiev)로 갔다. 이곳은 탈공산 직후의 권위주의적인 분위기 속에서 한번, 수년 전에 또 한 번 해서 두 번 가 본 적이 있는 나라였다.

우크라이나 비행기를 타니 스튜어디스의 노란색 리본, 스카프가 밝아서 기분이 좋아졌다. 노란색이 해방감을 주었다. 벨라루스에서 그만큼 억압되었던 것도 아닌데 기분이 풀리는 게 신기했다. 폴란드 인사말과 같은 '도브리' 인사 소리도 익숙하고 반가웠다. 나는 벨라루스나 러시아 스타일이 아니라 우크라이나 쪽이 편하고 기분이 좋았다.

비행기는 약 1시간 지연된 후 출발했다. 기내는 우크라이나와 벨라루스의 양국 관계를 상징하는 듯 4줄 비행기인데도 승객이 꽉 차지 않았다. 스튜어디스는 영어가 서툴렀다. 커피를 못 알아들어 폴란드 말로 '까바' 하니 알아듣고는 유료라고 했다. 2유로. 단거리이므로 포기하고 물을 달라고 했다.

호텔은 도심의 큰 사거리에 있고 방은 현대식 싱글룸이었다. 룸이 호텔 후면에 있어 앞쪽으로 바꿔달라고 했더니 20유로를 더 내야 한다고 말했다. 오래 있을 것도 아니어서 그만 포기했다. 방에 들어와서 마음에 든 것은 하얀 새 수건이었다. 벨라루스는 더 고급 호텔이었지만 수건이 낡았었다. 레스토랑에서 식사해 보니 돈이 적게 나와 놀랐다. 한식당에서 우리나라 음식을 먹고도 비용이 적게 나왔다. 물가가 저렴한 것은 이 나라의 자비라는 생각이 들었다.

다음날, 아침 7시에 호텔 레스토랑에 내려갔다. 벨라루스 민스크의 호텔

키이우 시내

드네프로강을 횡단하는 파토나 다리

보다 더 나았다. 우선 전망이 좋고 음식들이 과일, 채소로 풍성했다. 고기나 치즈는 벨라루스가 더 좋았으니 그쪽은 영양식 스타일 같았고 여긴 좀 더 다양한 건강식이었다.

점심을 먹으러 쇠고기 스테이크 식당에 갔다. 시간이 걸렸지만 맛있는 것이 나왔다. 거기서 일행과 와인 한 병을 마셨다.

우크라이나에 두 번째로 갔을 때는 정치가 친유럽연합 겸 친폴란드 편과 친러시아 세력으로 갈라져 국민이 알게 모르게 분열되어 있으면서 분위기가 조금 음울했다. 우크라이나 국민은 자국을 만족할 만큼 지원해 주지 않는 미국과 서유럽에 대한 불만이 적잖은 가운데 러시아의 위협과 군사활동으로 인해 항상 불안감을 가지고 경제적 빈곤 및 부족에 시달렸다. 그들은 동쪽의 반군 세력이 사실상 러시아군으로 알고 있었고 우크라이나군은 러시아군과 싸우고 있다고 생각하고 있었다. 동부 국경선 지역에서 사상자가 발생하다 보니 전시가 아닌데도 전쟁에 대한 불안감이 있었다.

러시아에 예속되지 않으려고 러시아의 내정간섭을 배격하고, 러시아의 위성정권이 되지 않으려고 친러시아 인물이나 정치인을 몰아내다 보니 러시아와 계속 충돌했다. 우크라이나는 소비에트연방을 탈퇴, 독립하면서 미, 러 등 여러 나라로부터 주권 독립을 보장받는 조건으로 핵무장을 해체했는데 러시아가 약속을 위반하고 우크라이나 독립을 위협하면서 핵무장을 해제했을 때의 우려하던 사태가 현실화되자 전전긍긍했다. 사실 국제정치를 보면, 평화협정이 안보를 보장해 주지 않는다. 다자간 안보조약도 패가 갈리면 소용이 없어진다. 결국 강대국이 계속 지원해 주는 측이 이긴다.

베트남의 적화 사례가 바로 미국의 포기, 철수, 개입 철회가 불러온 결과였다. 발트 3국과 우크라이나, 폴란드 등이 미국의 지원, 미군 주둔, 나토

가맹, 군사동맹을 중요시하는 이유다. 러시아와 싸우려면 미국이나 영국 같은 맹방을 가지고 군비를 확충해야 한다. 동맹국이 없고 군비가 약하면 위태로우므로 우크라이나는 미국을 바짝 끌어당겨 놓아야 할지 모른다고 봤는데 요즘 상황을 보면 딱 들어갖고 있다.

우크라이나 사람들은 당시 이런 말을 했다.

"얼마 전까지만 해도 우크라이나에 외국인들이 오지 않았다. 지금 다시 회복하고 있지만, 여기 사람들은 외국인을 반긴다. 경제가 정말 안 좋다. 이 나라는 CIS 특성을 가졌다. 올리가르히, 과점 경제인이 마피아처럼 경제를 좌지우지한다. 지금 유럽연합과 친하지만, 경제가 안 좋고 에너지가 공급되지 않으면 몰도바처럼 친러가 될 수 있다. 유럽연합은 도와주지 않는다. 기대만큼 우크라이나를 도와주지 않는다."

불만의 목소리였다. 외국인을 통해 자국의 사정이 알려지기를 갈망할 정도였다.

우크라이나 민족을 깨어나게 한
소련 스탈린 시절 대규모 아사 사태

키이우에 가보면 우크라이나인도 벨라루스인처럼 소련시절 자국민의 희생을 고발하고 있다. 벨라루스보다 더 강경한 목소리였다. 우크라이나는 스탈린을 고발했다. 1932~1933년의 아사(餓死)사태, 이를 추모하는 공원과 기념 상징물들이 잔혹했던 공산주의 시대, 독재자의 비인도적인 인간 처우를 돌아보게 했다. 식량 대국에서 정치를 잘못해 아사사태가 있었던 것도 한스럽지만, 스탈린이 식량이 있었음에도 굶어죽게 했다니 얼마나 가증스러운가?

우크라이나 역사가가 이 사실을 밝혀냄으로써 세상에 알려졌고 이를 추모하는 기념물이 선 것이다. 그런 일이 있었구나. 생생한 사진들은 하나의 증거, 증언이었다. 소련의 스탈린 체제, 즉 북한정권의 뿌리가 된 그 체제, 사상, 독재자가 북한에 이식되어 지금도 북한주민을 신음하게 하고 있음을 보여주는 증거였다.

키이우의 명소

키이우(Київ: 예전에 사용한 도시 이름 '키예프'는 러시아어)는 드니프로 강변의 작은 산 세 곳을 바탕으로 도시가 형성됐다. 그 덕에 아기자기 볼거리가 많고 전망 좋은 곳이 널려 있다. 강도 아주 크고 수량이 많다.

명소로는 성 소피아대성당(St. Sophia's Cathedral), 동굴수도원(Monastery of the Caves: 키예프 페체르스크 라브라), 독립광장(Independence Square: 마이단 네잘레즈노스티), 안드리이프스키 하강(Andriyivskyy Descent), 성 미카엘의 황금 돔 수도원(St. Michael's Golden-Domed Monastery), 공원 풍경 골목, 키이우 오페라 하우스, 우크라이나 애국 전쟁 박물관, 성 볼로디미르 대성당(St. Volodymyr's Cathedral) 등이 대표적이다. 그 외에도 우크라이나 국립역사박물관, 우크라이나 국립미술관, 마린스키(Mariyinsky) 궁전, 우크라이나 카자크 역사박물관 등이 있다.

키이우의 높은 곳에 올라 전망을 구경하고 사진을 찍고 오면서 카페에서 커피를 마시고 쇼핑몰에 들렀다. 우크라이나산 보드카로 추천 품목은 포르테짜다.

성 소피아성당 및 동굴 대수도원

성 미하일 황금돔 수도원

독립광장을 둘러싼 멋진 건축물들

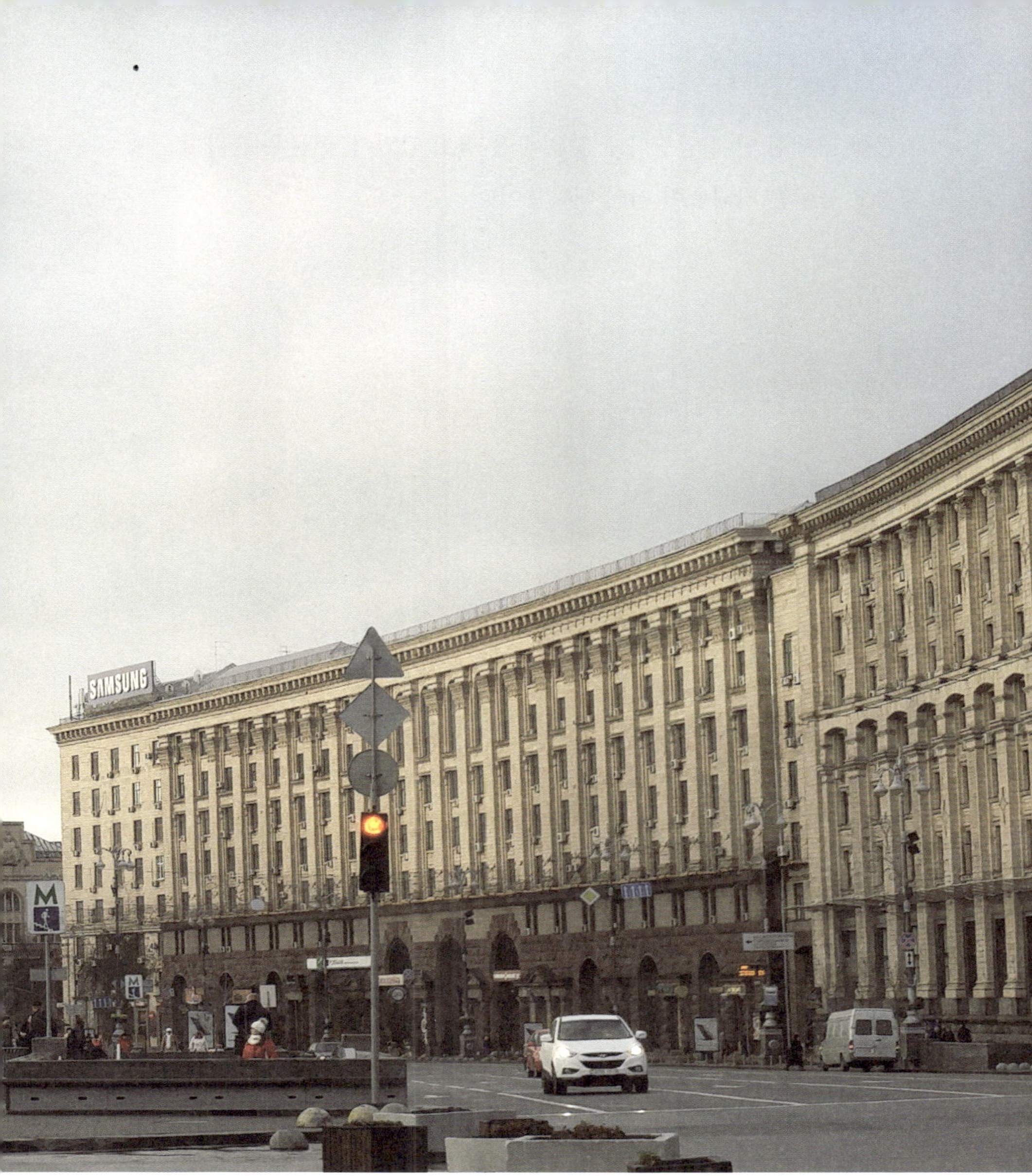
SAMSUNG
M

공항 면세점 안에 엄청나게 많은 술을 팔고 있었다. 선물은 술과 초콜릿, 냉장고 붙이는 기념품이 거의 대부분이다.

옛날 폴란드 도시 우크라이나의 리비우 여행

자동차 국경 횡단이 좋지 않아

기차표 예약

폴란드와 가까운, 한때 폴란드의 도시였던 우크라이나의 문화수도 리비우(Львів: 리비우(Lwów)에 가는 것을 알아봤다. 제2차 세계대전 종전 이전까지만 해도 폴란드 사람이 많이 살았던 곳이다. 바르샤바에서 승용차로 출발하면 루블린(Lublin)까지 2시간, 루블린에서 자모시치(Zamość)까지 1시간, 자모시치에서 국경선까지 1시간, 국경선에서 우크라이나 리비우까지 1시간 총 5시간이 걸렸다.

그중 바르샤바에서 국경선까지 폴란드에서만 4시간을 이동해야 했다. 목요일 출발해 자모시치에서 하루를 묵고, 금요일 리비우 관광을 1박 2일로 다녀오려고 했다. 아내가 폴란드 남자 친구와 카셰어링으로 리비우에 다녀온 한국 여성이 올린 블로그 글을 읽어보고는 승용차로 국경선을 통과하려면 5~6시간이 걸린다며 차를 가지고 가는 데 반대했다. 비행기로 갈까? 리비우행 LOT 비행기를 알아봤더니, 아내와 둘이서 왕복하는데 거의 80~90만 원이 들었다. 포기했다.

아내가 비행기를 탈 바에는 우크라이나의 리비우 대신 러시아의 상트페테르부르크에 가자고 했다. 러시아 항공사 아에로폴루트에 알아보니, 어떻게 된 건지 상트페테르부르크로 가는 직항로가 없고 모든 항공편이 모스크바를 거쳐 상트페테르부르크에 들어가는 것이었다. 이것도 아닌 듯해 포기했다. 폴란드 친구에게 물어보니, 그녀는 여러 차례 그 나라에 가본 입장에서 그리고 우크라이나 친구에게 들은 바에 의해서 기차로 다녀오라고 권했다.

바르샤바 중앙역 홈페이지를 통해 기차편을 알아보니 바르샤바에서 탈 경우 경유하는 곳이 있긴 해도 아침 일찍 출발하면 저녁에 리비우에 도착하는 기차가 있었다. 그러나 바르샤바에서 기차를 타면 폴란드를 벗어나기까지 시간이 너무 많이 걸렸다. 차라리 국경선까지 승용차를 타고 가서 하루 자고 거기서 기차를 타고 리비우를 다녀오는 게 나을 듯했다.

기차표를 온라인으로 예매하려고 폴란드 친구로부터 소개받은 예매 사이트에 들어가 봤지만, 온라인 구매가 되지 않았다. 폴란드 친구는 정정하며 바르샤바중앙역에 국제열차 티켓을 발급하는 창구가 있으니 거기에 가보라고 말했다. 아내와 함께 바르샤바 중앙역의 지하통로를 통해 역사에 들어갔다. 예약하는 장소가 바로 국제선 열차표를 파는 곳이었다. 번호표를 뽑고 기다렸다가 표를 샀다. 예약 티켓 하나에 왕복 티켓 두 장이었다. 선하게 생긴 아주머니가 친절하게 표를 발급해주었다. 야호! 드디어 표를 구했다. 아내도 모처럼 수고했다고 내 어깨를 두드려주었다.

이번 일을 계기로 우크라이나에 가는 기차표는 바르샤바에서 출발할 수

리비우 올드타운의 모습

있지만, 너무 많은 시간이 걸리므로 승용차로 내려가 국경선에 가까운 환승역 프세미시우에서 일박한 후 거기서 리비우에 기차로 왕복 관광 다녀오는 것이 괜찮다는 것을 처음 알았다.

다시 정리해서 말하면, 리비우에 가는 열차표는 온라인 구매가 안 되므로 PKP 등 기차표 사이트에서 시간표만 체크하고 바르샤바 중앙역 인포메이션에 직접 나가 국제선 열차표를 예약, 티켓을 구매해야 한다. 프세미시우역에서 리비우에 가는 기차표를 구입하는 것은 안 될 수 있음을 알아야 하겠다.

여기서 체크해보니 어느 시간의 기차표는 이미 매진되고 없었다. 미리 표를 사지 않으면 현장에서 표를 구입할 수 없을 수 있었다. 기차표는 시간에 따라 1시간 정도 걸리는 것도 있고 2시간 이상 걸리는 것도 있었다. 시간대에 따라서 그렇게 달랐다.

리비우까지 왕복하는 기차표의 값은 약 16,000원이었다. 둘이 106즈워티 정도 되니 반으로 가르면 편도 8,000원 정도 되는 셈이다.

리비우란 도시

우크라이나 말로 리비우(Lviv), 폴란드말로 르부프(Lwów) 또 러시아말로 리보프(Lvov), 독일말로 렘베르크(Lemberg)로, 인구가 2016년에 73만 명으로 적지 않았다. 이 도시의 역사지구는 유네스코의 세계유산에 등록돼 있다.

환율은 우크라이나 돈에 40원을 곱하면 원화 금액이 된다. 리비우란 이름은 루테니아(Ruthenia)의 왕(Daniel) 시절 왕자였던 Leo의 이름을 기려 지어졌다. 리비우는 1272년부터 1349년까지 Galicia 왕국 및 Ruthenia 왕국으로 불렸던 나라의 수도였다.

1349년에 폴란드 피아스트 왕조의 마지막 왕인 카즈미에시 3세 대왕(Casimir Ⅲ the Great)이 정복한 뒤로 폴란드 왕이 폴란드 및 루테니아의 왕이 됐다. 그 결과 1434년부터 현 리비우는 폴란드 왕국 내 Ruthenian 지방의 주도가 됐다.

1772년 폴란드가 첫 분할당할 때 오스트리아 합스부르크 왕국의 갈리치아-로도메리아(Lodomeria)의 주도가 됐다. 1918년~1919년초까지 짧은 기간 서우크라이나 인민공화국(West Ukrainian People's Republic)의 수도가 됐다. 양차 대전 사이 기간에 이 도시는 제2차 폴란드 공화국의 리비우 지역 중심지였다. 폴란드 공화국 내에서 바르샤바, 우치에 이어 세 번째로 큰 도시였고 문화유산 면에서는 바르샤바 다음이었다.

당시 도시 인구의 3분의 2는 폴란드 사람이었고 나머지 3분의 1은 우크라이나 사람인데 주로 농촌 지역에 살았다. 1939년 독소 양군의 폴란드 점령 이후 리비우는 소련, 즉 소비에트연방의 일부가 됐다.

소련은 폴란드 사람을 체포, 감옥에 가두었다가 러시아로 이송, 소련공산당의 감옥이나 굴라그로 가두던 중 나치 독일군이 소련을 기습 침공하자, 소련 비밀경찰은 급하게 리비우시 감옥에 있던 9,800여 폴란드 공화국 사람을 집단 학살했다. 그들이 급하게 철수하면서 남긴 시신에는 귀와 코 등 신체를 훼손한 흔적이 남아서 그들의 잔혹한 고문의 흔적을 생생히 보여주었다.

우크라이나 민족주의자들은 이것을 볼세비키들과 유대인들의 음모로 보아 나중에 유대인 집단학살이 있었다. 전쟁 기간 다행히 도시가 파괴되지 않았다.

1944년부터 1946년 사이에 폴란드와 소비에트 우크라이나 사이에 인구 교환이 있었다. 약 10만 명 이상의 폴란드 사람이 브로추와프 등 폴란드 서부로 이주했다. 이후 리비우는 소비에트연방의 우크라이나 공화국에 속했다가 1991년 소련에서 탈퇴하면서 우크라이나의 땅이 됐다.

여행계획을 다음과 같이 짰다. 바르샤바에서 자동차로 동남부 도시를 구경하면서 내려가다가 국경선 도시 프세미시우역에서 1박하고 우크라이나를 다녀온다. 프세미시우 2일째 오후 3시경에 프세미시우를 출발, 저녁 6시 넘어 리비우에 도착하고, 둘째 날 하루 동안 리비우를 관광하고, 셋째 날 오전 11시경에 리비우를 출발, 정오에 프세미시우에 도착한 뒤 바르샤바로 오는 것으로 했다.

숙박 장소로 프세미시우에 1박, 목표 도시인 리비우에 2박을 예약했다. 프세미시우의 숙소는 큰 도로 옆의 트로이카호텔을 예약했다. 기차역에서 멀지 않아 좋았다. 이 호텔에 차를 세워놓고 우크라이나를 다녀오면 되었다.

리비우의 숙소는 아내가 나름 좋은 호텔이라고 해서 드네스테르 프리미어호텔(Premier Hotel Dnister)을 호텔닷컴에서 예약했다. 2박에 약 24만 9천 원이었다. 더 싼 호텔이 많았던 만큼 이 호텔은 리비우에서 비교적 비싼 호텔 축에 들어갔다.

우크라이나를 다녀와서 바로 바르샤바로 올라올지 남쪽을 더 돌지는 후에 생각해보기로 했다. 폴란드 친구는 프세미시우(Przemysl) 주변 산의 풍경이 아주 좋으니 간 김에 그곳 부근의 산 경치를 꼭 보고 오라고 조언해주었다.

호텔닷컴은 숙소 위치를 잘 표시해놓는 게 장점이었다. 공항에서의 거리나 기차역에서의 거리 등 접근성을 잘 알려주니까 대중교통수단을 이용하는 사람에게는 부킹닷컴보다 더 낫다고 할 수 있다.

프세미시우에서 기차 타고 리비우로

호텔에 돌아와 차를 세워놓고 기차역으로 갔다. 멀지 않아서 걸어갔다. 역 대합실에 들어가니, 사람들이 별로 많지 않았다. 붐비지 않고 창구도 한산했다. 기차표를 확인하고는 4번 트랙으로 갔다. 기차표 관련 궁금한 것이 많았는데, 현장에 와서 대부분 알게 됐다. 바르샤바 중앙역에서 발행한 예약티켓은 그것만 가지고 타면 충분했다. 프세미시우 기차역 창구에서 다시 표로 바꿀 필요가 없었다.

트랙에 가니, 사람들이 속속 모여들어 제법 붐볐다. 기차는 놀랍게도 현대 로템이었다. 기차를 타고 보니 다들 어디서 왔는지 만석이었다. 기차시간은 3시 45분, 출발하자마자 폴란드측에서 여권 검사를 하고 출국 스탬프를 찍어주었다. 4시 15분에 국경선 부근에 왔는데, 휴대폰 와이파이, 데이터가 다 되지 않았다. 그러나 나중에 알았지만, 기차는 와이파이가 되도록 해주었다.

리비우에 가서는 호텔(Premier hotel dnister)에서 룸 와이파이가 됐다. 다만 길거리에서는 휴대폰이 안 됐다. 유럽연합 지역이 아니기 때문이다. 유심에 그런 조건을 걸어두었던 것 같다.

국경선을 통과하자마자 우크라이나 들판에 보이는 건 우크라이나 정교의 금색으로 휘황찬란하게 칠해진 모스크 같은 교회였다. 폴란드와 다른 점이었다. 우크라이나 정교 교회당은 들판에 많이 세워져 있는 것이 특색이었다. 가톨릭 성당은 보통 타운 광장 인근에 세워져 있다.

폴란드 시간 4시 31분이 우크라이나 시간으로 5시 31분이 되니, 한 시간을 먹었다. 리비우에 6시 18분 도착이지만, 실제로는 기차 이동시간이 1시간 15분에 불과했다. 5시 36분에 체크포인트에 도착, 우크라이나 측의 여권 검사 및 스탬프를 찍어주었다.

우크라이나에는 나두와 초지가 자유롭게 펼쳐져 있는 느낌을 주었다. 기차 안은 소곤대는 여자들 외에는 조용한 편이었다. 우크라이나 국기나 민족을 상징하는 색은 연한 하늘색이다. 어디서나 그 색인데, 기차역도 마찬가지였다.

리비우에 도착했다.

택시와 흥정해서 호텔로 들어왔다. 이 나라의 돈으로 150, 우리 돈으로 6

천원이었다. 그런데 그 택시가 캡도 없는 낡은 차여서 기분이 좀 별로였지만, 할아버지도 생계를 위해 손님을 맞이하려고 애썼으니 좋게 생각했다. 호텔은 큰 빌딩이며, 앞에 공원이 있고 올드타운이 있었다. 저녁에 식사하러 호텔 밖으로 나갔다. 레스토랑은 올드타운 중심가에 있었다. 저녁이어서 멀리 가기도 그렇고 해서 대학가 주변 케밥집에 들어갔다. 음료수 두 병과 케밥 큰 것 하나, 보통 하나를 주문해서 먹고 배가 부른데, 가격은 합쳐 160 정도니, 6,400원 밖에 나오지 않았다. 어느 정도 들어서 알고 있긴 했지만, 이곳의 물가가 쌌다. 처음 리비우에 도착해서 택시를 타고 호텔로 가는 도중에 보니 트램이 스톱해 있는 것을 봤다. 도로 양편 차량이 꼼짝달싹 못하고 있었다. 그런데 식사하고 오는 좁은 길에서 또 트램이 고장 나있는 것을 봤다. 트램 서너 대와 승용차가 길을 막은 가운데 도로의 차들이 속수무책으로 서 있었다. 리비우의 현주소였다. 건물도 마찬가지였다. 올드타운의 건물들 일부는 보수했거나 하고 있었지만, 상당 부분은 퇴색된 색 그대로 방치되어 있었다. 탈공산 이후 아직 투자가 이뤄지지 않은 듯 보였다.

호텔은 경비가 버티고 서서 출입자를 살펴보는 게 보안이 철저함을 알 수 있었다. 엘리베이터와 층별 입구 문은 객실 출입 카드를 넣어야 열 수 있었다. 호텔에서 모처럼 동양인을 봤다. 타이완 타이페이에서 왔다는데 이 나라가 비자를 주지 않아 다른 나라를 거쳐서 들어왔다고 툴툴댔다.

걸어서 리비우 시내 관광

도착 이튿날 하루는 리비우를 위해 주어진 날이다. 아침 식사를 하고 호텔 앞 공원으로 내려갔다. 일절 차를 타지 않고 걷기로 했다. 잘 알려지지 않은 도시이기도 하지만, 그리 커 보이지 않아 그냥 걸어도 될 듯했다. 눈에 띄는 건물을 들어가 보고 설명문을 읽었다.

리비우시는 나름대로 명소에 대한 설명을 잘 해놓고 있었다. 길바닥에 동판 번호를 매겨 길 안내를 하고 또 지상의 곳곳에 전봇대처럼 안내판을 세워 동서남북 사거리로 뻗어 있는 길을 안내했다. 알파벳이 달라 간판을 이해하기 어려웠지만, 웬만한 것은 영어로 표지를 달고 설명을 해놓았기에 불편한 것은 없었다.

날이 더웠으므로 길을 걷다가 힘에 부치면 나무 그늘 아래의 펜스 돌이나 벤치에 앉아 쉬었다. 이렇게 여유로운 관광, 마음 편한 발걸음은 처음이었다. 시간에 쫓기지 않으니 기분도 좋았다. 관광 안내에 나오는 명소는 거의 다 돌았다. 공연을 감상하지 못했을 뿐, 명소를 찾아 설명을 읽어보고 실내를 들어가 보고 밖을 돌아다니며 보았다. 명소는 몰려 있었다.

걸어다니며 구경하는 것은 좋은데, 하나 아쉬운 점은 길에 차가 너무 많고 그 때문에 교통 혼잡이 극심했으며 매연이 심했다. 좋은 점이라면 보행자 우선이라 길 건너는 사람을 위해 횡단보도에서 차들이 어김없이 서주니 걸어 다니는 것이 불편하지 않았다.

아내는 시내에 좋은 차들이 많이 다니는데 어제 기차역에서 호텔로 들어올 때의 사제 택시는 왜 그렇게 낡았는지 모르겠다는 반응을 보였다. 아마도 어제 그 차는 정식 택시가 아니고 생계유지의 수단으로 무면허로 운행하는 낡은 차인 듯 했다.

기념품가게, 레스토랑, 카페 등 모든 것이 시청과 광장, 오페라하우스가 있는 곳에 몰려 있었다. 시청의 종탑에 올랐다. 시청사 안 벽에 붙은 안내에 따라 걸어가면 종탑을 오르는 입구가 나오는데, 여기서 티켓을 팔았다.

15정도 했던 듯했다. 돈을 내고 아내와 함께 오르니 정상에 도착할 무렵 땀이 났다. 마지막엔 한 사람 겨우 올라갈 만큼 좁았다. 쾰른 성당만큼은 아니지만 제법 높아 아찔했다. 역시 높은 데에 올라가야 도시가 다 보였다.

프랑스 파리는 에펠탑, 영국은 런던 아이, 미국 뉴욕은 엠파이어 스테이트 빌딩과 자유의 여신상, 독일은 쾰른 대성당, 폴란드는 바르샤바 문화과학전당, 자모시치는 성당의 탑처럼, 우리나라에는 남산타워가 전망탑이다. 종탑에는 시계 장치가 되어 있어 정각에 종을 친다고 한다. 고전적인 기계식 장치가 눈길을 끌었다. 꼭대기에서 보이는 도시, 사방의 건물과 숲 등을 보면서 호텔을 찾았고 돌아가는 길을 알게 됐다. 여기 올라오지 않았다면 길 찾기 어려울 뻔했다. 숙소로 돌아오는 길을 확인하고 내려왔다.

리비우 국립대학 부근 카페테리아에서 식사했다. 운 좋게 최고로 좋은 식당을 찾은 셈이었다. 대학 주변이어서 그런지 식사비가 저렴하고 요리 종류가 엄청 많아 선택하면서 기분이 좋았다. 스파게티 면도 많고 쌀밥을 비롯한 잡곡도 있고 수프도 네 가지 정도 있었고 고기, 생선 등 없는 게 없었다. 리비우에 가는 사람에게 이 식당을 추천하고 싶다.

우크라이나 리비우는 정말 좋았다. 물가는 천당 수준이었다. 저녁 식사로 카페테리아에서 두 사람이 먹고 음료수를 마시고도 합친 금액이 12,000원이 안 되었다. 9만 원만 가지고도 우크라이나에서 필요한 비용에 다 충당할 수 있다니 천당 아니고 뭔가? 호텔 숙박비 24만 원이 커 보일 뿐이다. 물론 프리미엄 호텔이니까 그럴 것이다.

호텔 앞에 있는 공원의 높은 곳에는 애완견 공원이 펜스를 두르고 있었다. 그곳에는 조금 큰 개들이 주인들과 함께 들어가 있고, 다른 쪽에는 조금 작은 개들이 들어가 있는데 개는 풀어놔도 괜찮았다. 개들끼리 어울려

시청 전망탑에서 본 리비우시

대학교 인근 카페테리아 식당의 모습

뛰어다니고 짖어대고 이따금 어떤 개는 펜스 밖 사람을 향해 짖기도 했다. 이런 애완견 공원은 괜찮은 시설로 보였다. 호텔 뒤쪽으로 가보니 일반 사람들이 사는 곳인지 볼품이 별로 없었고 레스토랑도 거의 없었다. 거기서 우연히 크로와상 샌드위치가 있기에 맛을 봤다.

이날 2만 2천 걸음을 걸었다. 그래도 후배가 일본 자유투어에서 하루 기록한 3만 걸음에는 못 미쳤다. 유리잔과 마그네트 기념품 둘, 와인 80(우리돈 3,500원), 루마니아 와인 200(우리돈 8,000원) 하나를 샀다. 우크라이나에서 영어가 안된다고 하지만, 폴란드어를 보태면 안되는 것이 없었다. 국제도시다. 관광객도 많았다.

우크라이나 음식은 폴란드와 완전히 달랐다. 이웃하는 폴란드와 비슷하지 않을까 생각했는데 의외로 수프도 다르고 모두 맛있어 먹을 만했다. 아마 흑해 연안국으로 바다를 끼고 있는 게 한몫하는 듯했다. 우크라이나는 와인 생산국이다. 폴란드와 달리 오랫동안 흑해변 오데사와 크름반도에 프랑스, 독일, 스위스 사람이 와서 와이너리를 개척하고 와인을 생산해오고 있었다. 그것이 폴란드와 다른 특징이었다.

호텔에 들어와서 우크라이나산 오데사 와인을 마셨다. 화이트와인에 쓴맛이 느껴지는 게 뜻밖에 별로였다. 새미 드라이라고 대강 맞춰 사왔지만 기대와 달랐다.

우크라이나의 특징 중 하나는 유럽과 달리 건물에 0층이 없고 우리나라처럼 지상층이 1층이었다. 폴란드를 포함한 서유럽은 지상층이 0층이었다. 또 이 나라에는 동전이 없었다. 1, 5, 10 모두 지폐였다.

리비우에서 프세미수로 돌아와 바르샤바로

호텔 아침 식사를 든든하게 했다. 나는 외국 음식에 조금 지쳤지만 아내는 여전히 잘 먹었다. 호텔에 10시쯤 출발할 수 있도록 택시를 불러달라 해놓고 로비에서 수놓은 테이블보를 산다고 흥정했다. 마음에 드는 것을 보고 가격을 물으니 현지 화폐로 2,000이라고 했다. 주저하니까, 우리보고 원하는 가격을 써보라고 해서 1,500을 불렀더니 응해주었다. 그 가격에 사면서 폴란드 돈 200즈워티를 주었다. 환율을 계산하며 아주머니가 유리한 쪽으로 돈을 더 달라고 했지만, 그냥 200즈워티에 거래를 끝냈다.

시큐리티 경비까지 두는 호텔에서 작은 유리박스에 물건을 넣어놓고 손님한테 구경시켜주고 파는 게 어느 정도 허용되고 있었다. 아주머니는 영어로 소통이 되는 사람이었다. 단체 관광객이 많이 투숙하고 있어서인지 모른다.

택시를 탔는데, 호텔 직원은 100을 내면 된다고 했지만, 역에 도착한 운전자는 110을 받았다. 그래봐야 4,000원, 4,500원이었다. 역 앞에 오니, 처음 도착했을 때 호텔까지 태워주었던 아저씨가 여전히 서성이며 손님을 찾고 있었다.

기차역에서 유대인을 봤다. 전통 검은색 옷에다 머리에 작은 캡을 쓰고 검은 머리칼이 빛났다. 사진에서 보던 유대인 모습이었다.

리비우의 기차역 국제선 플랫폼은 폴란드 프세미시우의 기차역 국제선 플랫폼과 달랐다. 별다른 통제가 없었다. 폴란드의 경우는 유럽연합 경계선을 지키는 책임을 지고 있어 통제를 더 하는 듯했다.

오전 11시 18분 기차로 리비우를 출발했다. 우크라이나로 갈 때는 기차가 꽉 찼는데, 폴란드로 들어오는 차편에는 사람이 적어 빈자리가 있었다. 약 1시간 달려 12시 14분경 국경선 가까운 역에 도착하고 우크라이나 관리들이 내리는 듯했다. 12시 35분에 국경선을 통과했다. 폴란드는 11시 41분, 한 시간을 되찾았다.

폴란드 측에서 올라와 여권 검사를 하고, 이어 짐 검사하는 관리가 와서 살펴보고 필요하면 짐을 내려 풀게 했다. 다시 기차가 출발했다. 프세미시우역에 도착하니 12시 25분이었다. 역 앞 풍경을 보면 프세미시우역은 한가하지만, 리비우역 앞은 사람들로 항상 붐볐다. 리비우역 앞에는 택시를 타라는 사람과 버스를 타는 사람 등 호객행위하는 사람들이 많았다.

폴란드에서는 낯설은 사람이 먼저 다가오거나 하는 게 없어 좋았다. 인근 식당에 가서 코트레트 사보뷔와 수프를 주문해 먹었다. 한식을 안 먹은

리비우역 앞

폴란드의 프세미시우 기차역

지 오래여서 식욕이 안 났지만, 안 먹을 수도 없었다. 역에 세워져 있는 택시를 탔다. 바르샤바에서는 콜택시를 잡아야 하고 길거리 오가는 택시를 타면 바가지 쓴다는 말이 있어 주저했으나, 식당 아주머니가 괜찮다고 해서 갔다. 운전사는 손님이 오자 얼른 가방을 들어 트렁크에 싣고 아내가 요금을 물어보자 15즈워티라고 했다.

처음엔 'fifty'로 들려 놀랐으나 내가 'fifteen' 아니냐고 하자, 그 운전기사는 자기 영어 발음이 좀 구리다며 'fifteen'이 맞다고 했다. 그렇게 이틀 전에 묵었던 트로이카호텔에 돌아와 리셉션에서 차를 가져간다고 인사했다. 미인의 얼굴을 한 여자 리셉셔니스트는 밝은 목소리로 오케이라고 대답했는데, 나와 아내는 기분이 좋아 우리 비누 한 세트를 주고 왔다.

자동차를 몰아 제수프와 라돔을 거쳐 바르샤바로 돌아왔다. 프세미시우나 주변에서 하루 쉬고 다음 날 귀가하는 게 이상적이지만, 호텔에서 쉬는 것보다 집이 그리워 조금 무리를 하면서 바르샤바로 올라왔다.

산 경치 좋고 단풍이 멋진 비에슈차디공원(Bieszczady National Park)은 다음 숙제로 남겨놓았다.

러시아 모스크바, 상트페테르부르크를 보다

졸저인 폴란드 책을 냈을 무렵 러시아를 다녀왔다. 자주 가기 어려운 나라이므로 그때의 체험을 소개하고자 한다.

당시 서울 하늘은 맑았으나, 모스크바에 도착할 무렵 구름이 잔뜩 끼어 비행기가 공항을 찾지 못하는 게 아닐까 걱정됐다. 다행히 숲이 보이고 집들이 나타나면서 안도했다. 비행기가 착륙하자 살았다는 생각에 기뻤지만, 우리나라 승객들은 늘 그렇듯이 담담해 그 어디에서도 박수치거나 소리 지르는 사람은 없었다. 밖에는 추적추적 비가 내리고 공항 대합실에는 낮은 목소리로 '탁시' 하며 호객하는 사람들이 있었다. 지인의 안내로 승용차에 올라 시내로 들어가는데, 교통 정체가 거의 우리나라 명절의 고속도로 같았다. 지하철이 훨씬 빠르지만 짐이 있으면 차를 가져오는 수밖에 없다. 9월의 모스크바 날씨는 비오는 가을날 그대로였다. 평소 이 시즌에 풍경이 괜찮은 편이나 기후변화 탓인지 비가 계속 내렸다.

차이콥프스키 극장 맞은편의 필스너 맥주집에 들었다. 손님이 많았다. 맥주에 안주로 골롱카, 굴라슈 수프, 햄과 소시지 모듬을 시켜 먹었다. 굴라슈는 동유럽에서 먹을 때보다 짜고 쇠고기 건더기는 적었다. 다만 빵 안에 담아준 게 이색적이었다. 숙소는 코르스톤 플라자호텔, 식사는 테리야끼 레스토랑에서 했다. 당시 방은 서양식 호텔인데, 운영은 한국인이 하고 아침식사도 한국음식을 줬다. 민박 같은 곳이었다.

다음 날 오전에 모스크바의 대표적인 관광지를 찾았다. 붉은광장(Red Square)에 갔더니, 영화에서 본 적이 있는 크레믈린(Kremlin)궁과 바실리대성당(St. Basil's Cathedral)이 있었다. 비가 내리는 가운데 승용차로 그럭저럭 유명한 곳을 돌아보고는 백화점에 들어가 커피를 마시며 쉬었다. 낯익은 일리(illy) 커피숍이었다.

식사하러 가기 전에 성당 하나를 더 봤다. 일정이 짧아 아쉽게도 볼쇼이 극장(Bolshoi Theatre)이나 거대한 지하철, 미술관, 전망 좋은 곳, 공원, 전쟁기념관을 보지 못했다. 점심은 우즈베키스탄 요리가 전문인 레스토랑이었다. 구운 빵이며 만두, 고기 넣고 구운 칼조네 같은 것, 편육과 볶은 쌀요리, 샤슈윅 등 많이 주문해서 먹었다. 맛있고 즐겁기 그지없는 요리였다. 러시아는 자신들의 요리가 없고 다 주변 민족들의 요리로 구성돼 있다고 하니 이게 최고인지도 모른다. 식사 후 거리를 구경하다가 과일 파는 곳에 들러서 서양자두와 포도를 사서 먹었다.

셋째 날, 블로그에도 소개된 염가의 벼룩시장에 갔다. 거기서 블로거가 단골로 갔다고 하는 그릇가게에서 머그컵과 그림이 그려진 접시를 샀다. 2,200루블, 6~7만 원 수준이다.

찬공기에 바람이 불어 추웠으므로 시장터에서 샤슈윅으로 시장기를 면하고 몸을 녹인 뒤 상트페테르부르크로 갔다. 소련 당시 레닌그라드로 불린 옛날 수도다. 여기서 페테르부르크의 페테르는 예수의 제자인 베드로

모스크바 붉은광장의 Sredniye T

모스크바 볼쇼이 극장

모스크바 붉은광장의 성 바실리 대성당

가 아니라 로마노프 왕가의 피터 대제(Peter the Great)라고 한다. 피터 대제는 러시아말로 표트르 대제이며 1703년에 이 도시를 건설했고 1713년부터 1918년까지 제정러시아의 수도였다.

민박집에서 마중나왔다. 집은 시내 철도 중앙역과 백화점에서 매우 가까운 곳에 있었는데, 한방에 여러 명이 잤다. 한인 민박에 들어가면 대개 한국식이라 여관의 온돌방에 들어가는 것과 같다. 당시 일인당 90달러였다. 민박 주인은 아침마다 와서 밥 해주고 오후 시간에는 외부에 일이 있는지 나가면서 투숙객만 남았다. 쾌적하고 냄새 없어 좋았지만, 주택을 숙소로 한 탓에 화장실과 샤워실이 하나여서 불편했다.

넷째 날, 오전에 걸어서 세계에서 가장 크고 오래됐다는 에르미따주(The Hermitage Museum)박물관을 다녀왔다. 차에서 내려 강변으로 길게 뻗어 있는 도로를 따라 신나게 걸었다. 가면서 성당(The Kazan Cathedral)에 들러 사진을 찍고 박물관 앞 광장을 한 바퀴 돌았다. 전 세계의 방대한 예술품과 공예품이 있다는 전시품에 호기심을 가진 일행이 있었으나, 시간이 부족했으므로 밖에 있는 수비니어 가게만 들렀다.

점심은 고려인이 운영하는 한식당에서 했다. 짬뽕 맛이 그럴듯하고 건더기가 많다고 해서 그걸 주문했다. 역시 그릇도 거대하고 양도 그릇 깊이 만큼이나 많았다. 오후에 운하에 있는 유람선을 탔다. 일인당 500루블을 내고 네바강 끝의 페트로파블롭스크 요새(The Peter and Paul Fortress)를 돌고 왔다. 담요를 무릎 위에 올려놓고 찌푸린 하늘을 바라다보았다. 바람이 끝없이 부는 강가는 차가웠다. 운하에서 바라보는 거리의 모습, 멋진 성당, 배가 지나가는 교량을 보며 바다처럼 넓은 강을 가로질러 관광했다. 너무 몸이 차가워 실내에 들어와 추위를 녹였다. 그러다가 틈 나는 대로 서점에 들르고 그럭저럭 관광하면서 백화점을 구경하며 쇼핑했다. 저녁은 백화점 꼭대기 층의 식당가에 가서 샐러드와 피자 등을 사서 먹었다.

다섯째 날, 오전에 상트페테르부르크의 민박집을 나와 항공편으로 모스크바에 돌아왔다. 모스크바공항의 면세점에는 나무인형 등 수비니어와 술, 화장품이 있었지만 티셔츠와 일부 비싸지 않은 물품만 쇼핑했다. 나무인형은 세련되고 화려한 만큼 비쌌다. 러시아 여행에서 가장 불편한 것은 교통이었다. 공산체제를 벗어던지고 자본주의화, 무역 개방을 하면서 차가 갑자기 늘어났고 그로 인해 교통은 정체와 끼어들기, 꼬리물기에다 잦은 접촉사고와 교통경찰이 올 때까지 사고차를 내버려두는 관행 등으로 인해

상트페테르부르크의 네바강 유람선 투어

상트페테르부르크의 페트로파블롭스크 요새

상트페테르부르크의 겨울궁전

교통상황은 최악이었다.

러시아에서 산 것은 초콜릿, 냉장고에 붙이는 마그네틱, 머그컵, 에스프레소 잔, 그림이 그려진 접시, 나라 특징이 담겨 있는 티셔츠 등이었다.

Part. Ⅱ

폴란드 전국 일주

언제 가도 정겹고 좋은 곳이 폴란드다

사람은 수구초심 고향을 그리워한다. 그런데 여행 다니는 사람에게도 그와 비슷한 감정으로 과거에 지냈던 외국을 그리워하며 다시 그곳을 가보고 싶어한다. 개인적으로 폴란드가 그렇다. 옛날에 가족과 살며 희노애락을 느꼈던 곳이 15년이 흐른 지금 얼마나 변했을까? 내가 알던 사람들은 지금 어디서 무엇을 하고 있으며 그들과 어울려 식사하고 즐겁게 떠들던 한인 식당들은 지금 어떤 모습일까? 2004년에 폴란드 바르샤바에 2년간 있으며 자주 드라이브하던 도로, 아침 일찍 걸었던 공원 산책길, 아이들이 썰매 타던 언덕이 궁금했다.

그래서 부부가 폴란드로 다시 갔다. 아내는 약 12년만인가 다시 찾은 바르샤바이지만, 공원이나 주위 건물들이 그대로라며 서울처럼 자꾸 바뀌지 않아 좋다고 말했다. 한가한 시간에 차를 운전해서 옛날에 살던 곳, 바르샤바 남부의 울시누프로 향했다. 아내와 예전의 그 아파트, 텔레토비 동산, 주위 공원을 걸으며 수제브까지 걷고 쇼핑했다. 공원 숲에 개인 텃밭이 사라지고 대신 길을 내고 밴치를 만들어 산책로를 조성해 놓았다. 그것이 변한 것이라면 변한 것이었다.

지금 폴란드는 여행 다니기 너무 좋아졌다. 도시는 크게 바뀌지 않았지만, 여행 다니는 데 필요한 인프라는 몰라 보게 좋아졌다. 고속도로가 사통팔달 많이 뚫렸고 과거 좁은 국도를 넓히는 포장 공사가 이어지고 있다. 예전에 지도를 보고 도로를 찾았지만, 지금은 휴대폰 구글 지도에서 운전에 들어가 목적지를 검색하면 바로 길찾기를 할 수 있다. 국제화가 많이 진행되어 폴란드말을 몰라도 영어로 소통이 가능하고 영어 안내가 많이 되어 있다.

폴란드는 유럽연합 국가다. 예전 냉전의 최전선 변방 국가가 아니다. 서유럽과 더 긴밀하게 통합되면서 어디를 가더라도 웬만큼 흔하게 외국인을 볼 수 있고 가는 곳마다 낯설지 않아 여행다니는 사람의 마음을 편하게 해준다. 폴란드의 장점을 하나 더 들자면, 숲과 호수가 많고 공기가 맑아 사람 살기 좋은 곳, 외국인이라도 환영하므로 지내기 쾌적하다는 것이다.

폴란드는 넓어서 구경하고 체험할 곳이 무궁무진하다

옛날에 친했던 폴란드 친구가 나에게 책을 선물로 주었다. 2006년에 준 것이 영문 화보집 『POLAND』였다. 책에는 폴란드의 주요 관광지를 사진 소개하면서 역사적 유래 등을 설명했다. 목차를 보면, 소개글 외에 카르파티아 산맥과 포드카르파츠키에 주 지역, 고지대, 수데티 산맥과 실롱스크 저지대, 마조프셰-포들라스키에주 저지대, 발틱 연안지역과 호수지역으로 되어 있다. 2005년 발간된 책인데, 이 책에 소개된 것을 다 보기 어렵지만, 폴란드의 보석 같은 곳이었다.

그때는 직장에 다니던 중이라 폴란드에 못 가보고 대신 페이스북에 명승지 위주로 폴란드를 소개했다. 그런 뒤 2017년에 폴란드 친구를 다시 만났는데, 그 친구는 헤어질 때 또 책을 선물로 주었다. 책 제목은 『POLAND – 1000 years in the heart of Europe –』 이 책 역시 폴란드를 소개하는 영문 화보집이었다. 목차를 보면, 포모제주, 바르미아-마주리주, 폴란드 타임머신, 포드라시에와 수바우키 지역, 비엘코폴스카, 루부슈 랜드와 쿠야비, 마조프셰와 우치 지역, 카메라 샷, 쉬비엥토르지스키에 지방, 루블린 지방, 다채로운 색 전통, 실레지아, 마워폴스카와 포드카라파츠키에 지역으로 되어 있다.

폴란드 친구의 자기 나라 사랑과 외국인 친구를 대하는 마음이 와 닿았다. 뭔가 자기 나라에 대해 좋은 인상을 가지고 가기를 바라며 이들 화보집을 주지 않았나 생각한다. 2017년에 발간된 것으로 이 책에 소개된 곳을 얼른 가보고 싶지만, 귀국길이라 훗날의 숙제가 되었다. 그래서 그때는 수도 바르샤바의 숙소에서 틈틈이 동서남북 폴란드 다른 지역으로 여행을 다녀왔다. 다소간 벅찬 계획이었지만, 꾸준히 우리 부부 자동차 여행을 다녔다. 한 번에 다 볼 수는 없고, 우선 대표적인 곳을 찾아다니며 이 나라 지리와 음식, 인심, 풍경, 문화유적지와 명승지를 체감한 대로 이번 여행기에 담았다.

여행에 앞서 최소한 폴란드의 지역 명소의 역사와 유래에 대해 알아두자

폴란드는 과거사가 있어 지역별로 풍경이 조금씩 다르다. 드라이브하면서 주위를 보면 그렇다는 것을 알 수 있다. 프로이센, 즉 독일이 지배한 지역이나 과거 독일땅

이었던 곳은 폴란드의 서쪽과 북서쪽, 남서쪽인데 이곳은 숲이 없고 경작지가 많다. 그래서 주위가 잘 보이므로 드라이브하기 편하다. 사람이 많이 살아 도회지풍이며 번화한 느낌을 준다. 이웃에 독일이 있어서인지도 모른다.

이곳에는 관광객이 많다. 주로 독일인이다. 주머니 사정이 좋은 사람이 와서 저렴한 폴란드 물건과 과일, 야채를 사가다보니 물가가 다른 곳보다 비싸다. 독일에 가까운 이곳은 과거 독일땅, 독일사람이 살던 곳이고 독일정부가 건물을 짓고 독일식 거리, 시장이 형성되어 있던 곳이다. 그러다보니 옛날 이곳에 살다가 독일로 이주한 사람이 추억여행을 많이 온다. 독일에는 이미 없어진 고전적인 모습이 폴란드에는 생생하게 남아 있는 것도 그들에게 추억여행을 오게 만들고 감상에 젖게 한다. 그래서 더 매력이 있는지 모른다.

대표적인 도시라면 포즈난, 그다인스크, 슈체친, 브로추와프를 들 수 있다. 지역으로 말하면 남서부 실레지아 지방, 북부의 서 포모제 지역이다. 한편, 폴란드의 남부는 오스트리아가 지배한 곳이지만, 풍경은 산지 고지대로 이어지면서 독특한 풍경을 만들고 있다. 폴란드의 남동부가 대표적이다. 이곳은 다른 나라와의 국경선이 복잡하게 얽힌 지역으로 다양한 민족과 문화가 합류하고 혼재하는 탓에 다소간 자유스런 곳이다.

오늘날 폴란드는 남쪽에 체코, 슬로바키아, 우크라이나와 국경을 접하고 있다. 러시아가 지배한 동부 도시와 지역은 대체로 예전 도시와 자연의 모습 그대로인 경우가 많다. 그들은 별로 투자하지 않았다. 미개발로 인해 원시림의 숲이 많고 시골 분위기다.

폴란드의 수도 바르샤바도 한때 러시아령이었다. 우츠가 제1차 세계대전 전 러시아가 가진 최서단의 도시다. 그때는 섬유산업의 도시였다. 리투아니아, 벨라루시와 접한 폴란드의 북동쪽과 우크라이나와 이웃한 남동쪽은 숲과 좁은 길, 구글 네비게이션이 잘 안 터지고 길이 미로 같고 하늘을 찌를 듯한 나무들로 어두컴컴한 곳이다. 거기 사는 사람들은 소박하지만, 조금은 배회하는 사람이 많고 외국인에 대해 눈을 동그랗게 뜨고 쳐다보는 것 같아 부담스러울 때가 있는 것은 아마도 사람이 적게 살고 궁벽한 곳이라 그렇지 않을까 생각해본다. 그럼에도 이곳은 벨라루시, 우크라이나에게는 젖줄 같은 지역이다.

동부에서 오는 사람에게 폴란드는 선진국이고 입국하기 어려운 나라고 물건을 사러 가는 선망의 장소이기 때문이다. 이곳 지역에는 값싼 벨라루스, 우크라이나산 주류, 담배 등이 많이 보인다. 집집마다 그런 상품들이 많은 것은 아마도 지역적으로 가깝고 그쪽 사람과 친화적이기 때문이리라.

포모제주
바르미야마주리주
서포모제주
포들라스키에주
쿠야비포모제주
마조프셰주
바르샤바
비엘코폴스카주
루부시주
우치주
루블린주
돌니실롱스크주
시비엥토스키에주
오플레주
실롱스크주
포드카르파츠키에주
마워폴스카주

중동부 농촌지역 마조프셰주
– 영문명 마조비아(Mazovia)

수도 바르샤바의 명소

바르샤바는 제2차 세계대전 때 혹독한 시련을 겪었지만, 비스와강의 인어상과 함께 시민들이 사랑하는 와지엔키(Lazienki)공원, 쇼팽 야외 음악당으로 인해 다시 태어났다.

와지엔키공원의 남쪽 끝에는 폴란드 독립의 아버지 피우수츠키의 동상과 바웬사 대통령이 집무실로 사용했고 우리나라 노무현 대통령이 이틀 묵은 영빈관 벨베데레(Belweder)궁이 있다.

와지엔키숲의 북쪽에는 우야즈도프스키(Ujazdowski)공원이 어른들에게는 쉼터, 어린아이에게는 놀이터가 되고 있다. 여기서 북쪽으로 가면서 노비 쉬비아트(Nowy Świat) 거리로 접어드는 사거리에 론도가 있고, 비스와강을 횡단하는 포니아토프스키다리로 접어드는 어간에 폴란드 군사박물관, 바르샤바 국립미술관(The national museum of Warsaw)이 있고, 반대편에 도시 중심지인 첸트룸(Center), 도시의 랜드마크 노릇을 하는 문화과학전당

대통령궁

수도를 바르샤바로 옮긴 왕
지그문트 3세의 동상

(Palace of Culture and Science) 건물이 있다.

첸트룸 부근에 국립극장(National Philharmonic)이 있고, 노비 쉬비아트 거리가 끝나갈 무렵 쇼팽 박물관과 쇼팽음악대학이 위치한다. 이어 피우수츠키(Piłsudski)원수 광장과 폴란드의 독립을 위해 싸우다 죽은 군인들을 추모하는 무명용사묘, 배후의 사스키(Saski: Saxon: Sächsischer: 작센)공원이 있다.

무명용사묘는 제2차 세계대전 때 파괴된 삭손 궁전의 잔해로서 기억과 추모를 위해 그대로 두고 있다. 원대의 건물은 지금은 상상하기조차 어려울 만큼 큰 규모를 자랑했었다. 당시 사진을 보면, 광장을 앞에 두고 지금의 무명용사묘가 된 곳을 중심으로 좌우에 날개처럼 큰 건물을 두었고, 뒤쪽으로 후원 숲, 지금의 사스키정원을 두고 있었다. 현재 폴란드 정부는 당시에 있었던 삭손궁전(Saxony Palace: 폴란드말로 Pałac Saski)의 재건을 추진하고 있다. 이 궁전은 폴란드왕으로 선출된 독일 삭손 가문의 아우구스투스 3세(Augustus III)가 18세기 중반에 지었고 수세기에 걸쳐 여러 번의 보수와 개축이 이루어졌다. 처음에는 왕궁으로 사용되다가, 나중에는 정부청사로 혹은 군대의 병영으로 이용되다가 제2차 세계대전 때 심하게 파괴되어 오늘에 이르렀다.

또 한편, 폴란드가 러시아제국에 합병되었을 때 이곳 광장에는 러시아의 침략을 상징하는 러시아 정교의 교회당이 큼지막하게 지어져 있었다.

현재 대로변에 대통령궁이 있고 뜰에는 나폴레옹의 모스크바 진격때 폴란드군을 이끌고 참전한 포니아토브스키 장군의 기마상(Monument of Józef Poniatowski)이 있다. 가까운 곳에 오페라하우스(Polish National Opera)가 있으며, 대로변에 쇼팽의 심장이 묻힌 성십자가교회(Holy Cross Church), 유서 깊은 바르샤바대학교, 큰 길에서 비스와 강변으로 내려가면 청동의 대학도

서관이 있다.

잠코비(Plac Zamkowy: 왕궁광장)에는 수도를 바르샤바로 옮긴 지그문트(Zygmunt waza) 3세의 동상(Sigismund's Column)이 있고, 박물관인 왕궁, 그리고 역대 왕들이 대관식을 하고 죽어서 묻힌 성요한대성당(St. John's Archcathedral)이 있다.

잠코비 옆은 올드 타운(Stare Miasto)이며 광장에는 비스와강의 수호신 동상이 있고 성 밖으로 나가는 곳에는 바르비칸(Barbican)이 있다. 요즘 이곳에 마차를 타고 돌아볼 수 있는 투어가 있다. 성 밖에는 마리 퀴리(결혼 전 이름은 '마냐 스쿼도프스카)가 공부하며 살던 곳인 마리 퀴리 박물관, 고딕양식의 성모마리아(Lady Mary)교회, 크라신스키(Krasinski)광장과 모퉁이의 바르샤바 봉기 기념 조형물이 있다.

올드타운 북서쪽에는 서독의 브란트 수상이 방문해 무릎을 꿇었던 게토영웅기념비(Monument to the Ghetto Heroes)가 있다.

여기까지 보고 발길을 돌려 남쪽으로 차로 15분 정도 오면 1683년 빈전투를 승리로 이끈 영웅, 투르크군의 포위로부터 빈을 구출한 소비에스키왕(John III Sobieski)이 사용한 빌라누프(Wilanów)별궁이 있다. 궁 안쪽으로 정원과 호수, 즉 부르봉가의 왕비를 위해 꾸며진 프랑스식 정원이 있다.

현 도시의 중심부에 있는 와지엔키공원은 꼭 들러야 하는 곳이다. 유럽을 여행하러 온 지인들이 쇼팽공항에서 나오자마자 바로 간 곳이 이곳이었다. 그곳 야외음악당에서는 쇼팽의 피아노 연주가 있었는데, 그런 것이 바로 폴란드를 느끼는 첫 순서다.

공원 밑으로 내려가 수상궁전을 보고 공원을 관통하는 꽃밭과 호수변을 산책할 수 있다. 여행 온 우리나라 사람들이 이곳에 왔을때 폴란드 사람들의 공연을 감상하는 매너가 참 좋다며 감탄한 바 있다. 비가 오는데도 피아노 연주를 듣느라 자리를 뜨지 않거나 뜨더라도 나무 밑에 서서 연주가 끝날 때까지 듣는 모습이 인상적이었다고 여러 번 말했다.

그외 첸트룸, 즉 시티 센터에 오면 문화과학전당의 전망탑이 있어 도시 전체를 볼 수 있다. 오르지 않는 사람을 위해 일층에 카페가 있다.

새로 단장한 소비에스키왕의 별궁 빌라누프

빌라누프 궁전은 최근에 보수되어 화려한 건물로 탈바꿈했다. 내부는 박물관으로서 왕과 왕비의 침실, 소장품, 인테리어, 의상 등을 볼 수 있다. 궁전의 뒤에는 정원과 호수가 이어져 있다. 개인적으로 아는 지인은 빌라누프 궁전 뒷 정원에 들어가 산책을 많이 한다고 하면서 그곳을 특별히 추천해주었다.

목요일은 빌라누프 궁전이 무료 개방하는 날이다. 아내가 그 사실을 알아내면서 그동안 한 번도 들어가 본 적이 없는 왕궁박물관에 입장했다. 공짜라도 티켓 부스에서 공짜표를 받아와야 입장이 가능하다. 입장 마감은 오후 3시다.

뒷 정원에 들어가서 오후 3시부터 6시까지 산책하고 카약을 탔다. 예전에는 보트가 있어 노를 저었는데, 이제는 사람들이 카약, 카누를 좋아하니 그것으로 바꾼 듯했다. 다만, 배보다 타는 것이 쉽지 않았다. 물 위의 푹 꺼진 배에 타려다 보니 배가 흔들흔들 타는 사람은 아슬아슬했다.

노를 물레방아 돌리듯이 저으며 호수 이쪽에서 저쪽까지 젓다가 오니

빌라누프궁

힘이 다 빠져 물에서 나오자 배가 고팠다. 마침 빌라누프 입구 쪽에는 레스토랑이 있어 식사하기 좋은 편이다. 도로 건너편에는 맥도널드까지 있다.

이곳에 자주 온 지인은 호수가 예전에는 물이 맑았는데, 요즘은 점점 탁해지고 물 안에 수초가 눈에 띄게 많아지는 등 수질이 악화되는 것 같다고 말했다. 듣고 보니 주위에 공장이 보이는 등 물이 깨끗할 수 없는 분위기가 되어가는 것이 안타까웠다.

쇼팽박물관

쇼팽박물관은 노비 쉬비아트 거리에서 100여 미터 떨어져 있고 쇼팽 음악대학에서 아주 가깝다.

박물관은 3개 층으로 이뤄져 있다. 1층에는 쇼팽을 세계적인 피아노 작곡가 겸 연주가로 키우게 되는 당시 폴란드의 시대적 상황이 그려져 있다. 그런 것을 설명하는 코너에 가면 쇼팽의 어릴 적 창작곡을 들어볼 수 있다. 쇼팽이 곡을 창작하는 배경이 되는 폴란드의 봉기 실패와 암울한 시대적 상황이 그려져 있다.

0층은 쇼팽 음악을 감상할 수 있는 곳이다. 어떻게 보면 박물관의 메인이라고 할 수 있다. 음악감상실에서 녹화된 피아노 연주를 들을 수 있고 우리가 잘 모르는 마주르카, 소나타, 발라드 등 쇼팽 음악을 이루는 각 요소를 들을 수 있다. 시간이 있다면 다 들어봐야 할 만큼 교육적이다.

제일 높은 2층에는 역사적인 것을 정리해놓았다. 쇼팽의 시대, 프랑스 망명 이후 창작과 연주, 애인 상드(George Sand: 조르주 상드)와의 관계 등 쇼팽이 마주했던 역사적 사실들을 참고자료로 전시해놓았다.

쇼팽 박물관

매표소 입구

이곳에서 11시 개장 이후 폴란드인, 외국인들이 속속 들어오면서 잠깐 사이에 전시실이 붐볐다. 최근에 우리나라 사람을 포함해 동양인이 무척 많아졌다. 쇼팽 음악을 특별히 좋아하거나 폴란드 바르샤바에서 한중일(韓中日) 세 나라를 연결하는 직항로가 생기면서 나타난 효과가 아닌가 생각된다.

쇼팽 생가

쇼팽 생가는 젤라조바 볼라(Żelazowa Wola)에 있는데, 바르샤바에서 자동차로 약 1시간 거리(약 50km)에 있다. 폴란드어로 돔 우로제니아 프리데리카 쇼피나(Dom Urodzenia Fryderyka Chopina)로 부른다. 쇼팽은 이곳에서 태어나 7개월 가량 살다가 부모님을 따라 바르샤바로 갔다.

개인적으로 2004년에 처음 가보고 14년 정도 지나서 다시 가보니 쇼팽

쇼팽 생가

생가 규모가 엄청나게 커져 있었다. 생가 건물이나 안에 전시된 것은 예나 지금이나 똑같은데, 주위 숲은 큰 공원으로 조성되었고 모든 부속 건물들과 벤치, 산책길이 현대화되었다.

공원은 거의 귀족들의 장원처럼 크게 조성되었고 안에는 물이 흐르고 호수가 있으며 거목이 하늘로 솟구쳐 있었다. 티켓 파는 부스와 기념품 취급점, 그리고 각종 세련된 기념품들이 놓여 있었다. 안에는 레스토랑 겸 카페가 보기 좋게 있었고, 주위에는 주차장을 중심으로 아이스크림과 기념품을 팔고 있었다.

오후에 쇼팽 생가 옆 노천 음악당에서 쇼팽 곡 피아노 연주를 했고 많은 사람이 볕을 쬐며 앉아서 음악을 감상했다. 동양인도 많았다. 멀리 벤치에 앉아 연주를 조금 듣고는 아내와 주변을 산책했다.

푸오츠크

폴란드 친구에게 바르샤바 인근에 가볼 만한 장소를 물었더니, 자기 남편의 고향 푸오츠크(Płock)를 권했다. 성이 높은 산에 있어 볼만하다고 말했다. 그곳을 보는김에 토룬까지 보고 와도 된다고 말했다. 만일 하루를 묵는다면 푸오츠크보다는 토룬의 호텔이 더 낫지 않겠는가 하는 의견을 덧붙였다.

오전 10시에 아내와 함께 폴란드 친구가 추천한 푸오츠크로 자동차 여행을 떠났다. 차로 2시간 거리였다. 바르샤바를 벗어나자 바로 비스와강을 따라 그다인스크로 가는 길로 이어졌다.

길 옆에는 강변이라 그런지 땅들이 기름지고 물이 많은 듯 유채의 노란 꽃이 넓은 밭을 장식하고 있었다. 어느 순간 국도로 접어들었다. 바쁠 것이 없는 만큼 휴게소에 들어가 커피 한 잔을 시켜 아내와 앉아 마시며 정신을 가다듬은 뒤 다시 차를 몰았다. 그러나 국도라 속도를 내지 못하고 그냥 죽 죽 달렸다.

경찰이 승용차 두 대를 정지시켜 티켓을 발부하는 모습을 보니 놀랐다. 눈치껏 빠르게 달렸다. 내 차가 앞장서는 것을 피하고, 다른 차들이 차선을 넘어 속도를 낼 때 내 차도 따라서 가고 그런 식으로 시간을 조금씩 단축해 나갔다. 그러나 여의치 않았다. 12시를 막 넘겨서 푸오츠크에 도착했다.

포오츠크, 작은 고추가 맵다고 도시가 작지만 없는 게 없었다. 오샹, 미

푸오츠크 시청과 광장

디어 마케트, OBI까지 다 있었다. 쇼핑몰에 들어가 아내와 폴란드 음식 카페테리아에서 요리를 골라 먹었다.

작은 도시에 서비스업이 대규모로 있는 이유는 나중에 교민이 알려줬다. 이곳에 큰 정유공장이 있다는 것이다. 주유소에 독수리 마크를 달고 있는 ORLEN의 정유공장이 있다고 말했다. 그렇다면 이곳에 노동자들이 많을 것이고 그들의 가족들까지 합치면 시장이 만들어질만 했다.

식사 후 생활의 중심이 되는 도시를 벗어나 푸오츠크가 원래 있던 강변 높은 곳의 성과 성당이 있는 곳으로 갔다. 거기에 올드타운이 있고 전망도 대단히 좋았다. 비스와강이 멀리까지 보이고 강 건너에는 도시의 일부를 전망할 수 있었다. 아내와 함께 성이나 성당에 들어가지 않고 산책로를 따라 걸으며 사진을 찍고 이어 올드타운 광장을 거쳐 돌아나왔다.

교민에 의하면 광장에서 시청을 보면서 섰을 때 그 오른쪽에 직접 맥주를 만들어 파는 곳이 있다고 알려줬다. 그리고 강변 절벽에 세워진 호텔에 수영장과 사우나 같은 시설이 되어 있으니 하루를 묵고 와도 좋다고 말했다. 맥주를 마시며 하루 휴식을 취하기 좋다는 것이다. 우리가 푸오츠크에 와 있다고 하니 지인은 도시가 어떠냐고 물었다. 좋은 장소이고 뷰가 너무 좋다고 말했다. 이곳이 마음에 든다는 말까지 했다.

서울 아이들에게 푸오츠크 사진을 보냈더니 이쁘다 하고 날씨가 좋단 말을 빼먹지 않았다. 2시 반이 지나자 그곳을 출발했다. 너무 일찍 오는 게 아닌가 하는 생각도 들었지만, 2시간을 달려 바르샤바에 오면 거의 저녁이 된다는 점에서 그만 와도 되었다.

푸투스크(Pułtusk)

바르샤바 북쪽 비스와강의 지류인 나레브(Narew)강을 끼고 있는 도시로, 강변 유원지에서는 바비큐, 맥주를 사 먹을 수 있고, 수영, 낚시, 배타기를 즐길 수 있다. 시내에 광장과 언덕 위 전망 좋은 곳이 있고, 카페가 있어 차와 커피를 즐길 수 있다.

LG전자의 TV공장이 있는 므와바

므와바(Mława)는 시청사와 성당이 있는 작은 타운인데, 제2차 세계대전 때 이곳에서 전투가 있었던 곳이고, 우리나라 사람에게는 TV를 생산하는 LG 투자 공장이 있는 곳으로 잘 알려져 있다. 개인적으로 공장을 방문해서 현지 공장의 생산 현황과 전망 이야기를 들었다.

바르샤바 주변 명소

마조비아 민속마을, 시에르프치(Sierpc)에 있는 민속박물관(Muzeum Wsi Mazowieckiej w Sierpcu)은 그야말로 바르샤바를 포함하는 마조비아 지방의 농촌 주택, 생활도구, 농기구, 삶터를 있는 그대로 재현해서 보여주는 곳이다. 우리나라 용인 민속촌과 비슷하다. 비록 바르샤바가 정치의 중심지가 되면서 시끌벅적 한 곳이 되었지만, 원래 이곳은 19세기까지 농촌지대였다. 농촌은 장원 저택과 주변 촌락으로 이뤄진다.

캄피노스 국립공원(Kampincs National Park)은 바르샤바보다 상류의 비스와강 아래 넓게 지정한 자연숲 공원이다. 하이킹, 자전거 타기, 승마를 할 수 있다. 공원의 북쪽 팔미리(Palmiry)에는 제2차 세계대전 때 나치 독일군에게 희생된 폴란드공화국의 지도급 인사들과 저항군의 묘지가 있다.

대우-FSO 자동차공장이 있던 바르샤바의 야기엘론스카가(街)

공장은 바르샤바 북쪽의 강 건너 동쪽에 위치했다. 우리나라 대우 직원이 와서 근무했고 여기서 한국 대우와 폴란드 자동차 제조회사 FSO가 합작해서 대우자동차 모델인 라노스(Lanos)와 FSO-대우 마티즈(Matiz) 등을 생산해 폴란드와 유럽 각국에 수출했다. 그 덕에 한때 폴란드에는 대우자동차가 가장 많았다. 그러나 생산이 1991년부터 97년까지여서 그 이후 대우 부도사태를 맞았고 대우직원으로 와 있던 사람들이 돌아갔다. 내가 유학 갔던 2004년에는 이미 대우가 철수한 지 7년 가까이 되었을 때라 옛날 이야기로만 대우 직원들이 이 나라에 살았던 이야기를 전해 들을 수 있었다.

북쪽 비스와강 하류 포모제주
– 영문명 포메라니아(Pomerania)

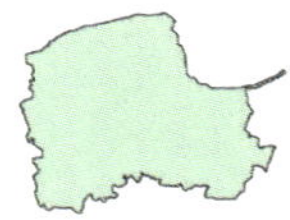

최근에 많이 부각되는 지역이다. 흔히 폴란드에서 이쁜 도시를 추천하라고 하면, 비스와강 하류의 그다인스크(Gdańsk)를 중심으로 발트해의 소포트, 프롬보르크, 헬(Hel)반도를 드는 사람이 많다.

과거 독일과 스웨덴의 관광객이 많이 왔던 탓인지 일찍부터 관광 인프라가 잘 갖추어져 있는 곳이다. 최근에 이곳으로 자동차 여행을 했다. 바르샤바에서 토룬과 말보르크를 보고 그다인스크로 갔다가 발트 해변의 프롬보르크까지 간 다음 돌아 나왔다.

그다인스크

부부여행 이야기다. 그다인스크에 오니 밤 7시가 넘었다. 교민이 좋다고 소개한 쿠부스(Qubus)호텔에 체크인했다. 리셉션에 갔던 아내가 말을 잘했는지 아내 덕에 차를 호텔 경내에 세울 수 있었다.

호텔에 세워진 차를 보면 거의 다 D 독일이었다. 독일사람은 이곳으로

시청 전망대에서 내려다본 그다인스크 시내

추억여행을 많이 온다. 이곳이 한때 동프로이센에 속했기 때문이다. 요즘 우리나라 사람들도 많이 온다고 하지만, 여전히 독일사람에 비할 바가 아니다.

숙소에서 준비해 온 밥에다 밑반찬을 해서 저녁식사를 해결했다. 시간도 늦었고 밤에 외식하러 나가서 많이 먹으면 위에 부담되어서 이렇게 먹는 것이 더 나았다. 가지고 있던 프랑스 화이트 와인 Pouilly-Fume를 마시는데, 알코올 냄새가 확 올라오는 것이 입에 맞지 않았다.

쿠부스 호텔은 그다인스크의 올드타운에 가깝다는 장점이 있으나, 바로 앞에 트램이 다니고 있어 기차역 못지않게 소음이 컸다. 숙소에 냉장고가 없고 포트와 커피 및 차가 있었다. 호텔의 룸 서비스가 특별히 좋은 건 아니었다. 다음날 아침 쿠부스 호텔의 조식은 역대급이었는데, 체크아웃을 하니 호텔 경내의 주차료가 50즈워티(15,000원)였다. 호텔의 주차료는 이 나라 물가를 생각하면 큰돈이었다. 기왕 이렇게 된 거 리셉션에 가서 차를 한 시간가량 세워놓고 올드타운을 구경하고 오겠다고 하니 그러라고 허락해주었다. 다행이다. 안전한 데에 차를 두고 관광에 나섰다.

그다인스크의 볼거리는 아주 많다.

먼저 상가 건물과 고딕 건축물이 길게 이어진 올드타운, 세계에서 가장 큰 벽돌 교회로 유명한 성모마리아교회(St. Mary's Church), 구시가지 중심부의 넵튠(Neptune)분수, 나치 독일군이 제2차 세계대전을 일으킨 베스테르플라테(Westerplatte), 자유노조를 이끈 바웬사의 솔리데리티(Solidarity)광장, 두우기 타르그(Long Market), 호박 보석가게가 있는 마리아츠크(Mariacka)거리를 들 수 있다.

올드타운

올드타운은 호텔에서 산책해서 갈 정도로 가까이 있었다. 걸어서 구경에 나섰다. 넓은 도로를 건너는 곳을 찾지 못해 지나가는 아주머니에게 물었더니, 보디랭귀지로 지하도로 가라며 영어는 못해도 열심히 설명하고 안내해줬다. 고마운 폴란드 사람이었다. 골든게이트 밖은 광장처럼 넓었지만, 게이트 안의 유명한 거리는 좁고 길게 이어져 있었다.

시청사의 전망 좋은 탑에 혼자 올랐다. 아내는 좁은 통로를 걸어 올라가기 싫어했기 때문이다. 5즈워티로 입장료가 쌌다. 그러나 관광객은 젊은이보다 노인이 많은 탓인지 올라가는 사람은 적었다. 사방의 전망을 보니, 벽돌로 쌓은 큰 성당으로 유명한 성모 승천 대성당(St. Mary's Church)이 군계일학으로 눈에 띄었다. 그 외에도 뾰족탑이 있는 건물로 가득 찬 아름다운 도시의 모습을 사진에 담았다. 내려와서 넵튠 동상이 있는 거리의 이쪽에서 저쪽 끝까지 오가며 건물과 거리를 보고 호박 보석도 골라보면서 걸었다.

바닷물을 끼고 있는 건물들, 물품을 배에 싣던 기중기 건물을 보고 그러다가 기중기 건물 바로 옆 호박(Amber)가게에 들어갔다. 상품을 보고 목걸이를 골랐다.

늙은 소신가, 할아버지 같은 사람이 호박을 소개하고 팔았는데, 나름의 판매 기준이 엄격했다. 호박 목걸이 상품 하나하나는 디자인된 모델이라고 하면서, 아이템 전부를 사진에 담아가지 못하게 했다. 중국 등 다른 나라에서 모방된 제품이 대량 생산되어 나온다고 말하면서 그때문에 디자인을 찍어가지 못하도록 했다. 하긴 디자인을 훔치는 건 어제오늘의 일이 아니다. 유럽의 명품이 아시아에서 대량의 유사품이 생산되고 거래된다고 한다. 부끄러운 일이다.

보석가게 주인은 상품은 모두 하나밖에 안 만든다고 강조했다. 목걸이용 은으로 만든 체인도 같은 것이 없다고 말했다.

주인은 여기 있는 것들의 모양과 색은 자연적인 것으로 갈아서 인공적으로 색을 내거나 하지 않는다며 다른 상점에서 본 그린색 등 화려한 색은 가공한 것이라고 말했다.

목걸이나 반지별로 호박의 디자인이 다양한데 가격은 세 가지 측면에서 결정된다고 한다.

첫째는 재료인 호박의 질, 둘째는 만드는 데 들어간 공임, 즉 시간과 노력의 정도, 셋째는 크기였다. 그렇다면 질 좋은 재료를 가지고 아주 정교하게 만들고 크기가 클수록 비싸게 되는 셈이다.

올드타운

벽돌로 쌓은 가장 큰 성당인 성모 승천 대성당

호박 보석 가게와 관광객들

장모님을 위해 팔찌를 하나 추천해 줄 것을 요구했더니 10즈워티 하는 걸 내놓았다. 주인은 비싼 것을 추천하지 않는다고 했다. 나는 100즈워티 하는 팔찌를 샀고, 아내가 옐로우(yellow) 색을 말하자 호박에는 노란색이 없다고 했다. 가격에 대해서 다른 사람은 많이 부른 다음 많이 깎아주지만, 자신은 처음 흥정을 시작할 때부터 많이 부르지 않는다고 말했다.

그런 엄격한 호박 보석 제조자가 맨 마지막 단계인 결제 부분에서 현금만 되고 카드는 안 된다고 선을 그었다. 부드럽고 인자하던 모습은 온데간데 없고 다른 선택은 불가라고 선언했다. 두어 시간을 끌어 고른 것을 그만두고 나올 수도 없고, ATM기에 가서 현금 찾아 지불해 달라고 자기 외손자라는 젊은이까지 딸려 보내 돈 찾는 곳으로 안내하니, 나는 불쾌함을 감수하고 현금인출기에서 돈을 찾았다. 그 손자라는 젊은이도 자기가 그런 역할을 하는 게 편치 않은지 표정이 우울하긴 마찬가지였다.

1500즈워티를 인출해서 그 중 1100즈워티(33만 원)를 현찰 지불하고 물건을 받아 나오면서도 불투명한 그 가게 주인의 행태에 상처받고 우울한 나머지 기분이 좋지 않았다. 아내가 나를 위로할 정도였다.

나중에 바르샤바에서 만난 우크라이나 사업가 교민은 폴란드 그다인스크가 호박 보석 거래의 중심이지만 실은 리투아니아에서 원석을 수입하고 밀수를 많이 하고 무자료 거래가 많다고 지적했다. 그다인스크 호박 보석 가게가 현금을 요구하는 것도 그 때문이라며 리투아니아에서 호박 원석이 많이 나는 것을 모르는 사람이 많다고 했다. 호박이 전부 폴란드산인 줄 아는데 그렇지 않다고 말했다.

오전에 호박 가게에서 보석을 고르며 두 시간을 보냈던 것 같다. 목이 마르고 배도 고파 거리로 나와서 걷다가 여기 할 일이 더 있다는 아내의 요청으로 조그만 호박가게에서 보석을 하나 더 골랐다. 물건을 골라놓고 배가 고파서 그 집 주인 마르친의 소개로 이탈리안 피자집에 들어가 피자를 먹었다. 스파게티가 없어 아내와 나 각자 피자 한 판씩을 시켜먹었다.

여직원은 영어가 짧아 수줍어했다. 내가 시킨 마르게리타는 성공적이어서 모두 먹었으나, 아내가 시킨 살라미는 짜서 반만 먹었다. 이탈리아 소아브 화이트 와인이라고 한 잔을 시켰더니 시큼털털하고 맛이 영 아니었다. 폴란드에서 마시는 와인은 대체로 저가여서인지 레스토랑이 고른 와인이라는 것도 이 정도밖에 안되나 해서 실망했다. 다시 호박가게에 가서 하나를 골랐더니 마음에 들어 같은 것을 하나 더 달라고 말했다. 그러나 좀 전에 가게에서 들었듯이 같은 것은 없었다. 할 수 없이 비슷한 것을 골랐다.

다음으로 인상적인 목걸이라고 생각해서 두툼하게 은으로 된 줄을 찾았으나, 없었다. 친인척에게 줄 반지도 샀다. 아내가 많이 사니 깎아달라고 말했다. 주인은 카드는 덜 깎아주고 현금은 더 깎아준다고 말했다. 카드를 받지만 덜 깎아준다고 하니 그래도 카드를 받아주는 게 마음에 들었다.

호박가게들, 보석 판매하는 사람들은 세금을 덜 내거나 안 내기 위해서 현찰을 좋아하고 카드를 싫어한다. 호박 거래에는 깎는 게 허용된다. 그래서 미리 높은 금액을 써놓고 있을 가능성이 크다. 그래야 깎아줄 수 있으니까.

그다인스크에서 멀어질수록 같은 호박이라도 가격이 높아진다. 또 색깔이 화려할수록 가공을 많이 했음을 나타낸다. 자연적인 색깔이나 모양은 보다 탁하거나 표면이 거칠고 색이 세련되지 않을 수 있다. 너무 인공적인 것은 경계할 필요가 있다. 일반적으로 여성들은 설탕을 녹인 색보다는 탁하지만 허여노른 빛이 도는 호박엿이나 옥 혹은 대리석 같은 빛깔을 좋아했다.

이 가게의 주인 마르친은 보험회사에서 15년간 근무하고 여기 매장을 렌트해서 장사를 하는데 여직원을 고용하고 있었다. 중국과 아시아, 한국과 일본에 가고 싶다면서도 내가 바르샤바-서울 왕복 비행기 티켓이 120만 원 가량 된다고 하니까 가족 4명이 그냥 비행기만 타면 돈을 다 쓴다고 웃음 지었다.

여름 휴가기간에는 여행을 못가고 자신은 12월~1, 2월 그리스나 남쪽으로 비행기 타고 여행을 다녀오곤 한다며 이번 겨울에도 갔다 올 것이라고 말했다. 마르친은 비싼 호박을 팔면서 보석함이나 종이함 같은 포장지가 준비되어 있지 않았다. 그냥 기념품처럼 종이에 말아 비닐봉투에 넣어주었다.

소포트(Sopot)

그다인스크 옆에 있다.

비치에 도착해서 발트해를 바라보는 아름다운 해변을 따라 모래 위를 조금 걸어보고는 광장으로 가서 보행자 전용의 보하테루프 몬테 카시노(Bohaterów Monte Cassino) 거리의 인파를 따라 걸어봤다. 메인 도로이자 모든 볼거리가 몰려 있고 초상화를 그려주는 화가가 있는 곳이다.

이곳은 두 번째 방문이라 옛날 봤던 모습이 떠올랐다. 그때는 그냥 걸었지만, 이번에는 사진에 담았다. 이날 인상적이었던 것은 할머니가 손자, 손녀들의 손을 잡고 돌보는 장면이었다. 낮에 손자들과 손잡고 놀거나 유모차에 태워 다니다가 저녁에 딸이 직장에서 오면 인계한다고 한다.

소포트 해변

말보르크

토룬에서 말보르크까지는 약 1시간 거리다. 그다인스크로 가는 고속도로 A1에서 벗어나 말보르크로 간다.

튜튼기사단의 본거지였던 말보르크에 도착했을 때는 해가 석양이 뉘엿뉘엿 지고 있어 서둘러 말보르크성을 보고 사진에 담았다. 예나 지금이나 안에 들어가 보지 못한 것이 아쉬웠다. 항상 큰 목적지를 향해 가다 보면, 중간의 명소는 안에까지 들여다볼 여유가 없는데 이번에도 그랬다.

폴란드에는 낡은 자동차, 특히 독일차가 많은데, 겉으로는 멀쩡하지만 연기를 뿜는 차가 의외로 많아 앞에서 그런 차가 가면 우리 차 안으로 매연이 들어올까 봐 서둘러 창문을 닫곤 했다. 원래부터 형편없는 중고차를 가져왔거나 잘못 정비해서이거나 못 쓰는 것을 운전하고 다니는 듯한 데, 경찰이나 환경부 등 당국에서 엄하게 규제해야 할 듯했다.

체르스크성

이 성은 체르스크(Czersk) 호수를 끼고 있는 성터다. 중세 시대에 여러 세력이 영토를 확보하기 위해 싸우면서 이곳은 중요한 요새지 역할을 했다. 지금은 그러한 전략적 가치가 없는 곳으로 유원지처럼 편안한 곳으로 남아 있다. 농촌의 풍경이 멋있고 물에서 뱃놀이, 낚시를 할 수 있다.

북서부 독일 접경 서(西)포모제주
–서 포메라니아(West Pomerania)

슈체친

8월 중순 슈체친(Szczecin)으로 자동차여행을 떠났다. 바르샤바에서 우치와 포즈난을 통과하는 베를린행 고속도로를 달리다가 포즈난을 지나서 북서로 운전하여 슈체친에 갔다.

멀었다. 구글 내비게이션으로 바르샤바에서 5시간 20분 정도 걸린다고 했지만, 정말 멀다는 느낌이 들었다. 아마도 수도 바르샤바에서 가장 먼 곳이 아닐까 하는 생각을 했다. 운전은 고속도로가 계속 이어져 있어 비교적 수월했다. 일요일이어서 그런지 차가 많지 않았던 것도 다행이었다.

슈체친은 폴란드에서 가장 큰 동비에(Dąbie)호수를 끼고 있다. 거의 바다 같은 호수가에 건설된 도시라 해변도시 같은 인상을 주었다. 독일과의 오드라 국경선을 따라 강하류가 호수와 만나는 곳에 세워진 서 포메라니아(Western Pomerania)의 주도로서 인구가 40만 명이나 된다.

원래 슈체친은 8세기경 슬라브족이 거주했던 어촌이었다. 그러다가 무

슈체친의 거리와 건축물

역과 상업이 이루어지고 도시가 중요해지면서 폴란드, 스웨덴, 프로이센이 번갈아 영유하다가 독일의 영토가 됐다. 제2차 세계대전 때 독일의 도시였으므로 공격받고 많이 파괴되었다가 전쟁 후 미 · 영 · 소 강대국 지도자들의 얄타회담 중 소비에트 러시아의 스탈린이 주장해서 폴란드에 귀속되었다. 폴란드로서는 동부의 영토를 소련에 뺏기고 대신 보상받은 땅이었다.

독일에 훨씬 더 가까운 도시, 독일사람이 만들어놓은 도시, 그래서 독일 관광객이 많았다.

우리나라 사람이 여기까지 올까 이런 생각이 들었으나, 슈체친에서 만난 동양인은 우리나라 여성들이었다. 독일을 보려면 독일에 가야지 왜 이곳에 왔을까 생각되었지만, 나처럼 폴란드의 안 가본 곳을 보려고 왔는지 모른다.

이 도시에는 독일이 건설한 각종 성당과 왕궁, 건축물들을 폴란드 당국이 재활용하기도 하고 예산 부족으로 방치해 두었다가 유럽연합에 가입하면서 재정지원을 받아 정비하는 듯했다. 폴란드는 나름 피해받았던 역사, 희생이 있었던 역사를 강조하면서 조형물을 만들어 세우고 폴란드적인 것을 넣어 강조점을 바꾸려하고 있었다.

이 도시의 관광지도를 얻어 보니 '골든 루트'라는 게 있었다. 호텔에서 나와 그 루트에 가니 사람들이 많이 오가고 있었다. 내륙에서부터 보기로 하고 그곳에 먼저 갔다. 바로 시청사 건물이었다. 시청사 뒤쪽은 넓은 터의 녹지로 야스네 부오니아(Jasne Błonia)다. 1945년 이전까지는 Quistorp-Aue로 불렸고, 지금은 사람들이 나무 그늘 밑에서 쉬거나 아이들이 뛰노는 장소로 시민들이 소풍을 오고 스포츠를 즐기는 휴식터가 되고 있었다. 정원 복판에 1987년 이 도시를 방문한 폴란드 출신의 요한 바오로 2세 교황을 기념해 동상과 기념비가 세워져 있고 더 뒤쪽에는 폴란드 사람의 위업을 기리는 기념탑(Memorial of the Poles' Feat)과 카스프로비츠(Kasprowicz)공원이 있었다.

해안 쪽 저지대로 내려오면 슈체친 대학의 사제관 건물이 있다. 분수거리, 그룬발츠키 광장(Plac Grunwaldzki)이 이어진다.

골든 루트에는 중앙에 사람과 자전거가 다니는 길이 있고 좌우에 자동차길, 건물에 붙어 인도가 있었다. 인도에는 큰 판석으로 포장되어 있는데, 아마도 당시 귀했을 돌을 가져다 이렇게 한 것으로 보아 엄청난 투자를 한 듯했다. 과거에 웅장했을 이 길이 지금은 여러 구획으로 나뉘고 나무들이 자라면서 일직선으로 뻗어 있는지 알기 어려웠다. 시청사에서 아래 도로를, 아래 도로에서 멀리 시청사를 볼 수 없었다.

이 도시에는 로터리가 유난히 많았다. 호반이 있는 더 아래로 내려오

슈체친의 건축물

면 저지대 도시의 중심지처럼 큰 로터리, 로트니쿠프광장(plac Lotników)이 있었다. 저지대로 오자 과거 독일시대의 권위 있는 건물들이 넘쳐났다.

포메라니아 공작의 성(Pomeranian Dukes' Castle)은 슈체친에서 가장 눈에 띄는 건물로, 도시의 상징처럼 되어 있다. 14세기에 지어졌고 오늘날 국립박물관으로서 미술 등 문화 전시회가 자주 열린다. 아내가 알고 찾아갔던 곳이 바로 이 포메라니아 공작의 성이었다. 우리가 갔을 때는 정비중이었다. 성 바로 옆이 러시아 예카테리나 2세 여성 황제의 출생지라고 한다. 폴란드를 분할한 원흉, 폴란드의 원수인 독일 여자가 아닌가?

공작 성 맞은편으로 로얄 게이트, 슈체친 필하모니 등이 있었다. 정식 이름이 슈체친 카를로비츠 필하모닉(Karlowicz Philharmonic)으로 현대적인 공연장이다. 성 아래 강변으로 내려가면서 좀 오래되고 권위 있게 지어진 것은 전부 독일의 도시였을 때일 것으로 짐작됐다. 그 주위 일대에는 멋진 건물들이 많았다. 성당이 많은 건 물론, 건물들이 과거 도시의 권위를 잘 보여주었다. 철도역, 네오 르네상스 양식의 우체국 등이 있었다.

사도 성 야고보 성당(Archcathedral Basilica of St. James the Apostle)도 아주 높고 컸다. 가서 보니 예배중이었다.

강변 가까운 곳에 옛날 시청사, 후기 고딕 양식의 로이츠 하우스가 있었다. 호수변은 쉼터였다. 사람들이 계단처럼 생긴 관람석에서 물을 보고 휴식을 취했다. 시민들이 산책하고 사이클을 타는 곳이고 돌아와 술과 음료수를 마시며 쉬는 곳이기도 하다. 조금 높은 지대에서 호수를 보며 걸을 수 있는 산책로가 있는데, 호로브리(Chrobry) 제방이라고 부른다. 전망이 좋아 도시와 강, 호수, 건축물을 모두 볼 수 있다.

바다 입구 같은 호수, 배들이 정박해 있는 그곳이 바로 서(西) 오드라강, 독일이 오데르강이라고 하는 그 강의 하류다. 거기에 긴 다리가 둘 있었다. 하나는 런던 브릿지 같은 롱 브릿지이고, 다른 하나는 성으로 가는 길(Castle Way)이다. 모든 게 진행중이어서 당장 볼만한 상황은 아니었다.

아내는 거리의 표지판에 모두 영어를 병행 표기해놓은 게 너무 맘에 든다고 말했다. 폴란드의 다른 곳에는 폴란드말 밖에 없어서 매번 길 찾을 때 사람들에게 물어야 했기 때문이다.

볼린

슈체친에서 발트해쪽으로, 독일과 공유하는 슈체친 석호를 끼고 있는 마을인 볼린(Wolin)으로 향했다. 수체친은 일부러 다시 오기도 어려운데 여기까지 왔으니, 한 시간 거리의 볼린으로 안 갈 수가 없었다. 슈체친에서 가

볼린 앞 오드라강의 지브나(Dziwna) 해협

면 다리 건너서 보기 좋게 서 있는 작은 마을이었다. 옛날 망루 같은 것이 붙어 있는 건물 두 개에 뾰족 성당이 서 있었다.

볼린 마을에 차를 세워두고 산책하며 사진을 찍고 있었는데, 어느 아주머니 운전자가 도로이긴 하지만 가장자리에 선 아내를 향해 크락숀을 빵 눌렀다. 폴란드 사람은 이 정도는 아닌데, 어디서 왔는지 모르지만, 관광객이 사진을 찍을 때까지 기다려줄 만도 하건만 좀 특이한 아주머니였다.

강물이 있는 곳까지 내려와 낚시하는 사람과 낚은 고기를 보면서 대화했다. 잡은 고기를 보면서 먹을 거냐고 물었더니 그렇단다. 어떻게 요리할 거냐고 물으니, 아내가 할 것이라고 대답했다. 그렇게 대화하며 "도브제니아" 하고 헤어진 뒤 볼린 구경을 마쳤다.

주유소에서 기름을 넣고 나레시니끼와 코틀렛 스하보비를 시켜먹었다. 12,000원 정도에 둘이 배를 채웠다. 여긴 음료수를 달라고 하면 차갑게 냉장한 것이 아니다. 그냥 시원하지 않은 것을 준다. 냉장고에 있는 것을 부탁하면 없다는 대답이 돌아온다. 누구 말대로 건강에는 차가운 것이 좋지 않다는 믿음 때문인지 모르겠다.

북동부 호수지역 바르미아-마주리주

바르미아-마주리(Warmia-Mazury)

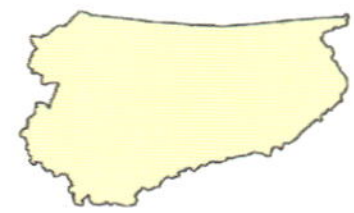

엘블롱크

비스와강 하류에 있는 엘블롱크의 아파트를 숙소로 잡았는데, 체크인을 6시부터 7시까지 하기로 했으므로 그 시간에 맞춰서 갔다. 아파트는 대체로 리셉션이 없고 파트타임으로 일하거나 짬을 내서 손님을 받는 식이라 손님과 주인이 만나는 시간이 중요했다. 6시 반쯤 도착했는데, 차를 세우자마자 아파트를 운영하는 카타지나가 어디서 왔는지 나타나 손 내밀어 악수하고는 열쇠를 주고 주차시켜 준 뒤 집 소개까지 일사천리로 해주었다. 숙소 운영자가 먼저 손 내밀어 악수하는 건 처음 봤다. 적극적인 숙박업 운영자였다.

집은 원룸, 침대와 키친이 함께 있고 화장실과 샤워실 겸용이 딸려 있는 스튜디오였다. 첫인상으로 충분히 괜찮아 보였다. 마켓에 가서 돼지고기와 상추를 사서 고기 구워 쌈을 싸서 먹었다. 전기밥솥에서 밥하고 밑반찬을 곁들였다. 풋고추를 샀는데 조금 매운 게 아주 좋았다.

엘블롱크 운하

아내는 이런 가정적인 숙소를 매우 좋아했다. 내 집처럼 사용하고 아무 간섭이 없고 요리를 마음껏 할 수 있기 때문이다. 아쉬운 점은 침대였다. 아내가 잠을 자고는 침대가 편치 않았다고 말했다. 호텔은 푹신해서 잠을 잘 잤는데 여긴 그렇지 않았다. 똑같이 생긴 침대지만, 실제는 전문 숙박업체 호텔을 따라가지 못하는 것이다. 이불도 얇아서 추웠다. 하얀 시트가 깔려 있지 않고 이불도 시트가 아니라 그냥 문양 있는 것인데 확실히 호텔과 재료가 다른 듯 부족하게 느껴졌다.

난방은 보일러가 있어도 작동이 안 되고, 에어컨은 아예 시설이 안 되어 있고 겉모양은 숙박업을 하기에 적당해 보이나 부족한 게 많았다. 만족스런 것은 TV를 볼 수 있고 와이파이가 된다는 것과 키친에 요리하고 식사하는데 필요한 것들이 다 비치되어 있다는 것이다.

아내는 예리했다. 식기들이 전부 이케아에서 구입한 것이라고 말했다.

엘블롱크 올드타운

그냥 저렴한 것을 가져다 놓았다는 의미였다.

엘블롱크(Elbląg)는 운하로 유명하다. 엘블롱크 운하(Kanał Elbląski)가 비스와강의 석호와 마주리 지방의 호수를 연결해 놓았기에 배가 사람들을 태우고 다닌다. 운하가 끊어진 곳에는 선착장이 있어 배가 육지의 철로 위에 올려져 동력으로 옮겨져 운하에서의 항해를 계속한다. 그렇게 해서 내륙의 오스트루다(Ostróda)까지 이어져 있다.

엘블롱크 시내에 들어가니, 약간 올드타운 식으로 조성된 곳이 최근에 만든 듯 한가했고, 과거에 독일인이 만들어 놓은 건물들은 시내에서 시청사나 다른 관청으로 이용되고 있었다. 멋진 건물들이 이렇게 실무적으로 사용되면서 관광 대상에서 멀어져 있는 모습은 약간 왜곡처럼 보였다.

엘블롱크 올드타운으로 조성된 곳에서 옛 정취를 찾기 어려워 도심으로 나왔다가 도심에서 시청사 등이 유서 깊어 보여 차를 세웠다. 건물에는 들어가 보지 못했지만 외부라도 보며 옛날 시대를 그려봤다.

프롬보르크

엘블롱크에서 프롬보르크(Frombork)로 가는 길은 아름드리 가로수가 그늘을 만드는 아주 목가적인 길이었다. 드라이브하기 딱 좋았다. 오가는 차가 아주 적고 가로수가 열 지어 서서 그늘과 녹지를 만들어주는 드라이브 길이었다. 그늘이 많다 보니, 썬그라스를 쓸 필요가 없었다. 길은 울퉁불퉁했지만, 한가했다. 버섯을 다다 내놓고 파는 사람, 차를 세워놓고 볼 일 보는 사람 등 다양했다.

프롬보르크 도시 자체는 아주 작은 항구이고 사람들이 적게 사는 벽지였지만, 성 하나가 바로 코페르니쿠스가 천체 비밀을 연구한 장소로 유명한 역사적인 장소다. 지금도 코페르니쿠스의 자취가 남아 있어 가볼 만했다.

여기에 타워가 있어 9즈워티를 내고 혼자 올라갔다. 올라가는 타워의 꼭대기 천정에 매달린 진자가 왔다갔다하며 지구자전을 보여주었다. 엘리베이터가 없어 아내가 계단을 걸어서 올라오기에는 힘든 코스였다.

위에서 보는 사방의 경치가 장관이었다. 성 안에 모여 있는 단체 관광객들 외에는 조용한 해안 도시다. 아내는 폴란드 단체 관광객들이 박물관을 입장하는데 개인별로 표를 끊더라며 놀라워했다. 그만큼 개인의 선택, 각자의 권리를 중시하는 것이리라.

아내와 레스토랑에 들어갔다. 손님이 적어 주저됐지만, 아내가 점심을

전망대에서 보는 프롬보르크

프롬보르크성과 코페르니쿠스의 흔적이 남은 곳

먹고 출발하자는 말에 그 레스토랑에 들어갔다. 하리부트(Halibuts: 넙치, 광어)와 감자, 수루브카(Surówka), 주파 포미도르바를 먹고 가스물과 쥬스를 마셨다. 아주 훌륭한 음식이었다. 기대 이상이었다. 총 115즈워티(35,000원)가 나왔으므로 싸진 않았지만 가치가 있었다. 아마도 바다에 가까운 탓인지 해물요리가 많았다.

모든 게 느리게 흘러가는 곳, 거기에는 레스토랑도 손꼽을 정도로 적었고 다만 학생들이 좋아하는 음료수 등을 파는 가게들이 조금 있을 뿐이었다.

리즈바르크 바르민스키

천체물리학자 코페르니쿠스가 그의 삼촌 주교 밑에서 근무했던 리즈바르크 바르민스키(Lidzbark Warmiński)로 갔다. 드라이브하는 좌우에 숲이 없고 토지가 끝없이 이어졌다. 눈에 띄는 것은 밭의 경계선이나 가로수 정도의 나무들, 사람들이 모여 사는 거주지의 나무들 외에는 숲이라곤 없었다. 프로이센이 통치한 지역임을 알려줬다.

그러나 켕트신을 통과하면서 숲이 나타나고 밭이 적어졌다. 동시에 호수도 많이 나타났다. 숲이 많고 밭이 적어지는 이곳이 과거 제정 러시아와 독일의 경계선 지역이며, 숲이 있는 곳은 제정 러시아가 지배한 폴란드의 동부였다.

과거 요새 겸 가톨릭 행정을 총괄하는 본부인 리즈바르크 바르민스키성을 밖에서 봤다. 강물과 호수로 둘러싸여 성이 웅장했다. 시간이 안 되기도 했지만, 굳이 들어가서 볼 정도는 아니라고 생각해 그냥 벤치에 앉아서 보는 것으로 만족했다.

도시 입구 관문(The high gate)

바르미아 주교의 근무처이자 성

구경을 마치고 내비게이션에 주소를 찍고 가는데, 리즈바르크 바르민스키에서 나가자마자 동부로의 길은 헷갈리기 시작했다. 길이 옛날 도로라 복잡했고, 마침 도로공사가 겹쳐 시내를 벗어나는 것이 힘들었다. 공사하는 자들이 도로를 봉쇄하고 있는 데다, 구글에는 그날의 공사 상황이 입력되지 않았을 것이다. 그렇다면 공사하는 자가 길 안내를 잘해야 하겠지만, 운전자에게 안내를 소홀히 한 듯, 공사로 막힌 길을 대신하는 도로가 보이지 않아 고생했다.

도로를 가다 보니 경찰자와 소방차가 출동해 있었다. 무슨 일인가 보니 추돌사고였다. 도로에서는 교통사고가 자주 발생한다. 왜 그렇게 꼬리물기로 운전하는지 이유를 모르겠다.

그러나 폴란드 운전자들은 철도 건널목에서 STOP 표지판을 보고 예외없이 섰다. 자동차의 창문을 열어놓고 운전하는데 밭에 축분을 거름으로 뿌리는지 냄새가 났다. 농부들이 밭을 기름지게 하는 작업인데 드문 편이지만 가끔 이런 곳이 나왔다.

기지츠코

마주리(Masuria)호수 지역의 여름 휴양 타운이자 요트를 타는 곳인 기지츠코(Giżycko)에 들어왔다. 수상 스포츠, 자전거 타기, 하이킹 등 피서하려는 사람들이 와서 즐기는 곳이다.

원래 이 도시 자체는 독일인, 즉 튜튼기사단이 14세기에 만들었다가 영유권이 폴란드로 넘어가고 다시 프로이센, 독일의 지배를 받았고 1, 2차 세계대전 때 많이 파괴됐다가 오늘에 이르렀다.

칼리닌그라드의 러시아와 접경한 가장 북쪽에 위치한다. 인구 2만 8천 명이며 니에고친(Niegocin) 호수를 끼고 있는 비교적 큰 타운이다. 시내의 게스트하우스를 예약했는데, 에바라는 운영자가 리셉션 없이 전화 받아 처리하지만, 사전에 메일로 안내해주지 않아 기다렸다가 문자를 주고받은 뒤에야 투숙할 수 있었다. 150즈워티를 냈음에도 젊은이들이 하룻밤 묵고 가는 원룸보다 못했다. 룸이 썰렁하게 느껴졌다. 그러나 자세히 찾아보니, 장식이 없어서 그렇지 TV, 냉장고가 있고 탁자와 의자, 소파, 침대, 수건, 옷걸이 가구가 있었다.

그렇다고 해도 실망이었다. 아내마저 내가 늘 숙소를 잘 잡더니 이번은 아니라고 말할 정도였다. 화장실, 샤워실, 주방 모두 옆 방의 외국인과 같이 써야 했다. 사생활 공간은 룸뿐이었다. 와이파이도 됐다 안됐다 제멋대로라 이용하기 어려웠다.

단 하나 나은 점은 잠을 자보니 침대와 덮는 것은 엘블롱크의 그 주택가 원룸보다는 월등히 나았다. 침대와 시트, 덮는 이불의 중요함을 알았다. 마주리아호수 지방은 늘 느끼는 거지만, 숙박업 종사자들이 기회주의적이었다. 서비스업을 하면서도 조금 이익에 밝았고, 시설은 좋지 않았다. 뻔질나게 오는 독일, 스웨덴 손님들, 더구나 폴란드 사람에게도 여름 휴양지로 알려진 곳, 그러다 보니 손탈 수밖에 없다는 생각이 들었다.

아침에 일어나니 침대와 이불이 괜찮아서 그나마 몸이 나아졌다. 그러나 화장실과 샤워실이 하나뿐이라 옆 방의 두 외국인 할아버지와 같이 쓰다 보니 냄새도 나고 불편했다. 아내도 불편하긴 마찬가지였다. 이런 숙박은 하고 싶지 않다. 짐을 챙겨 빠져나와 기왕 왔으니, 예쁜 도시로 알려진 만큼 실상을 제대로 봐야겠다는 생각을 했다.

기지츠코 요트 계류장

배 타는 곳으로 가봤다. 요트 계류장이 있는 곳에서 도시와 도시를 잇는 배가 막 출항했다. 우린 배 시간을 몰라 크루저 할 생각을 하지 못하는 사이 배가 떠나고 더 이상 기회는 없었다. 항만 방파제에서 벤치에 앉거나 산책하고 물 가까이 바닥을 들여다보고 그렇게 아침 시간을 보냈다. 바다가 아니어서 짠 냄새는 없고 고기를 안 잡는지 생선으로 인한 비린내도 없었다.

그저 청량한 산들바람이 옷깃을 스치고 몸을 날아가게 만들 뿐이었다. 그 자체로 좋았다. 태양을 쬐며 바람에 몸을 맡겼다. 바람이 너무 좋았다. 한국은 산바람, 여긴 아이스 바람이었다. 혹시 보트라도 저어볼까 해서 다른 배타는 곳으로 가봤으나, 거기도 요트장이지 낭만적인 보트나 카누를 타는 곳은 아니었다. 그만 배를 저어보겠다는 생각을 포기하고 돌아섰다.

히틀러의 나치독일 지휘부인 늑대소굴

히틀러가 지휘부를 뒀다는 늑대소굴(Wilczy Szaniec)로 향했다.

늑대소굴, Wolfschanze(Wolf's Lair)은 히틀러의 군사령부였던 곳을 지칭하는 이름이다. 구글 지도에서 빌취 샤니에츠(Wilczy Szaniec)로 검색하면 찾을 수 있다. 위치는 기지츠코와 켕트신(Kętrzyn) 사이, 켕트신에 좀 더 가까이 붙어 있다. 당시 소비에트 러시아와 싸우고 있었으므로 그런 측면에서 위치를 정한 듯하다. 왜냐하면 동쪽으로 큰 해자 같은 호수가 가로막고 있고 소련군이 진출하려면 기지츠코의 좁은 회랑으로 공격해오던지 유일한 슈티노르츠키(Sztynorcki) 다리가 있는 곳을 지나야 히틀러의 지휘부를 공격할 수 있기 때문이다.

이곳에서 히틀러는 장장 800일(2년 3개월)을 보냈고 1944년 클라우스 폰 슈타우펜베르크 대령에 의한 암살 시도에도 죽지 않고 살아났다. 히틀러가 2년 이상 집무장소로 사용한 숲속의 수상 관저, 콘크리트로 지붕을 한 벙커, 히틀러가 암살을 모면한 회의실 벙커, 지금은 군데군데 콘크리트 무덤이 있는 곳, 과거 히틀러가 있던 곳, 카이텔과 괴링의 벙커 등이 무너져 있었다.

건물의 벽은 벽돌로 쌓더라도 지붕은 거대한 두께의 콘크리트로 덮었고 콘크리트를 받쳐준 것은 철로나 그와 비슷한 빔이었다. 빔을 가지런하게 놓고 그 위에 엄청난 두께의 콘크리트를 올렸다. 철근은 굵지 않았지만 콘크리트는 엄청나게 두꺼웠고 그것이 지금은 이끼가 끼고 물때가 묻어 거의 바위처럼 보였다.

히틀러가 이곳에서 지휘할 때의 사무실과 숙소로 쓴 콘크리트 구조물 잔해

켕트신에서 가는 길은 숲속 왕복 2차선 도로이고 가는 중간에 마을이 하나 있었으며 기지로 갈수록 숲이 울창해졌다. 당시 그 기지는 철도로 연결되어 있고 비행장이 있어 비행기가 뜨고 내릴 수 있었다. 다만 지형이 특별히 높다거나 험한 요새는 아니고 그냥 평범한 숲속에 건설되어 있었다.

철도와 비행장이 바로 곁에 놓여 있다는 것이 운송, 물류를 생각한 것이고 통신실이 기지 안에 있어 두 가지가 중추신경과 물품 보장을 확고히 하고 있었다.

히틀러는 베를린에서 비행기로 이곳을 오갔다. 거기서 2년 이상 지내며 칩거 같은 생활을 했다는 것이 그의 광기 이면에 감춰진 어둡고 소심한 측면을 보여주는 듯했다. 지금은 무너진 콘크리트에 이끼가 끼고 틈새에 나무 등 식물들이 자라는 것을 방치해 놓은 상태다. 그 당시 시설을 재현할

계획은 없는 듯하며 원래부터 숲속이었던 것처럼 해두고 있었다.

관람을 마치고 그곳에서 점심을 먹었다. 아내와 함께 토마토소스로 만든 파스타를 먹었다. 수프도 그렇고 파스타가 관광지에서 먹는 것치고는 괜찮았다.

북동부 벨라루스 접경 포들라스키에(Podlaskie)주

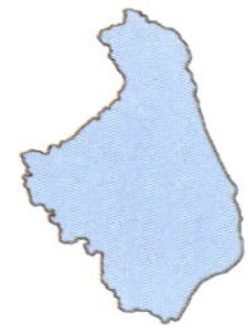

유럽 들소가 있는 비아워비에자 숲

벨라루스와 국경을 접하는 폴란드의 동부지역 비아워비에자(Białowieża) 숲으로 1박 2일 자동차 여행을 떠났다.

첫째 날, 예약해 놓은 농가 숙박 장소로 주소를 찍어 운전했더니, 내비게이션이 시골 동네길과 지방도로로 안내했다. 목가적이어서 구경할 만했으나, 속도는 내지 못했다. 시골길의 공터에서 파는 서양자두를 사니 값이 쌌다. 열매가 작았지만 잘 익었고 맛있었다. 이런 행운은 정말 좋다. 멕시칸 스타일로 햄버거를 하는 집에 들어가 진수성찬 대우도 받았다. 지방이나 한적한 곳으로 나오면 물건이 엄청나게 싸지니, 지방에 여행을 오는 재미가 있었다.

동부지역으로 오면서 본 성당은 바르샤바를 중심으로 봤던 것과 사뭇 달랐다. 여기서는 가톨릭도 있지만, 주로 폴란드 정교회(Polish Orthodox Church)가 많다. 러시아, 우크라이나, 벨라루스와 비슷한 계통의 정교회라고 할 수 있다. 서쪽의 독일이 아니라 콘스탄티노플에서 발칸 반도, 흑해 지역을 거쳐 러시아, 우크라이나 등지로 전파된 것이 아닌가 생각된다. 이색 폴란드 정교회의 교회 내부 모습, 금색의 장식, 화려한 채색이 유별났다. 믿는 신앙도 가톨릭 못잖게 독실한 듯 신도들의 정성이 지극해 보였다.

숙박 장소는 사진에서 봤듯이 건물이나 주위 환경이 밝았다. 집주인의 아들이 방을 소개해주고 주인 아주머니가 인사를 했다. 짐을 내려놓고 자동차로 숲을 가봤다. 비아워비에자 마을에 있는 공원에 들어갔는데, 시간이 늦어 박물관은 문을 닫았고 그냥 산책하고 돌아왔다.

다음날 유럽 들소(Żubr europejski쥬브르, Bison바이슨)를 찾아보았다. 어디에도 없었다. 도대체 들소를 어디에 가면 볼 수 있을까? 숲속을 찾아다니며 현지 사람들을 볼 때마다 들소가 어디에 있냐고 물었다. 아는 사람이 없었다. 숙소의 청년에게 물었더니 모른다면서 간혹 마을이나 밭으로 나오는 들소를 본다며 자신이 얼굴과 함께 찍은 사진을 보여주었다.

실망한 나머지 아내에게 들소를 찾아다니지 말고 숲속에 있는 들소 동상을 보았으니 그것으로 만족하고 다른 구경하러 가자고 말했다. 아내는 조금 더 끈질겼다. 박물관 직원에게 물어보더니, 들소를 볼 수 있는 곳을 알아냈다. 가보니 펜스 안에 들소가 있었다. 일종의 숲속 동물원이었다. 그러나 들소가 구경하는 사람들을 꺼려 내가 선 자리에서 가장 먼 쪽에 몰려 있었다. 멀리서 보긴 했지만, 망원 렌즈가 없는 한 들소를 사진에 담을 수 없었다. 들소 대신 울타리 안의 말이 다가오기에 쓰다듬어 주었다. 말은 사람에게 가까이 다가왔다.

아내는 꼬치꼬치 캐묻고 궁금증이 해소될 때까지 집요한 점이 있었다. 그 덕에 숲속 동물원을 찾았으니까. 여행 다니는 자세는 나보다 나았다.

바르샤바로 귀환길에 올랐다. 집 주소를 찍었더니 한동안 고속도로를 달리다가 지방도로로 안내했고 이후 운전이 힘들었다. 왕복 2차선에 노면이 안 좋아 덜커덩거리고 대형 트럭들이 마주 와 속도를 못내다 보니 오래 걸리고 지루했다. 서유럽에서 잘 터지는 내비게이션이 폴란드에서도 가장 동쪽인 이곳에서는 잘 안 터져 애를 태웠다. 또 도로 바로 옆에 숲이 바짝 다가와 있다 보니 길이 좁고 답답했으며 때론 어둡고 터널 같았다. 도로 청소, 시야 확보, 시원함을 위해 도로가 숲 일정 부분은 잘라내면 좋겠다.

중서부 비엘코폴스카주
– 영문명 대 폴란드(Great Poland)

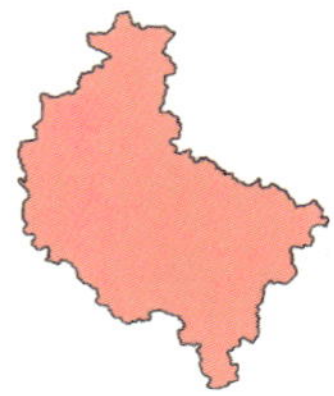

리헨 스타리

이곳으로 오면서 보니 온 사방이 농토였다. 로마시대 때는 숲이었겠지만, 나무를 잘라내서 지금은 지평선 끝까지 평원으로 확 뚫려 있었다. 농촌 지역답게 거름 냄새도 났다.

우치에서 약 1시간 40여 분 정도 드라이브한 끝에 리헨 스타리(Licheń Stary)에 도착했다. 정식 이름은 리헨의 성모 성당(Basilica of Our Lady of Licheń)이다. 거대한 가톨릭의 성지였다. 폴란드 출신 교황 요한 바오로 2세가 헌정한 듯 그의 동상이 서 있었다.

리헨 스타리는 그냥 교회 정도가 아니었다. 로마 베드로 성당을 능가할 만큼 큰 건물로 폴란드인의 성지인 듯했다. 마침 교회당 안에는 신도들이 앉아 있었고 신부들이 예배를 집전중이었다. 성당의 거대함에 맞게 웅장, 장엄한 목소리들이 흘러나왔다. 아내는 폴란드 사람들의 목소리가 좋다고 말했다. 여기는 외국인을 위한 곳은 아닌 듯, 대부분 폴란드 사람이고, 외

141미터 높이로 세계에서 가장 높고 가장 큰 성당, 리헨의 성모 성당

국인은 나와 아내뿐이었다.

태양의 햇볕이 유난히 강렬해 걸어 다니기 힘도 들고 땀이 나서 한동안 나무 그늘 밑의 벤치에 앉아 쉬었다. 나오는 길에 골고다 언덕이라는 예수 고난을 체험하는 장소가 있어 올라가 봤다. 예수의 인생을 체험할 수 있는 장소였다.

그니에즈노

그니에즈노(Gniezno)는 폴란드의 첫 번째 수도가 있던 곳, 크라쿠프로 옮겨가기 전까지 수도였다. 드라이브해서 어디서부터 볼까 하다가, 아내가 언덕 위로 올라가 보자는 갈이 마음에 들어 성당 위쪽 언덕으로 올라가니 의

그니에즈노 마켓 광장과 올드타운

그니에즈노성당

외로 레스토랑이 즐비한 예쁜 올드타운이 나타났다. 생각 밖으로 예쁘고 건축물들이 성당과 조화를 잘 이루었다. 이곳을 숙소로 했다면 노천카페나 레스토랑에 나와서 식사하고 술을 한 잔하며 편히 잤을 것 같았다.

폴란드 국가의 발상지로서 비석만 있는 시골일 것이라는 내 생각을 바꾸게 된 계기였다. 꼭 가볼 만한 장소, 크라쿠프와 바르샤바에 못지않게 찾아올 만한 장소였다. 높은 곳에서 낮은 곳, 뒤에서 앞으로 내려오며 관광했다. 이곳 주차장은 어디서도 본 적이 없는 자유 헌금 형식이었다. 4즈워티를 냈고 나중에 화장실을 사용하는 특전을 누렸다.

성당이 유서 깊은지 그곳에 용감왕 볼레스와프 1세(Bolesław I the Brave, 992~1025년)의 동상이 서 있었다. 그는 2대 왕으로서 국가적 영웅이자 폴란드의 독립과 힘의 상징으로 폴란드를 유럽의 강대국으로 만들고 계속적인 발전의 토대를 만든 인물로 평가받고 있다. 성당은 전망대 오르는 곳과 지하로 들어가는 문이 있고 성당 안쪽에 박물관과 티켓 부스가 있었다. 아마도 티켓을 끊고 들어가야 하는 듯했지만 늦게 도착해 안을 보지 못했다.

성당을 보고 있는 폴란드 사람에게 이곳의 역사를 물었더니 멋쩍게 웃으면서 모른다는 반응이었다. 관광 온 곳의 유래와 건국의 관련성을 알면 좋겠지만, 모른다고 해서 관람하고 구경하는 데 지장이 있는 건 아니다. 관광지에 설명이나 안내가 있기 때문이다.

포즈난

포즈난(Poznań)은 큰 도시이고 세계적으로 많은 관광객들이 찾는 인기 관광지다. 폴란드 서부의 중심도시로 바르타(Warta) 강둑에 위치해 있다. 인

아담 미츠키예비츠 대학교

구가 50만 명이 넘으며 비엘코 폴스카 지역에 속한다. 10세기 폴란드 피아스트 왕조 때 세워졌고 삼국 분할로 나라가 없어진 시기 독일 비스마르크가 지배했으며, 폴란드-독일 간 분쟁을 종식시킨 1919년 폴란드-독일 조약을 서명한 곳이기도 하다.

이 도시는 매우 커서 자동차로 도심에 진입할 때 어려움을 겪을 수 있다. 수년 전 도심의 호텔로 가려고 구글 내비게이션을 따라갔다가 차량 통행이 안 되는 곳에 들어가서 낭패를 겪은 적이 있다.

올드타운 쪽으로 오면 광장, 성당 이런 것들이 모여 있는 고색창연한 길거리가 나온다. 많은 단체 관광객들을 볼 수 있고 기념품 가게들이 있다. 처음 이곳에 왔을 때 어디서부터 볼지 몰라서 단체 관광객들이 나가고 들어오는 곳을 보면서 따라가 구경했다. 독일 사람들은 예전에 자기들이 건설해놓은 곳이라고 해서 관광하러 많이 온다고 한다. 광장에 농민시장 같은 곳이 있었다. 서양자두 가격을 보니 우치의 최대 두 배나 됐다. 구경만 했다. 독일에 가까운 탓인지 아니면 대도시여서 그런지 물가가 비쌌다.

포즈난 대학이 궁금했다. 바르샤바 다음으로 교민과 우리 대학생이 많고 한국어학과가 있는 곳이다. 아담 미츠키에비츠 대학이 올바른 이름이다.

아내는 자맥(Zamek), 즉 캐슬이 있다며 거기로 가고싶어 했다. 바로 독일 황제 빌헬름 2세가 20세기 초에 건설한 그 왕궁이었다. 구글 맵에 이름을 넣고 걸어서 가봤다. 걸어가다 보니 알투스호텔 뒤쪽으로 엄청난 건물들이 나타났다. 제국 궁전, 이곳은 포센(Posen)으로 부르던 프로이센 시절 독일 황제이자 프로이센왕 빌헬름 2세를 위해 지은 네오 로마네스크 스타일의 궁전으로 권위적이고 위엄이 넘쳤다.

포즈난 대학이 위치한 곳에는 독일제국의 위상을 상징하는 듯한 시대의 건물들이 많았다. 그 건물 앞에는 호수와 녹지가 있는데, 지금은 시민의 휴식터였다. 대학 건물로 쓰이지만, 하늘과 땅을 향해 당당히 서 있는 것을 보니, 과거 프로이센 제국의 영광이 보이는 듯했다. 관광을 제대로 하자고 말한 아내에게 고마움을 표했다. 자칫 못보고 갈 뻔했기 때문이다.

건물이 한둘이 아니었다. 주위가 온통 웅장한 건물로 둘러싸여 있었다. 폴란드는 이 건물들을 재활용하고 있었으므로 옛날 제국주의 향수는 사라지지 않았다. 부근에 민족시인 아담 미츠키에비츠 동상이 있고, 공산정권 시절인 1956년 노동자들의 시위 때 소련군에 의해 희생된 자를 기리는 기념탑도 세워져 있었다.

아름다운 시청사 건물이 군계일학이었다. 1555년 르네상스 양식으로 만들었는데, 원래는 광장에 있던 시의회 건물이었다. 현재는 도시 역사박물

포즈난의 거리

관이 되었다. 알프스 북쪽에 있는 것중에 가장 아름다운 르네상스 양식의 건물로 알려져 있다. 그 외 수많은 박물관과 갤러리, 극장, 그리고 음악 공연장이 있고, 축제와 국제무역 박람회와 같은 많은 중요한 행사가 열린다.

관광을 멈추고 점심식사하러 '켄코'라는 폴란드 사람이 운영하는 아시아 식당에 들어갔다. 조금 일찍 먹고 다음 목적지로 가기 위해서였다. 24즈워티 하는 점심 세트 두 개를 시켜 먹었는데, 무난했지만 개성이 없다고나 할까. 아내는 그림에 나와 있는 대로 깁밥을 주지 않고 참치를 넣은 김밥을 만들어 준 것에 대해 입간판에 있는 것과 다르다고 말했다. 그 정도로 세세히 보고 기억하는 아내가 놀라웠다.

도시 중심지를 벗어나는 것은 들어가는 것만큼이나 꼬불꼬불 힘겨웠다. 아내 말대로 포즈난은 바르샤바 못지 않은 대도시였다.

중북부 쿠야비포모제주
쿠야비-포메라니아(Kujawy-Pomerania)

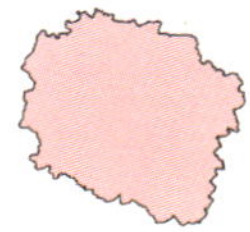

토룬

바르샤바에서 구글 내비게이션의 고속도로 노선에 따라 우치(Łódź)를 거쳐 토룬(Toruń)으로 갔다. 중간에 쉬다 보니 거의 오후 1시가 되어서야 토룬에 도착했다. 아내는 그 전에 봤지만, 또 봐도 예쁜 도시라고 말했다. 건물 하나하나가 모두 이쁘다고 말했다. 비스와강이 옆에서 흘러가고 있는 것이 도시의 아름다움을 더해주고 있었다.

손님이 많이 앉아 있는 광장 모퉁이의 레스토랑에서 나는 탄산수에 피에로기와 로우수(Rosół)를 먹고, 아내는 크트렛트 사보뷔에 오렌지 쥬스를 곁들여 먹었다. 그럭저럭 먹었지만 아내는 음식이 별로라는 반응을 보였다. 손님이 붐비면 대강 음식 맛이 좋기 마련인데 이곳은 아닌 듯했다.

그런데 여기서 뜻밖의 한국인 부부를 만났다. 슈체친 부근에서 법인장을 하면서 폴란드 근무를 하고 이제 퇴직할 무렵이 되어 은퇴 여행을 왔다는 부부는 헝가리를 구경하고 바르샤바에서 귀국한다고 말했다.

동행한 폴란드인 아주머니가 우리 부부를 보고 한국인 같다고 말하자, 부인 되는 사람이 '차이나(China)' 하다가 우리가 "안녕하세요" 하면서 인사를 하니 그제야 우리나라 사람인 줄 알고 좋아했다. 안내하는 폴란드 아주머니는 과거에 근무한 업체의 바이어였던 인연으로 같이 다니고 있었다.

우리가 여기서 좀 오래 있다가 10월 말에 귀국한다고 하니 놀라는 눈치였다. 같은 동포를 만나서 반가운데, 상대방도 우리 만난 것을 기뻐하니 덩달아 좋았다.

토룬에서 약 2시간 구경하고 다음 행선지 말보르크(Malbork)로 출발했다. 그다인스크에 들어가기 전에 토룬과 말보르크를 구경하기로 했기 때문이다.

마워폴스카주
– 영문명 소 폴란드(Lesser Poland)

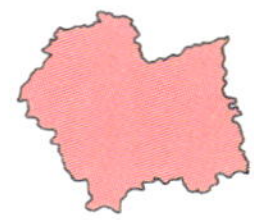

옛 수도 크라쿠프

11세기부터 16세기 말까지 폴란드의 수도였던 곳이다. 비스와강을 내려다보는 언덕의 바벨성(Wawel Castle)은 수세기 동안 폴란드 왕이 거주했던 곳, 왕실의 보물과 가구 등을 소장한 박물관이 되어 있었다.

왕궁의 언덕을 내려와 성 안 올드타운의 중앙광장(Main Market Square)에 가면 성 마리아 교회(St. Mary's Basilica)를 볼 수 있고, 유대인 거리인 카지미에르즈(Kazimierz), 유럽에서 가장 오래되고 저명한 대학의 하나인 야기엘론 대학(Jagiellonian University)이 있다. 인근에는 비엘리츠카 소금광산이 있고, 쉰들러 리스트 영화로 유명해진 나치 독일 치하 유대인의 생명을 구한 쉰들러 공장(Schindler's Factory)이 있다.

서울에서 나중에 합류한 아들이 크라쿠프 여행에 동행했다. 아들은 바르샤바에서 과거 2년간 외국인 학생과 공부하며 지낸 이래 처음으로 다시 이곳에 왔다고 말했다. 아들에게 폴란드에 와서 추구하는 것이 무엇인지

비엘리츠카 소금광산

바벨성과 성당

물었더니, 과거 이곳에 지냈었기에 12년이 지난 지금 다시 와보고 싶었다는 것, 또 과거에 한 가지 입에 맞았던 과자가 있었는데 지금도 있는지 보겠다는 것과 같은 것 등이었다. 소박한 목적이었다.

크라쿠프의 바벨성에 들어갔다. 마침 토요일이라 평소 유료였던 곳이 전부 무료였다. 좋은 나라다.

프랑스 파리는 주말에도 유료데다 차를 잠깐 세워놓고 샌드위치를 사러 간 사이 주차위반 티켓으로 35유로나 부과받았으니까 두 나라는 대조적이었다. 바벨성의 왕궁 박물관에 들어갈 시간적 여유가 없어 외부에서 정원과 왕궁, 성당을 사진에 담았다. 기념품점에서 커피잔을 올려놓을 그림 받침대 두 개를 사고, 아들은 용이 그려진 머그컵을 샀다.

성을 내려와 용의 동굴을 찾았다. 아들이 12년 전 국제학교에 있을 때 소풍을 왔던 장소여서 다시 가봤다. 굴 밖에 용의 동상이 있는 데 불을 내뿜고 있었다.

비스와강변에서 손님을 기다리는 배가 있어 탔다. 25즈워티씩 내고 30분간 비스와강 상류와 하류를 다녀오는 크루저를 했다. 손님이 우리밖에 없어 배를 통째로 빌린 것처럼 독차지했다. 속도에 따라 바람이 차갑게 다가왔지만, 반팔임에도 여독탓인지 시원하게 느껴졌다. 아내는 춥다고 했지만, 우리는 모처럼 하는 뱃놀이여서 기분이 좋았다.

아들이 피자를 먹고 싶다며 찾아낸 맛집이라는 레스토랑에 갔다. 과연 손님이 많았고 예약한 손님들이 속속 도착하는 곳이었다. 그곳에 예약 없이 가서 아내와 아들은 메뉴에 있는 피자와 스파게티를 골랐고 난 주말에만 내놓는 요리인 홍합요리를 먹었다. 그런데 홍합이 별로 신선하지 않았던 듯했다. 운전하면서 바로 배에서 안 좋은 신호가 왔다. 화장실을 급히 가야 했다. 분명히 소스는 괜찮았는데, 식재료인 홍합에 문제가 있어 보였다. 아내도 한 개 먹어봤기에 같은 의견이었다. 그것 외 다른 요리는 다 좋았다. 이 레스토랑의 특징은 우리가 흔히 먹는 스파게티 볼로네즈, 알리오 올리오 뭐 이런 대중적인 것은 없고 독자적으로 내놓은 요리가 많았다.

휴양도시 자코파네

자코파네(Zakopane)의 가볼 곳은 세 군데다. 최고는 케이블카를 타고 타트라 산 정상에 올라가는 것이고 두 번째는 기차를 타고 자코파네가 보이는 언덕에 올라가 보는 것이고, 세 번째는 모르스키에 오코(Morskie Oko)호수라고 말했다.

그중에서도 모르스키에 오코는 사람들에게 가장 인기 있는 곳이다. 차를 가지고 갔다면 주차장에 차를 세우고 어느 정도는 걸어 올라가야 한다. 그 외 시내 그린 색으로 표시한 자코파네 중심가도 볼 만하다. 개인적으로 슬로바키아와 국경선이 통과하는 타트라산 정상은 이미 두 번 올라가 봤으므로 다시 갈 필요는 없을 듯했다.

먼저 자코파네 중심가로 갔다. 5즈워티를 내고 1시간 유료 주차를 한 후 거리에 가보니 이른 시간이었지만 사람들이 관광하고 있었다. 길거리 판매대에는 타트라산의 양유로 만든 치즈가 있었다. 특산물이어서 사고 싶기도 하면서 전에 샀다가 훈제된 맛이 입에 맞지 않았던 기억도 나고 해서 이번에는 어떨까 맛을 본 뒤 사고 싶었으나 허락하는 데가 없었다.

시내를 나와서 두 번째로 향한 곳은 구바우프카(Gubałówka)였다. 타트라산에 위치한 언덕으로 전망이 좋은 곳이다. 시내에서 케이블 기차를 타고

슬로바키아와의 국경선 최남단에 있는 산정호수 모르스키에 오코

구바우프카에서 바라보는 전망

오르는 곳이나, 목적지로 내비게이션을 찍고 자동차로 올랐다. 하지만 가는 날이 장날이라던가 그날은 주위가 온통 흐려서 전망을 볼 수 없었다. 주변이 아름답다는데 못 봐서 아쉬웠다. 밑으로 난 길을 보니 사람들이 삼삼오오 올라오고 있었다. 경치를 즐기면서 올라가는 하이킹 코스로도 훌륭하다더니 가까이 오는 사람들을 보니 폴란드 사람 가족이었다. 아이의 손을 잡고 올라가는 사람, 혼자 힘으로 못 올라가는 부모님을 모시고 오는 사람들이 보였다. 폴란드는 가족 중심적이라고 알고 있는데 사실인듯하다.

시내에는 장례행렬인지 관을 운구하는 모습이 보였다. 전통복장을 하고 악기를 든 사람들이 연주하면서 앞장서고, 관은 마차에 실어 이동했다. 뒤에 상주들인지 망자의 가족이 따르고 지인들이 뒤를 이었다.

모르스키에 오코는 가지 않았다. 날씨가 너무 안 좋은 데다가 구글 내비게이션을 어디로 찍어야 할지 몰라 이리저리 궁리하다가 그만두었다.

독일 이름 아우슈비츠로 악명 높은 오스비엥침

아우슈비츠-비르케나우(Auschwitz-Birkenau) 나치 독일의 강제수용소 겸 절멸 장소는 1940년부터 1945년까지 이곳 오스비엥침(Oświęcim)에서 운영됐으며 현재 시설을 공개하고 있다. 크라쿠프에서 차로 약 1시간 정도 거리이며, 크라쿠프에 숙소를 두고 투어를 신청할 수 있다.

아우슈비츠 수용소 입구의 "노동이 너희를 자유롭게 하리라"(Arbeit macht frei)라는 표어, 전기철조망, 가스실, 흐릿해진 안경과 달라붙은 구두 더미가 상징적이다.

가보면, 수용자가 얼마나 많았는지 건물이 끝없이 이어져 웬만한 대학 캠퍼스보다 더 클 정도다. 많은 사진이 전시되어 있는데, 그 중에서도 아이를 데리고 가는 부모의 마음을 생각하며 가슴이 저리다.

바르사뱌에서 이곳이 멀다면, 루블린에 마이다넥(Majdanek) 강제수용소가 있다. 현재 기억하는 장소 겸 박물관으로 공개하고 있다.

마이다넥 수용소 입구에 게이트 기념관이 세워져 있는데, 2004년에 개인적 경험으로서 우연히 이곳에 도착했다가 본 충격이 아직도 생생하다. 거대한, 아니 기괴한 조형물이랄까 바위 혹은 우주 낙석 같은 것이 사람을 압도하는 그런 형상이었다. 원래의 의도는 수용된 사람들의 망가진 시신을 형상화했다고 한다.

비엘리츠카의 소금광산

2000년대 초 비엘리츠카(Wieliczka) 소금광산에 들어갔을 때 가이드가 앞장서서 가면서 소금광산의 구조며 암염을 파고 기중기로 실어 올리던 모습을 견학시켜주고 그 당시 일하던 광부의 모습들을 보여주었다. 옛날에 소금광산은 폴란드왕국의 재정에 큰 도움을 준 귀한 자산이었다. 그리고 지금은 관광자원이 되어 많은 외국인 관광객을 끌어들이고 있다. 자연자원이자 문화유산인 셈이다. 밑에는 위에서 전혀 상상하지 못한 별천지가 펼쳐져 있다. 그 당시 왜 그렇게 했는지는 모르지만, 광산 안에는 거대한 도시 혹은 방들이 만들어져 있다. 세련된 구조물과 조각, 표현하고자 한 이야기들이 있고 심지어 마음의 안식을 구할 성당까지 만들어져 있다. 예수님의 일대기도 정교한 조각으로 펼쳐져 있다. 그 당시 관광기념으로 암염으로 만든 전등을 사왔다. 불을 켜면 은은하게 방을 비추는 등이었다. 지금은 상상하기 어렵지만, 그 당시 덜컹거리며 쏜살같이 올라오던 광산용 리프터를 탔던 기억, 긴 줄을 서서 탈출하는 사람처럼 순서를 기다려 찬바람이 쌍쌍 들어오는 가운데 지상으로 올라왔던 짜릿함이 머리를 떠나지 않지만, 지금은 아마도 많이 현대화되었으리라.

이곳 소금광산에 입장하려면 운이 좋아야 한다. 줄이 길거나 공사를 하는 경우가 많기 때문이다. 요즘 자동차 여행객이 많아 사설 주차장이 성업 중이라는 소식이다. 주차비가 25즈워티 정도 된다.

중남부 시비엥토크시스키에주
– 영문명 성십자가(Holy Cross)

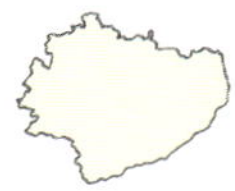

행치니(Chęciny)성

키엘체시 남쪽 언덕 위에 건설된 요새로, 망루 등 성 잔해가 있었으나, 최근 보수공사를 해서 새롭게 단장했다.

석회석 라이동굴

키엘체 남서쪽 행치니성의 울타리 부근에 있다. 석회암 카르스트 동굴이며 일명 파라다이스 동굴로 불린다. 입장은 사전예약제이며, 입장 마감 시간까지 도착해야 한다. 예약 없이 가면 도착 순서에 따라 들어가는데, 자리가 없으면 동굴에 들어가지 못할 수 있다.

중부 우치(łódzkie)주

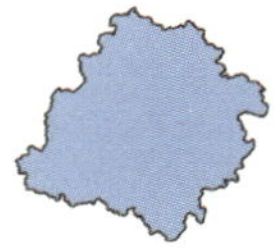

영화 도시 우치

8월 초 바르샤바에서 자동차로 2시간 걸려 우치시에 들어갔다. 우치로 들어가는 길은 블랙 홀로 빨려 들어가는 듯이 길게 느껴졌다. 끝없이 이어지는 길 좌우로 건물들이 퇴락해 있고 아직 제대로 화장하지 않은 느낌이었다. 공산주의 시절 모습을 그대로 간직하고 있었다.

아내가 우치의 인구가 계속 줄고 있다는 뉴스를 본 적이 있다고 말했는데, 정말 그렇겠다는 생각이 들었다. 너무 낙후되었고 도시 첫인상이 가꾸어지지 않았다는 생각이 들었다. 맨 처음 들른 곳은 드라이브하다가 차 세울 곳이 있는 것 같아 들어간 재래식 시장이었다. 농산물을 파는 곳인데 물가가 바르샤바보다 더 저렴했다.

우치는 탈공산 초기인 1990년대 이후 영화를 배우는 우리나라 유학생들이 공부하러 와 있었으나, 지금은 거의 없고, 또 한때 섬유산업이 있었으나 지금은 다 없어지고 봉제공장이 조금 있을 뿐이다. 우치가 발전하지 못한

우치의 중심가 피오트코프스카(Piotrkowska) 거리와 주위 교차하는 도로

것은 수도 바르샤바의 그늘에 있기 때문이라는 의견을 들은 적이 있다. 바르샤바에 속하던지 아니면 아예 바르샤바로부터 멀던 지 해야 하는데, 이것도 저것도 아니어서 발전이 더디고 그래서 피해를 보고 있다는 것이다.

어쨌든 이곳은 공산주의 시절 폴란드를 유명하게 만든 영화산업의 본고장, 영화의 도시다. 우치의 명소인 길게 이어진 도로에 가보니, 거리가 나름 볼 만했다. 차를 세워놓고 아내와 함께 보행자 위주의 도로를 걸었다.

걷는 것이 좋았다.

사람들 오가고 관광객을 기다리는 레스토랑들이 열지어 파라솔을 내걸고 어서 와서 앉으란 신호를 보냈다. 아내는 배가 고프다며 레스토랑에 들어갈 준비를 했다. 아무 데고 들어갈 수 있나? 손님이 적은 레스토랑에 들어가기 싫어서 주저하다가 어느 손님이 많은 곳을 찾았다. 흐워드닉 수프를 먹었다. 색깔이 좋았고 그릇이 예상 이상으로 컸다. 거기에다 속에 치즈를 넣은 나레시니끼까지 먹으니 배가 불렀다. 금강산도 식후경이라고 이후 우치를 조금 여유 있게 볼 수 있었다.

니에보루프와 아르카디아

두 곳은 인접해 있으며, 하나의 입장권으로 두 곳을 다 볼 수 있다. 니에보루프(Nieborów)성은 저택으로 프랑스의 베르사이유궁전의 축소판처럼 만들었다. 저택 앞에 나무로 정렬한 정원, 긴 호수를 끼고 있으며, 저택 안은 옛날 장식과 그림 등으로 박물관이 되었다.

아르카디아(Arkadia)는 비밀의 화원으로 18세기 건물을 중심으로 호수와 폭포, 개울, 산책길이 이어지는 정원으로 조성되어 있다.

동남부 루블린주
-루블린(Lublin)

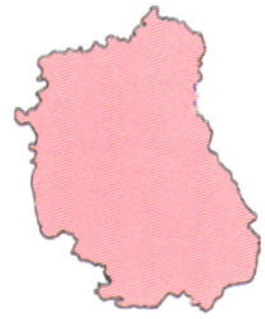

대우-FSO 자동차 공장이 있었던 루블린

폴란드에 유학 중일 때 만난 고향 사람은 과거 대우자동차 직원으로 폴란드에 왔을 때 루블린(Lublin)에서 근무했고, 거기서 폴란드 사람과 어울려 술도 마시고 친하게 지낸 적이 있다고 말한 적이 있다. 그런 만큼 루블린은 우리 한국사람에게 기억되는 도시다.

루블린 하면 교육도시로서 루블린대학이 가장 먼저 떠오른다. 관광 명소로는 도시의 랜드마크인 중세 성이자 박물관이 있고, 또 중세풍의 올드타운이 있다. 옛날 루블린성의 입구였던 그로즈카 게이트(Grodzka Gate), 루블린 대성당, 그 외 카페와 레스토랑, 가게들이 줄지어 있는 크라코프스키에 프제드미에시치에(Krakowskie Przedmieście) 거리가 있다.

엽기적인 볼거리로는 나치 독일군의 마이다넥(Majdanek) 강제수용소의 섬뜩한 현장이다. 그러나 그보다 더한 아우슈비츠 같은 악명높은 죽음의 수용소가 남아 있어 상대적으로 유명세를 덜 타는 편이다.

루블린은 폴란드 국민에게 악몽과 같았던 소련에 의한 공산화의 기지인 적도 있다. 즉 친소 공산정권의 조직인 루블린위원회가 이곳에 있었다.

헤움

헤움(Chełm)은 우크라이나에 접경한 작은 타운으로 루블린의 동쪽 전초진지 같은 곳이다. 러시아에서 폴란드로 들어오는 초입에 있고 주위는 온통 시골 밭이다. 도로에는 짐을 가득 실은 우크라이나 자동차를 많이 볼 수 있다.

시내 한복판에 올드타운이 있다. 그곳에 가보면 특이하게도 도시 아래 광상을 찾아 파들어간 분필광산(Chełm Chalk Tunnels)이 있다. 아니 분필암석에 뚫은 굴이 존재한다. 13세기 타타르가 침공하자 주민들은 이 분필광산의 복잡하게 뚫린 굴에 들어가 피신했다고 한다. 굴에서 길을 잃지 않도록 지상과 똑같은 거리명을 표시해놓았다고 하니 놀랄 일이다. 헤움 주위에는 숲이 있고 호수가 있다. 숲에는 버섯이나 야생 열매를 따는 곳이고 호수는 여름 주민들의 피서지가 된다.

헤움 북쪽 소비보르(Sobibor)에 2차대전기 나치 독일의 유대인 강제수용소가 있었고 2018년에 'Escape from Sobibor' 제목의 영화로도 만들어져 유명해졌다. 소비보르 조경공원 내 철거된 터에 박물관(Museum of the Former Extermination Camp in Sobibor)이 세워져 있다.

자모시치

예전에 연구소의 폴란드 동료가 아름다운 도시로 추천한 바 있는 자모시치(Zamość)를 최근에 다녀왔다. 마침 가는 길은 뜻밖의 공사로 험난했다. 대규모 도로공사를 하는지 곳곳에 우회로가 만들어져 있었고 왕복 2차선의 좁고 구불구불한 길에 속도제한, 대형트럭의 행렬 사이 서행으로 달리다보니 빨리 갈 수 없었다. 운전은 도로 상황으로 인해 평소보다 거칠어졌다.

바르샤바에서 동부로, 그것도 동남부로 가려면 조금은 스트레스를 받는다. 잘 안 가던 곳에 발을 들여놓으려니 발이 안 떨어져 그런지도 모른다.

자모시치에 왔다. 극장 도시, 모델 하우스같은 느낌이었다. 입구에 주차하고 걸어서 찬찬히 구경했다. 광장을 중심으로 잘 만들어진 올드타운이 있었으나 생기가 없었다. 광장과 시청사를 중심으로 주택과 레스토랑, 상가가 둘러싸고 밖에는 성곽이 세워져 도시를 지탱하고 있었다.

포스터를 보니, 자모시치가 제1차 세계대전을 끝낼 무렵 폴란드 독립의 주역들이 활동한 무대그 당시 폴란드의 신생 군대가 출범한 장소였다는 것을 알려줬다. 건국, 건군의 도시인 셈이다. 자모시치는 오랜 역사적 유래를 가지고 있지만, 압도적이거나 예쁘다기보다는 모델하우스마냥 잘 정리된 타운 같았다. 도시를 보여주는 투어 차가 운행되고 있었지만, 차를 탈 정도는 아니어서 걸어 다니며 보고, 광장의 보헤마(Bohema) 레스토랑에서 식사했다.

이 도시의 건설자이자 귀족 지도자인 자모이스키의 유해가 안치된 성당의 탑에 올라가 전망을 봤다. 도시 전체가 보였다. 꼭 올라가 봐야 할 만큼 멋졌다. 입장권으로 3즈워티를 냈다.

자모이스키는 이탈리아 파도바로 유학 갔는데, 돌아와서는 바르샤바에서 활동하던 이탈리아 파도바 출신 건축가를 불러 오늘날의 자모시치가 된 이 도시를 건설했다고 한다. 우리가 들어간 레스토랑 보헤마는 이탈리아와의 인연 때문인지 스파게티 볼로네즈의 맛이 아주 좋았다. 아내는 돼지고기 요리를 시켜서 맛있게 먹었다.

광장 주변 건물을 돌다가 어느 지하 식당에 들어가니 아르메니아 음식과 와인이 있었다. 거기 근무하는 직원이 식당의 유래에 관해 이야기해주었다. 한편 성당 전망탑 부근에는 비극적인 사진도 남아서 나치 독일을 고발하고 있었다. 제2차 세계대전 때 독일군이 자모시치를 점령하고 있을 때의 모습이라고 하면서 음식을 제대로 먹지 못해 뼈만 앙상하게 남은 어린 아이들이 모습이 조각되어 있어 눈길을 끌었다.

자모시치 남부 우크라이나 접경 베우제츠(Bełżec)란 곳에 2차대전기 나치 독일의 벨제크 유대인 절멸수용소 터가 있었는데, 산속 으슥한 곳에 있어 들어가 보기 섬찟했는데, 최근에 추모 기념관(Bełżec Museum and Memorial)이 세워졌다.

코슈우브카와 라진 포드라스키 저택

바르샤바의 동쪽으로 두 군데 명소가 있는데, 수년 전 관광하고 왔다. 첫 명소는 코즈우브카(Kozłówka)로 바르샤바에서 자동차로 약 2시간 가면 있다. 비슷한 방향에 있는 라진 포드라스키(Radzyn Podlaski)도 바르사바에서 자동차로 2시간 거리다. 둘 사이는 약 40분이 소요된다.

라진 포드라스키에 갔더니 단장 중에 있었다. 주위 공원을 걷다가 식당 한 곳을 소개받아 들어갔다. 라진 포드라스키의 호텔 레스토랑, 현지 사람이 소개해주어서 갔는데, 음식을 먹음직하게 잘 만드는 것 같았다.

이곳에서 느낀 점은 역시 현장을 가봐야 실상을 안다는 것이다. 책과 인터넷에 나오는 사진이나 설명은 멋진데, 가보면 공사중이라든지 이런 식으로 책자에 있는 것과 실상이 다를 수 있었다.

코즈우브카는 잘 단장, 보전되어 굉장히 멋진 저택을 자랑했다. 식당까지 멋져 보였으나, 이미 식사했기에 입장해서 사진을 찍고 주위를 둘러보며 감상했다. 건물 안에 박물관을 운영하고 있다. 저택 뒤편에 공산정권 시절 동상들이 있는데, 그중에는 소련의 앞잡이로 취급되는 공산정권 수반 비에루트도 있었다.

폴란드는 넓은 곳에 길이 어지럽게 갈래가 져서 주 도로를 찾기 어려울 때가 있다. 동부가 그렇다. 바르샤바로의 복귀는 끝없이 이어지는 지방도, 그 긴 숲속의 터널을 빠져나오는데 혼났다. 확실히 고속도로는 편하지만, 지방도는 남녀, 청소년 학생들이 자전거를 많이 타는 데다 시야가 가려서 시간을 많이 잡아먹었다. 차선이 없는 왕복 2차선도 있고 마을이 나오고 숲속 길을 통과하고 또 다시 마을과 밀이 자라는 농경지, 그 다음은 숲속 길, 또 구불구불한 길이 이어져 불편했다. 나중에 길을 잃은 것이 아닌가 걱정이 되어 주유소에 쉬는 폴란드 젊은이들에게 바르샤바로 가는 길을 물을 정도였다. 거의 1시간 반을 지방도로로 달려서 마침내 큰길로 나왔을 때는 안도감이 들었다.

카지미에시 돌니

카지미에시 돌니(Kazimierz Dolny)는 바르샤바 남쪽의 비스와강 건너편의 타운으로, 인구 2,500명의 작은 마을이다. 예술가의 동네로 불리며 그림, 엔틱가구를 사는 곳으로 알려져 있다.

푸와비

푸와비(Puławy)는 바르샤바 남쪽의 라돔으로부터 비스와강을 건너자마자 있는 도시다. 18세기 폴란드-리투아니아 연방의 귀족 가문인 차르토리스키(Czartoryski)의 저택을 박물관으로 개조해서 일반인이 관람할 수 있도록 하고 있다.

남동부 슬로바키아 접경
포드카르파츠키에주
-하부 카르파티아(Subcarpathian)

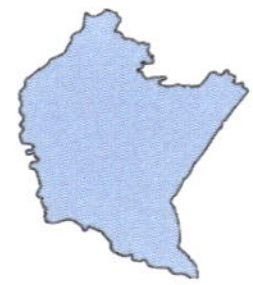

공업도시 제슈프

인구 19만이지만, 경제성장 속도가 빠른 도시로 항공, IT와 제조산업이 유명하다. 도시 중앙의 올드타운에 넓은 시장광장과 시청사가 있다. 도시의 언덕에 군계일학으로 제슈프 성이 있고 그 안에 루보미르스키(Lubomirski) 궁전이 가장 눈에 띈다. 궁전 안은 박물관으로 꾸며져 있다. 도시 지하에는 터널이 뚫려 있는데, 지하 관광 루트가 되어 공개되고 있다.

국경도시답지 않게 이쁜 타운 프세미시우

프세미시우(Przemyśl)라는 도시를 모르는 사람이 많을 것이다. 우리 부부 역시 국경선 부근이니 적어도 분위기가 아늑할것이라는 생각은 안했다. 그러나 입구로 접어들면서 보니 도시는 아름답고 평온하게 보였다. 시골의 좁은 길에서 나와 한 줄기 빛처럼 좋은 모습으로 멀리서 온 우리 부부를 맞아 주었다. 도시 안으로 들어가보니 겉으로 보는 것보다도 더 좋았고, 자연히 우리는 안심이 되었다. 오기 전에 예상했던 국경선의 스산한 풍경은 전혀 없었다. 고속도로부터 시내를 연결하는 산(San)강의 다리를 건너면서부터 도시가 우리 부부의 마음을 잡았다. 이런 예쁜 도시인 줄 몰랐다. 굳었던 마음이 풀렸고 괜찮은 곳이란 걸 알고부터는 기분이 나아졌다.

자모시치에서 동양인을 한 명도 보지 못했는데, 프세미시우역도 마찬가지였다. 독일, 프랑스, 심지어 폴란드 서부에조차 동양인은 꼭 있었는데, 이곳 동부는 멀어서 그런지 한 사람도 볼 수 없었다.

아내는 이 도시가 뜻밖에 아름답다며 올드타운을 구경하자고 말했다. 오전에 프세미시우 시내로 들어갔다. 차를 몰고 도시의 높은 곳에 있는 성에 올랐다. 거기 차를 세워놓고 높은 데서 도시를 보니 구릉지와 강을 끼고 도시가 아름다웠다. 성 바로 아래로 오면 광장이 있고 올드타운, 성당 등이 몰려 있었다. 다운타운도 가까이 있어 맛있는 것을 사 먹고 벤치에 쉬면서 관광과 휴식을 한 번에 할 수 있었다. 강의 이쪽저쪽을 잇는 다리가 멋있고 좌우 어느 쪽에서도 도시가 아름답게 보였다.

자연공원 비에슈차디

이곳은 수도 바르샤바에서 가장 먼 방향에 있어 좀 멀어 보인다. 우크라이나, 슬로바키아와 국경선을 길게 접한 곳에 있다. 동식물과 자연을 폭넓게 보호하고자 비에슈차디(Bieszczady) 자연공원으로 지정했다. 여름휴가를 그곳에서 보내고 온 폴란드 친구는 아주 좋았다며 한 번 가보라고 소개했다.

한때 우리 정부에서 DMZ 평화공원을 추진할 때 참고할 만한 공원이라고 해서 찾아간 적이 있기도 하다. 산이 타트라처럼 험준하지 않고 나즈막하게 퍼져 있어 편안함을 주고 하이킹, 산악자전거 모두 가능하며 폴란드 국민들이 즐겨 찾는 곳이다.

스몰닉(Smolnik)에 있는 목조 교회도 놓치지 말아야 할 볼거리다. 폴로니아 카린스카(polonina carynska)로 불리는 산들은 그림 같은 모습을 연출한다. 폴란드에 체재하는 사람들이 가족 단위로 이곳에 힐링 여행을 간다면 좋을 듯하다. 계절적으로 여름이 좋지 않을까 생각된다.

서부 독일 접경
루부시(Lubusz)주

자연조경공원과 브로디

브로디(Brody)란 낯선 곳에 간 계기는 아내의 발견 덕이었다.

아내가 지도를 보고 가볼 만한 장소를 찾다가 독일과의 국경선 지역에 자연조경공원(Muskau Bend Landscape Park)이 있다며 가보자고 해서 들르게 됐다.

포즈난-베를린 도로에서 갈라져 서남쪽으로 내려갔다. 그런데 갈수록 숲이 점점 많아지고 차량은 뜸해졌다. 숙소는 시골농장, 이런 곳에도 체코나 헝가리에서 온 관광객이 있었다. 자전거를 빌려 숲으로 달려봤다. 작은 산촌이어서일까 게스트하우스 부근에만 집이 있고, 숲속의 포장된 길이 끝나는 데서는 바퀴가 푹푹 빠지는 모래길인데다 사람이 거의 보이지 않았다.

끝없는 숲은 하늘을 가리고 길은 표지판 없이 갈라지고 아내가 무섭다며 숲속으로 더 들어가기를 꺼렸다. 나 역시 비포장 흙길이 사람이 많이 다니지 않는 길 같고 인적이 드물기에 빨리 돌아왔다. 아내는 유네스코 지정 공원이라고 하던데 혼잣말로 읊조리면서 더 있고 싶어 하지 않았다. 여기에 사는 사람은 제2차 세계대전 이후 원래 살던 독일사람들이 떠나자, 대신 땅을 받고 온 리투니아, 벨라루스, 우크라이나의 폴란드 주민들이었다. 말하자면 이주민이었다.

게스트하우스의 환경은 나쁘지 않았으나, 이웃집들은 대체로 정원을 관리하지 않는 데다 노후된 창고가 많아 아름답지 않았다. 동부의 모습을 그대로 가져다 놓은 듯해 보였다. 인프라도 조금 부족한 듯 수돗물이 잘 나오지 않았다. 젊은이에게 말하니, 여긴 그게 정상이라고 말했다. 아내는 주위에 호수가 많은데 왜 물이 안 나오느냐고 말했다. 조금 뒤에 물이 정상적으로 나왔다.

동네에는 파리가 좀 많아 보이고 그래서 밥 먹을 때 귀찮게 하자, 아내는 파리가 날아다니는 것을 보니 시골은 시골이라고 말했다. 밤에는 개 짖는 소리가 요란했다. 새벽에도 개들이 시끄러운데 별로 단속되지 않고 누가 왔는지 계속 여러 마리가 짖어댔다. 방 안에는 개미가 많았다. 싱크대의 과일 봉투에까지 들어왔다. 아침부터 나무 자르는 소리, 시끄러운 가운데 마음을 달래준 것은 아침의 서늘한 날씨였다.

아내는 식사하고 나와서 집 앞에서 주인아주머니와 함께 사진을 찍고는 "좋은 인상을 가지고 갑니다"라고 말했다. 그러나 차를 탄 뒤에는 나더러 이곳을 부킹닷컴이나 호텔닷컴을 통해서 구했느냐며 장소에 대해서 타박했다.

앞으로는 가급적 현대적인 호텔이나 시내에서 너무 나가지 않은 곳을 숙소로 잡아야겠단 생각이 들었다. 시골이나 야외로 나갈수록 으쓱하고 아무래도 겁이 나고 맘이 안 놓이기 때문이었다. 아내는 지도에 자연조경공원이라고 표시해놓은 곳으로 와서 두 눈으로 본 다음에는 이곳이 아무것도 아니라는 것을 시인했다.

남부 실롱스크주
– 영문명 실레지아(Silesia)

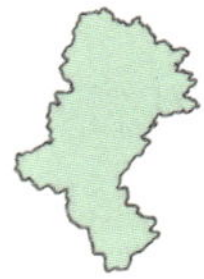

쳉스트호바

쳉스트호바(Częstochowa)는 폴란드국민이 신성시하는 성지이자 순례장소이다. 기적을 일으키는 '검은 마돈나' 그림으로 유명하다. 성모 마리아를 모신 곳으로 요새가 세워졌다. 높은 곳에 방어요새가 지어졌다. 1655년 스웨덴과의 전쟁으로 국토가 초토화되는 재앙을 입었지만, 이곳은 온전했고 1771년 러시아군의 공격을 받았지만, 또 1, 2대전을 거쳤지만, 이곳은 피해를 입지 않아 폴란드 국민의 믿음은 더욱 굳건해졌다. 모든 길은 로마로 통한다고 하지만, 폴란드에서는 모든 길이 쳉스트호바로 통한다고 해도 과언이 아닐 만큼 표지판이 그렇게 안내하고 있다.

쳉스트호바 도시의 중심이자 성모 마리아의 성소인 야스나 구라에 올라서 보면 사방 전망이 좋으며 성벽을 높게 쌓아 정말 요새처럼 되어 있고 성모 마리아를 보호하는 것이라고 느낄 수 있다. 박물관도 있다.

남서부 돌니실롱스크주
– 영문명 하부 실레지아(Lower Silesia)

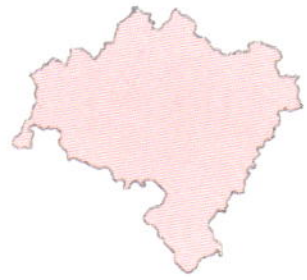

한국 LG산업단지가 세워진 브로추와프

제2차 세계대전 후 독일땅이었다가 폴란드로 들어온 도시, 과거 큰 도시였음을 나타낼 만큼 복잡한 교통망, 시내 한복판에는 올드타운과 제국주의 시대를 떠올리는 건축들, 오드라강의 운하 등 범상치않은 도시다.

문화관광도시로서 과거 이곳에 살았던 독일사람들이 관광을 많이 오는 곳이지만, 지금은 한국사람이 많이 들어가 산다. LG산업단지에 일하러 온 LG직원과 가족들, 한국학과를 나와서 통역일을 하는 폴란드 젊은이들, 교회와 숙박, 레스토랑 등 바르샤바보다 더 많은 한국사람이 체재한다고 할 만큼 한국 도시가 되었다.

브로추와프는 예전 주폴란드 이상철 대사님이 꼭 가보라고 했던 곳이다. 이곳은 폴란드 국민의 자랑이자 애국자, 영웅인 코시치우슈코 장군이 농민을 무장한 군대로 러시아군을 격파한 기록을 보관하고 있는 장소다. 국립박물관도 있어 관람할 가치가 있다.

초차성

초차성(Czocha)은 체코 국경지역, 폴란드의 하부 실레지아 땅에 있고 역사적 기원이 1240년까지 올라간다. 처음에 지은 사람은 보헤미안왕으로 알려져 있다. 그 후 여러 차례 주인이 바뀌다가 독일인 귀족(Johann Hartwig von Uechtritz)이 1700~1800년대 약 200년간 이 성을 소유했다. 1815년 빈 회의 이후 초차성은 프로이센에 속했다. 그러다가 20세기 초부터 제2차 세계대전이 끝날 때까지 독일 드레스덴에 본사를 둔 담배공장의 총책임자인 독일인 에른스트 귀트쇼프(Ernst Gütschow)가 이 성을 소유했다. 그는 1909년에 150만 마르크에 성을 구입, 약 400만 마르크를 써서 베를린의 건축가를 고용, 성을 화려하게 탈바꿈시켰다. 그는 수집가로서 성 안에 도서관을 두고 책과 예술작품, 무기, 목각, 가구 및 그림을 수집했다. 로마노프 대관식 휘장, 러시아 황제의 흉상 60점, 도자기 식기, 보석류 등이 있었다고 한다. 폴란드령이 됨에 따라 그는 독일 서부로 이주했다가 1946년에 사망했다.

이곳에 독일군이 로켓무기 실험을 했다거나 나치가 약탈한 보물을 은닉해놓았다는 등의 소문이 있었으나 사실무근으로 밝혀졌다. 성문 입구 위에 소유자의 가계 그림, 꼭대기에 미네르바의 상이 있다. 전설 같은 이야기로, 성의 주인이 없는 사이에 아내가 임신하고 출산하자, 성주는 그 아이를 우물에 던졌다고 한다. 그래서 성 주변에는 하얀 옷을 입은 숙녀가 배회하고 아이 울음소리가 들려온다고 한다.

브로디에서 이곳에 와 성 안을 구경하는 표를 끊으려니, 가이드의 안내를 받아야 하고 영어, 독일어, 폴란드어 중 택일하라고 해서 영어로 듣겠다고 하니 약 40~50분 기다렸다가 20즈워티 표를 끊어서 입장하라고 했다. 머리가 복잡해졌다. 바르샤바로 돌아갈 것을 생각하니, 오래 지체하기 어려웠다. 갈 길이 머니 어쩌겠나, 그냥 건물 밖만 보겠다는 약속을 하고 8즈워티를 내고 들어가 구경했다. 정원에서는 중세 노래라며 미스터리 한 음악을 들려주었다. 국경선 가까운 곳에 있는데도 많은 관광객이 찾아와서 붐볐다. 멋진 초차성을 본 것은 이곳에 온 가장 큰 수확이었다.

바우브지흐의 크시옹시성

실레지아 지방의 가장 큰 성으로 숲속 언덕에 우뚝 솟아 있다. 문화유산이 풍부한 도시 바우브지흐(Wałbrzych)에 속하는데, 전전 독일땅이었으므로 독일어로 발덴부르크로 부른다. 이곳은 나치 독일이 패망하기 전에 황금을 가득 실은 열차를 이곳 지하 터널에 숨겼다는 소문이 언론으로부터 조명되고 발굴 관련 움직임이 보도되면서 유명해졌다. 이 지역은 16세기에 이미 석탄을 발견하면서 탄광산업이 발전하는 등 번영했다. 18세기 중반에 프로이센에 합병되고, 1871년에 독일의 영토가 되었다. 크시옹시성은 1288년부터 1292년 사이에 존재하던 요새 터 위에 처음 세웠다. 그러나 오늘날 보는 화려한 성은 호헤베르크의 하인리히 15세가 세웠다. 과거 독일 퓌르스텐슈타인(Fürstenstein) 지역에 속했을 때는 퓌르스텐슈타인성으로 불렀다. 현재 크시옹스 조경공원 안에 있으며 성이 매우 크다. 폴란드에서 말보르크, 바벨성 다음으로 크다.

참고로 실레지아라는 단어는 폴란드 말의 방언에 가깝되, 문화적으로는 독일의 영향을 받은 지역을 말한다. 실레지아는 옛날부터 독일인이 많이 살았으나, 제2차 세계대전 후 폴란드가 영유하면서 1945년과 1947년 사이에 이곳에 살던 독일사람들은 전부 자국으로 돌아갔다.

폴란드 전통 그릇으로 유명한 볼레스와비에치

이동하는 여정에 있던 도자기 생산지 볼레스와비에치(Bolesławiec), LG화학의 투자도시 브로추와프는 아쉽게도 들르지 못했다. 아내는 예전에 볼레스와비에치에 가봤더니, 그릇을 생산하는 도자기 공장들이 개인에게 판매하는 것을 좋아하지 않더라며 가지 않아도 된다고 말했다. 바르샤바에는 폴란드 그릇을 파는 가게가 적잖이 있고, 우리나라 사람이 운영하는 킴스(Kim's) 가게도 있어 들러보면 된다.

부로추와프는 아내가 가고 싶어 했지만, 집에 늦게 도착할 것 같아 나중에 별도로 가자고 했다. 나와 아내는 사실 이 세 곳을 다 봤고, 다만 브로추와프는 큰 도시이고 볼거리가 많아 다시 한 번 더 세밀히 음미하며 보려고 한 것이었다.

쿠도바 즈드로이

폴란드의 서남쪽 모서리에 있으며 국경선에 접한 산이다. 바르샤바에서 출발해도 되고, 한국 사람이 많이 사는 브로추와프에서 가도 되지만, 가는 길은 체코 수도 프라하로 연결되는 노선이다.

이곳도 실레지아에 속한다. 폴란드말로 실롱스크로 부른다. 유명한 해골성당이 있는 곳이다. 이름은 좀 으스스하지만 워낙 무명의 유골들을 모아

놓은 것이고 그래서 특별한 감정이 생기지 않아서 돌아보기 부담없는 관광지다.

루비옹즈

브로추와프 인근 루비옹즈(Lubiąż)에 갔는데, 마침 공사중이었다. 건물은 오드라 강변의 작은 언덕에 세워져 있는데, 관리인은 나와 아내에게 표를 끊고 들어가 볼 수 있다고 했지만 안 들어가기로 했다. 공사판이 되어 있는 곳에 들어가기가 불편했고, 정원을 보니 전혀 관리가 되어 있지 않았다.

가톨릭 베네딕트 시토회 소속으로 1163년에 건축되어 1810년까지 존속했다. 옛날 얀 후스 무리에 의해 파괴되고 스웨덴군이 보물과 도서들을 약탈해 갔다고 한다. 17세기 30년 전쟁 이후 지금의 건물을 세웠으며, 많은 예술가들이 건물 재단장에 기여했다고 한다.

건물의 크기나 높이, 방의 숫자 등 과거 한때 규모가 어마어마하게 크고 웅장했던 게 분명하다. 대학 하나가 들어갈 수 있을 만큼 건물이 크고 방들이 많았다. 거대했다.

루비옹즈는 나폴레옹 전쟁 때는 병원으로 사용했으며, 제2차 세계대전 때는 무기공장이었다고 한다. 외관 사진만 찍고 돌아섰다.

OUTRO

여행 후기

SNS의 위력을 실감하다

일요일에 바르샤바 한인교회에 갔더니, 나를 안다고 하는 여성이 있었다. 내가 관리자로 있는 『폴란드 문화를 알기 위한 모임』에 가입한 회원이라며 여태껏 내가 올린 글을 잘 읽고 있다는 것이었다.

또 다른 어느 교회의 집사는 페이스북에서 내 글을 많이 본다고 하면서 폴란드에 있으면서도 이곳저곳을 다니지 못하고 있는데, 지방 도시를 소개해주니 나중에 다른 나라에 관광 갈 때 지나가면서 들를까 한다고 말했다.

임마누엘 교회에 갔더니 또 한 여성이 내게 다가와 역시 폴란드 문화를 알기 위한 모임에 가입해서 올리는 글을 잘 읽고 있다며 내게 다가와 인사했다.

폴란드인 친구의 도움에 감사하며

폴란드 친구가 4개월 머물 원룸 렌트를 도와주었다. 그녀가 좋다고 구해준 원룸에 만족했다. 현지에 가서 집을 구하는 것보다 출국 전에 집이 구해져 있으니 안심이 되었다. 바르샤바에 도착하기 전에 미리 도착 항공편을 알렸더니 폴란드 친구가 마중을 나와주었고 렌터카를 구하고 계약하는 것을 도와주었다.

폴란드 친구는 전에 서울에 온 적이 있는데, 그때 태워서 구경시켜주었고 식사도 같이 하면서 친구 관계를 계속 유지한 덕을 봤다. 그 친구는 바르샤바의 유명한 전통 식당에 나와 아내를 초대해서 대접해주었다. 나는 고마워서 원룸이지만 내 집에 그녀의 가족을 초대했고, 폴란드 친구 역시 자기 집 아파트에 나와 아내를 초대했다.

집주인과 렌트에 관한 의사소통을 폴란드 친구가 중간에 도와주었다. 이런 친구가 한 명이라도 폴란드에 있다면 도움을 많이 받을 수 있다.

2006년에 헤어진 친구를 만나다

2004년부터 2년간 바르샤바대학교 연구소에 있을 때 아침마다 진한 커피를 마시고 늦은 점심을 함께하며 대화를 나눴던 미워시(Miłosz)를 만났다.

폴란드 인터넷 검색포털을 보다가 뉴스에 친구가 나오는 것을 보고 이메일을 보냈는데, 연결이 되지 않아 애태우다가 바르샤바에 직접 왔으니 만날 수 있을 것 같았다.

그런 희망으로 바르샤바에 오자 먼저 그가 소속된 것으로 생각된 경제대학교를 찾아가서 수소문했는데, 기대와 달리 찾을 수 없었다. 그러함에도 이메일을 계속 보냈는데, 마침내 친구 미워시가 그 메일을 발견하고 답장을 보내 만나자고 해서 그의 집과 가까운 조지아 요리를 전문으로 하는 레스토랑에서 만나게 됐다. 반갑고 크게 변하지 않은 그를 보니 기뻤다. 자연히 가족간 만남으로 이어졌다. 단기간 여행하는 중이라 시간이 적었지만, 최대한 서로 식사에 초대하며 친교를 나누었다. 예전에 그의 집에 가서 폴란드식 환대를 받은 적이 있었고, 이번에도 그의 집에 초대되어 자녀들을 만나고 또 음식 환대를 받았다. 가족과 사진도 함께 찍었다. 이미 그의 마음을 알았지만, 그는 예전에 이별할 때 선물로 책을 주었듯이 이번에도 폴란드의 아름다운 곳을 알려주는 책자를 선물로 주었다. 폴란드에 대해 글을 쓰는 내게 너무 필요한 선물이었다.